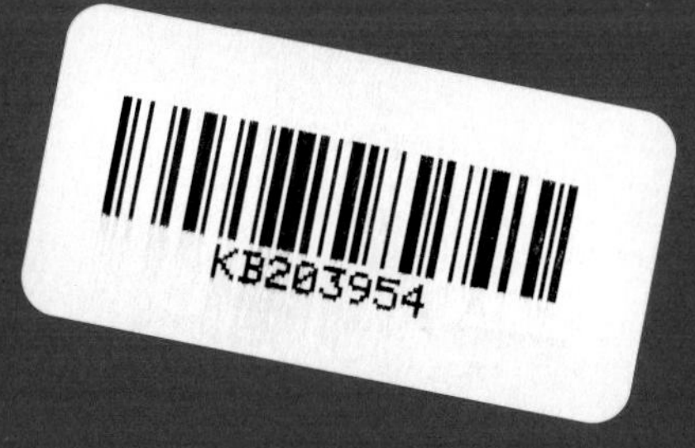
KB203954

____________________ 님께 드립니다.

예수 따라가기

The Imitation of Christ

HE IMITATION OF CHRIST

예수 따라가기

토마스 아 켐피스
신리섭 편역

코람데오

내가 이 책을 접한 것은 2007~8년경 내가 운영하는 회사에 해외담당으로 근무하던 독실한 천주교 신자였던 김춘원 전무가 자신이 직접 번역했다며 제목이 **《그리스도 따라 하기》**로 번역된 책을 주었을 때였다. 그때 당시 나는 열심히 교회에 출석하고 있던 시기라 나름 기독교인의 행세를 하였고 성경을 여러 번 통독하지는 않았지만 제법 읽었다고 생각했기에 어떤 책인지 호기심으로 보기 시작했다. 그 책을 받고 읽기 시작했는데 천주교 식의 특유한 문체 때문에 읽기가 쉽지 않았다. 그래서 영어 원본 책을 달라고 하였고 그 영어 원본 책(the Imitation of Christ, Thomas à Kempis, Foreword by Br. Benet Tvedten, Revised translation Edited by Hal M. Helms and J. Edmonson, cj, PARACLETE PRESS)을 받아서 같이 읽게 되었다. 영어 원본을 보며 조금씩 고쳐서 읽다가 책의 내용이 너무 좋아 하루에 한 쪽이라도 나의 기독교식 문체로 써본다고 한 것이 거의 10년이 흐르게 되었다. 그간 회사 경영이 어려워졌고 그래서 회사를 정리해야 했으며 여러 가지 송사에 시달려 머리는 다 빠지고 몸도 많이 나빠졌다.

2020년에 들어서 서서히 진행되었던 재판도 끝나고 생활이 안정을 찾으면서 내가 회고록은 쓰지 못해도 나름의 이 책 번역의 마무리를 지어야 한다는 심정으로 2021년 들어서 탈고하게 되었다. 이 책은 내가 전적으로 영어 원본을 가지고 생으로 번역한 것은 아니다. 이 책은 상기에 언급한 김춘원 씨가 번역한 그 책 번역판을 토대로 각색했다고 하는 것이 옳은 표현이다.

책 제목을 **《예수 따라가기》**로 정한 이유는 나의 대학 산악회 시절 경험에서 나온 것이다. 대학 산악회에 입회하여 첫 여름방학을 맞아 설악산 장기 산행을 하게 되었는데 처음 산행이라 어디를 가는지 어디로 가는지 모르는 체 무조건 앞에 가는 선배의 발꿈치만 보고 간 기억 밖에 없다. 그런데 산행이 끝나는 순간 나는 설악산 정상 대청봉은 물론 공룡능선, 화채능선, 서북주릉, 백운동 계곡 등 설악산 이곳저곳을 다 섭렵한 산악인이 되어 있던 것이다. 신앙도 마찬가지로 생각한다. 앞서간 신앙의 선배들이 지나간 발자취를 **"따라가다"** 보면 어느새 자기도 모르게 성인이 되어 있는 자기 자신을 발견하게 될 것이다.

오랜 세월동안 신앙인들의 사랑을 받아온 이 책은 여러 나라에서 많이 번역되었고 또 우리나라에서도 여러 가지 버전으로 나와 있지만 자기만의 말로 써 본다는 것도 의미가 있다 생각한다. 코로나19로 모든 생활 패턴과 세상이 바뀌고 있지만 이 책의 말씀은 인류가 살아 있는 한 살아 있을 것이다. 이 책도 버려지지 않고 또 하나의 의미 있는 책으로 누군가의 책장에 꽂혀 있기를 바란다. 끝으로 이 책이 나오기까지 큰 도움을 준 조한신 작가께 깊은 감사의 뜻을 전하고 우리 모두 이 말씀대로 따라가는 삶이 되기를 간절히 바란다.

申利攝

이 책을 읽는 방법

이 책은 토마스 아 켐피스의 원문을 번역하고, 그 문장을 이루게 만든 성경구절을 해당 문장 끝에 소개하고 있다. 원래 책에는 각 성경구절이 맨 뒤쪽에 함께 소개되어져 있는데, 이번 번역판에는 본문에 역어놓았다. 본문을 읽으면서 원문의 흐름을 느끼고 싶다면, 소개된 성경구절을 나중에 따로 읽어도 좋다.

서문(영어 원서)

내가 고등학교를 졸업할 때 신부님이 책을 한 권 주셨다. 영문학을 전공하려고 대학에 진학 준비 중이었기 때문에 존 스타인벡(Steinbeck)이나 헤밍웨이(Hemingway)가 쓴 소설책을 받고 싶었다. 그러나 그 신부님은 내가 틀림없이 신앙심이 깊은 소년이라고 생각했고 아니면 적어도 그렇게 되어야 한다고 생각하신 모양이었다. 내가 선물로 받은 책은 《The Imitation of Christ》이었다. 그 책의 첫 페이지에 그는 이렇게 썼다. **"네가 이 책의 지혜를 붙잡고 늘어지면 너의 인생은 행복해 질 것입니다."**

인생의 이 시점에서 나는 신앙 서적을 읽는 습관에 익숙하지 않았다. 사실 나는 그때까지 성경을 읽어보지 못했다. 많은 카톨릭 가정처럼 우리 집에도 성경책이 있었다. 그러나 성경책은 생일이나 기일 그리고 결혼기념일을 적어놓는 도구였다. 우리 식구 중 누가 그 성경책을 읽어 보았는지 기억이 나지 않는다.

대학에 가니 베네딕토회(Benedictine) 회원들이 나에게 성경 읽는 법을 가르쳐 주기로 하였다. 그래서 일학년 교재와 함께 새 성경책 한 권을 사야만 했다. 수도사들은 나에게 거룩한 독서(Lectio Divina)를 위한 독서법 이외에도 성찬(liturgy)과 성찬주년(liturgical year)에 대한 사랑을 뼈 속 깊이 심어주었다. 수도사들은 성무일도(聖務日禱, Divine Office) 기도법도 가르쳐 주었다. 4년 후 내가 수도원에 입회하였을 때 그것은 베네딕토회 신앙의 전제조건이었다.

《The Imitation of Christ》는 흑사병과 종교 개혁이 있기 전, 이미 오래된 베네딕토회 수도생활이 쇠퇴기에 접어든 시기에 나왔다. 새로운 형태의 신심 운동이 퍼지고 있었고 모든 사람들이 접할 수 있었다. 근대신심운동(Devotio Moderna)이라 불리는 이것은 14 세기 후반 네덜란드의 제라르드 그루트(Gerard Groote)라는 사람으로부터 출발하였다. 그는 그리스도의 신성(神性)을 묵상하는 동안에 그리스도의 인성(人性)의 방법대로 살아야 할 필요성을 설교하였다. 그의 제자인 플로렌시오 라데빈스(Florentius Radewyn)는 그루트가 죽은 후 그 가르침을 계속하였다. 처음에 추종자들은 그들 자신의 집에서 살았다. 그러나 이 신심운동은 종국적으로 대부분 평신도들로 구성된 그리스도교 공동체인 공동생활 형제회(Brethren of the Common Life)의 창설로 이어졌다. 일단의 여성들도 같은 길을 걷게 되었다.

공동생활 형제회 추종자들은 젊은 사람들을 위한 학교를 시작하였다. 그리고 후에는 아우구스티노 참사율수회(The Order of Augustinian Canons Regular)와 연합전선을 형성하였다. 어린 독일 소년이었던 **토마스 아 켐피스**(Thomas à Kempis)가 이 형제회 학교에 보내졌다. 이 형제회의 다른 어린 독일 소년이었던 **마틴 루터**(Martin Luther)는 어른이 되어서 아우구스티노회에서 서원을 하였고 서품을 받았다. 어려서부터 필경사였던 **토마스**는 《The Imitation of Christ》의 편찬자(compiler)로 인정되어 왔다.

근대신심운동(Devotio Moderna)은 베네딕토회에게 큰 영향을 미쳤다. 스페인의 몬세라트(Montserrat)에서는 수도원장이 이 근대신심을 반영하여 자신만의 영적 수련을 발전시켰다. 수도원장 가르시아 히메네스 씨스네로스(Garcia Jimenez Cisneros)는 친구인 로욜라의 이그나티우스(Ignatius of Loyola)의 영성으로 또 다른 그들의 길을 찾아 나섰다.

《The Imitation of Christ》는 기독교 사회에서는 성경 다음으로 많이 읽힌 책으로 인용되고 있다. 우리 시대의 몇몇 사람들은 이 책이 시대의 사상과 맞지 않는다고 생각하고 있다. 이 책이 시대에 맞지 않는 반지성적이고 가혹한 내용이라고 비판하고 있다. 또한 이 책은 이 시대에는 통하지 않는 내용들이라고 한다. 만일 비평가들이 오늘날 사람들이 가지고 있는 영적 필요에 부응하지 못한다고 비평한다면, 그것은 6세기 성 베네딕토가 작성한 수도 규칙에서 흠집을 찾아내는 것과 마찬가지가 될 것이다. 그러나 아직도 많은 사람들이 베네딕토 영성에 끌리고 있다.

나는 40년 가까이 성 베네딕토 재속수도회(Oblates)의 책임자(Director)로 재임하였다. 재속수도회는 특정한 수도원과 결연을 맺고 수도원 밖에서 자신의 삶 가운데 베네딕토회 규칙의 가르침을 따르는 사람들을 지도하는 곳이다. 나는 수도원에 입회하기 전에 나 자신이 성 베네딕토 재속수도회 회원이 되었던 것이다.

지금 나는《The Imitation of Christ》을 잘 알게 되었고 그 내용이 성 베네딕토회 규칙과 많은 점에서 유사하다는 것을 발견하게 되었다. 참으로 이 두 가지는 각계 연령층에 부합하면서 수 세기를 지속해왔다. 이것은 둘 모두가 예수께 초점을 맞추고 우리의 일상생활에서 예수의 제자로서 우리가 어떻게 따를 것인가를 가르치고 있기 때문이다.

우리가 예수를 **"따라가기"** 위해 꼭 수도원에 입회해야 할 필요는 없다. 우리가 사는 곳 어디서나 **"따라가기"**만 하면 예수께 이를 수 있기 때문이다.

토마스와 베네딕토회 모두 그리스도인이 가져야 할 열정에 대해서 말한다. 토마스는 말하기를 **"만일 너희가 너희 자신에게 열정을 불어 넣으면 큰 평화를 찾고 너희의 수고가 하나님의 은총의 도움과 선행의 사랑으로 가벼워 질 것입니다."** 또한 이에 대해 베네딕토는 이렇게 말씀하였다. **"인생과 신앙의 길을 걸어감에 있어 하나님의 계명을 지키고 묵상한다면 말로 형언할 수 없는 사랑의 기쁨이 너희 마음속에 차고 넘칠 것입니다."**

다른 수도회 필경사처럼 공동생활 형제회도 영적 교재를 필사하였다. 그들은 구텐베르그 시대 때까지 옛날 방식으로 책을 출판하였다. 인쇄술의 발명 이후에도《The Imitation of Christ》는 출판이 중단된 적이 없다. 이 책은 세계 여러 나라의 언어로 출판되었다.

베넷트 트베텐 수사

토마스 아 켐피스Thomas à Kempis

1380년 ~ 1471년
본명 Hammerken Malleolus
독일의 신비 사상가, 수도자, 종교 사상가

토마스 함메르켄은 독일 쾰른에서 가깝고 작은 그리고 성벽으로 쌓인 켐핀(Kempin)에서 1380년 태어났다. 그보다 15살 많은 형 요한(Johann)은 일찍이 수도생활을 시작하였다. 토마스가 12살이 되었을 때 그는 형의 조언으로 데벤테르(Deventer)에 갔다. 플로렌시오(Florentius)는 그를 맞아들였고 이어지는 7년 동안 그를 학교에 보내고 숙식과 책을 제공하였다. 그는 동네 학교에 다녔으며 형제들의 지도를 받아 합창단에서 노래하고 존경받던 필경사들과 합류하여 "글 쓰는 법"을 배웠다.

데벤테르에서 훈련을 받은 후 1399년 토마스는 플로렌시오의 축복을 받으며 분데스하임의 첫 번째 자매 분원인 성 아녜스 산(山, Mount St. Agnes)으로 갔다. 그 수도원은 그의 형 요한이 공동 창설한 곳으로 당시 수도원의 원장으로 있는 곳이었다. 플로렌시오는 두 명의 형제가 같은 수도원에 있어서는 안 된다는 규칙을 이번 경우에는 예외로 하였다. 이곳에서 토마스는 그의 남은 인생 모두를 보냈다. 그는 거기서 수련자가 되는데 6년을 기다렸고, 1406년 6월 10일 아우구스티노 참사율수회의 수도자로 장엄한 서원을 하였다. 서품을 받는 데는 또 7년을 보냈고 그때 그의 나이는 37세였다.

그는 단 한번 업무차 빈데스하임로 간 적이 있다고 알려져 있다. 1429년 빈데스하임에서 주교 임명을 둘러싼 문제 때문에 발생한 교황의 파문을 피하기 위해 수도사들과 함께 루덴케르크(Ludenkerk)로 이주하였다.

루덴케르크에 있던 토마스는 죽어가는 형 요한을 돌보도록 베타니아 수도원으로 불려갔다. 그의 생애 72년 동안 성 아네스 산에 있지 않았던 기간은 약 3년 동안이었다. 그는 두 번이나 부(副) 수도원장으로 선출되었고 한번은 공동체의 서무담당(혹은 회계담당)이 되었다. 그러나 그는 훌륭한 관리자는 아니었다. 그는 자신이 좋아하는 일을 즐겼고, 수련자들을 훈련시키고, 자신이 좋아하는 골방에서 명상하기를 좋아했다.

신앙의 형제들이 자기들의 독서에서 요점을 정리하도록 용기를 북돋워 준 것은 제라르드 그루트와 플로렌시오의 실천사항이었다. 즉 핵심을 찌르는 의미 있는 격언과 생각을 그들의 독서에서 메모하는 것이었다. 제라르드도 자신이 모범을 보였다. 그래서 책의 일부는 진짜 저자가 제라르드일 것이라고 몇몇 사람들은 믿고 있다. 의심할 여지없이 '라파리아(Raparia)'라고 부르는 인상적인 내용을 정리한 글모음 선집이 본서의 배경이 되었다. 라파리아는 모든 사람들을 위하여 잘 보존되었으므로 토마스에게 많은 작가들을 알 수 있는 기회를 제공했고 그는 자신의 책 뿐 아니라 다른 사람들의 책을 볼 수 있었을 것이다. 그래서 우리가 이 책에서 성 아우구스티노(St. Augustine), 클레르보의 성 보나벤투라(St. Bernard of Clairvaux), 아씨스의 성 프란치스코(St. Francis of Assisi), 성 토마스 아퀴나스(St. Thomas Aquinas), 성 보나벤투라(St. Bonaventura), 성 그레고리(St. Gregory) 심지어는 고전 작가인 아리스토텔레스(Aristotle), 오비드(Ovid), 세네카(Seneca)의 암시와 인용문을 발견하는 것은 어려운 일이 아니다. 또한 중세 라틴 찬송가의 메아리도 있다. 어느 한 독자는 말합니다. "신구약 성경의 일부를 회상시키지 않는 구절을 찾아볼 수 없다."

딘 스페리(Dean Sperry)는 말합니다. "그것이 주로 인용문이라면 그것은 영감을 받은 인용문이다. 심오한 독창성에 의해 표시된 것 말고 새로운 것을 요구하는 힘든 작업이었다."

그의 글이 나온 원전과 그가 무의식적으로 인용한 유산들 외에도, 이 책에는 하나님께 향해 있고 영(靈)이 하는 말씀을 듣고 있는 한 영혼이 느낀 즉각적인 감화와 불꽃의 흔적들이 함께 있다. "**주 하나님께서 무엇을**

말씀하시고자 하는지 저는 듣고 싶습니다.(3권 1장)"라고 그가 말할 때, 우리는 그가 위로자이시며 믿는 자에게 힘을 주시는 성령의 목소리를 영적으로 듣고 있다는 것을 믿을 수 있게 된다.

《The Imitation of Christ》의 많은 인용으로부터 토마스는 자기가 설교했던 내용을 관철하였다는 것은 분명하다. 어느 성인이 가장 위대한지 서로 다투는 사람들에 대하여 그가 걱정을 표시할 때, 그는 당연히 그 시대의 불안을 노출하고 있다. (즉 수도원 사이의 명예와 특권을 위한 경쟁) 그러나 그는 모든 명예와 특권을 하나님께 남겨두기를 택한다.

그는 성지에서 성지를 좇아 다니는 사람에 대해서 말할 때, 그 당시의 순례자들의 모습을 보여준다. 그가 좀처럼 "밖으로 나가지 않는다."는 것은 그처럼 돌아갈 집이 없어 수도원 밖으로 나가지 않는다는 것을 의미하고 있다. 새로운 것을 보고 들으려고 좇아 다니느라 바쁜 사람들의 생활은 결실도 적고 그렇다고 좀 더 나은 생활로의 변화도 없다는 것을 그는 알고 있다.

하나님 앞에서 회개의 필요성을 말할 때는, 그가 거룩함 중의 거룩함 앞에 자신의 죄와 부당함을 돌아보고 자신의 심장에서 우러나는 슬픔과 한탄을 들을 수 있다. 그래서 이 책은 모든 시대와 지정학적 근원과 심지어는 작가의 개성까지도 초월한다. 계속되는 인간의 조건에 대하여 말하고 우리의 인간적 필요 주제를 다루며, 그리스도의 은총의 힘을 다루는 모든 시대의 책이 되었다.

다른 사람들이 다른 세계를 찾고 있을 때 토마스는 다른 자아를 찾고 있었던 것이다. 그의 부름은 매일 하나님께 소박한 순종을 하면서 사는 것이다. 변화된 마음만이 선을 향해 꾸준한 변화를 초래한다는 지식 속에서 자신의 일과를 추구하는 것이다.

어떤 비평가들은 그를 편향된 자아 중심적 작가라고 지적한다. 그들은 이 책이 과거 500년 동안 끼쳐온 심오하고 끊임없는 영향력을 다시 한 번 바라보아야 할 것이다. 그의 말과 생각은 세상에서 보다 더 "능동적인" 삶으로 부름 받음을 느끼는 다른 많은 사람들에게 또 변화와 진보를 위해 투쟁하고 일하기 위하여 싸움에 뛰어드는 사람들에게 안정제 역할을 하였다.

《The Imitation of Christ》은 "**겸손과 인간 조건의 현실적 감각이 없는 행동**"은 항상 장기적으로 "**시끄럽고 포악하고 무의미한 것**"으로 가득한 이야기라는 것을 영원히 기억하게 해 줄 것이다. 한편 이 책은 자기의 주가를 올리려고 업적을 떠벌릴 필요도 없고, 자기의 이름을 남기려고 명성도 따지지 않고 숨겨진 주목 받지 못하는 곳에서 살도록 운명 지워진 사람들에게 용기가 될 것이다.

케틀웰(Kettlewell)은 말한다.

"그는 일상적인 상황에서 믿는 자들의 생활이 영적 생활을 배양함으로

써 어떻게 행복해지는지를 우리에게 보여주고 있다."

이 말이야말로 이 책의 정당성을 대변해 준다 하겠다.

*토마스는 1471년 92세로 성 아네스 산 수도원에서 세상을 떠나 수도원 동쪽 안뜰에 묻혔고 1892년 성 미카엘 성당으로 이장되었다.

《The Imitation of Christ》는 500년 이상 동안 독서계에서 성경책 다음으로 전대미문의 위치를 누려왔다. "성경의 주 동반자"로 정의할 수 있겠다. 출판 판본만 해도 3,000~5,000을 헤아린다. 그리고 세계 거의 모든 언어로 번역되었다.

이 겸손한 책의 메시지는 많은 독자와 찬양자들을 끌어 들였고 카톨릭 예수회 교단(Jesuit Order) 창시자인 로욜라의 이그나티우스(Ignatius of Loyola)를 비롯한 감리교회 창시자인 존 웨슬리(John Wesley) 감독까지 망라한다.

영국의 위대한 문인인 존슨 박사(Dr. Johnson), 토마스 모어 경(Sr. Thomas More), 수단전쟁의 고든 장군(General Gordon of the Sudan)도 이 책의 찬양자였다.

애거사 크리스트(Agatha Christi)의 독자들은 미스 마플(Miss Marple)이 취침 전에 읽었던 것이 《The Imitation of Christ》였다는 것을 회상할 것이다. 조지 엘리어트(George Eliot, 영국소설가)는 **"이 작은 옛날 책"**을 그녀의 소설 중 하나인 《플로스 강의 물레방아(The Mill on the Floss)》에서 언급하면서 치유의 영향력으로 특징지었다.

최근 들어 몇몇 사람들이 이 책이 너무 내향적이라고 공격하고 있지만 그럼에도 불구하고 이 책은 계속해서 베스트셀러의 위치를 누리고 있다. 무궁한 가치를 지닌 다른 책들처럼 이 책도 그 시작은 희미하다. 긴 역사의 과정 속에서 서로 다른 작가들에 기인한 탓이다.

그와 관련하여 흔히 연상되는 이름은 현재의 구조를 완성시킨 15세기 수도승 토마스 아 켐피스로 더 잘 알려진 **토마스 함메르켄**(Thomas Hammerken)이다. 그러나 그 특이한 영성(靈性)은 다른 두 사람의 인생과 작품에서 기원한다.

그 두 사람은 공동생활(the Brethren of the Common Life) 창시자인 **제라르드 그루트**(Gerard Groote, 1340~1384)와 **플로렌시오 라데빈스**(Florentius Radewyn, 1350~1400)이다.

차례

Contents

BOOK 3.

내적 위안
Internal Consolation

Contents

Contents

BOOK 1

영적생활에 유익한 말씀

Admonitions Useful for A Spiritual Life

예수 따라가기와 세상의 헛된 것을 업신여김

The Imitation, or Following of Christ, and Contempt for All the Vanities of the World

1. **"나는 세상의 빛이니 나를 따르는 자는 어둠에 다니지 아니하고 생명의 빛을 얻으리라.**(요 8:12)"라고 주께서 말씀하셨습니다. 이는 예수의 말씀으로 우리가 광명을 얻고 마음의 모든 어두움으로부터 벗어나려면 그의 일생과 생활방식을 배우고 따라가야 합니다. 그래서 우리가 우선적으로 해야 할 일은 예수의 일생을 묵상하는 것입니다.

2. 예수의 가르침은 모든 성인들의 가르침을 능가하는 것입니다. 영(靈)을 간직한 사람은 그 가르침 속에서 "숨겨진 만나"를 찾아낼 것입니다. 그러나 많은 사람들이 자주 예수의 복음을 듣지만 감동을 받지 못하는 까닭은 그들에게 예수의 영(靈)이 없기 때문입니다.

   이기는 그에게는 내가 감추었던 만나를 주고 또 흰 돌을 줄 터인데 그 돌 위에 새 이름을 기록한 것이 있나니 받는 자 밖에는 그 이름을 알 사람이 없느니라. (계 2:17)

그래서 예수의 말씀을 온전히 또 전심으로 이해하려는 사람들은 그들의 생활을 **예수의 생활과 똑같이 따라가는 노력을 해야 합니다.**

3. 만일 당신이 교만하여 삼위일체에 대한 확신과 믿음이 없으면서, 학문적으로 삼위일체를 말한다면 무슨 소용이 있겠습니까?
   확실하건데 미사여구가 우리를 거룩하고 의롭게 하는 것은 아닙니다. 오히려 선을 행하는 사람이 하나님의 사랑을 받습니다.
   각 나라 중 하나님을 경외하며 의를 행하는 사람은 하나님이 받으시는 줄 깨달았도다. (행 10:35)

저는 회개라는 단어의 정의를 알기보다는 먼저 회개하려 합니다. 여러분이 성경을 다 알고, 모든 철학자의 유명한 말을 다 안다고 해도 하나님의 사랑과 은총이 없다면 무슨 소용이 있겠습니까?

헛되고 헛되며 헛되고 헛되니 모든 것이 헛되도다. (전 1:2)

하나님의 사랑 외에는, 그분만을 섬기는 것 외에는 모든 것이 헛된 것입니다. 가장 귀한 지혜는 세상의 헛된 것을 멀리하고 하나님의 나라를 찾는 것입니다.

네 하나님 여호와를 경외하며 섬기며 그 이름으로 맹세할 것이니라. (신 6:13)
너희는 먼저 그의 나라와 그의 의를 구하라. 그리하면 이 모든 것을 너희에게 더하시리라. (마 6:33)

4. 그러므로 사라져 없어질 부를 추구하고, 그 부에 희망을 두는 사람은 헛됩니다.
   너희를 위하여 보물을 땅에 쌓아두지 말라. 거기는 좀과 동록이 해하며 도적이 구멍을 뚫고 도적질 하느니라. 오직 너희를 위하여 보물을 하늘에 쌓아두라. 거기는 좀이나 동록이 해하지 못하며 도적이 구멍을 뚫지도 못하고 도적질도 못하느니라. (마 6:19-20)

또 명예를 탐하고 고위 직책에 오르려고 시도하는 것은 헛된 것입니다. 나중에 반드시 비참한 벌을 받아야 할 육욕을 쫓고 그것을 동경하는 것은 헛됩니다.

오래 살기를 바라되 올바르게 살지 않는 것은 헛됩니다.

현세에만 오로지 관심을 기울이고 앞으로 다가올 세계에 대해서는 아무런 준비도 하지 않는 것은 헛됩니다.

잠깐 동안 지나면 없어질 것을 사랑하고, 영원한 기쁨이 당신을 기다리고 있는 곳으로 달려가지 않음도 헛됩니다.

5. 이 성경 말씀을 기억하십시오. **"모든 만물이 피곤하다는 것을 사람이 말로 다 말할 수는 없나니 눈은 보아도 다 보지 못하고 귀는 들어도 다 듣지 못한다.**(전 1:8)"

그러므로 보이는 것에 대한 사랑보다는 보이지 않는 사랑을 하십시오. 자신의 육욕을 쫓는 사람들은 자신의 양심을 더럽히고 하나님의 은총을 잃어버리게 됩니다.

우리의 돌아보는 것은 보이는 것이 아니요 보이지 않는 것이니 보이는 것은 잠간이요 보이지 않는 것은 영원함이니라. (고후 4:18)

육체를 따라 더러운 정욕 가운데서 행하며 주관하는 이를 멸시하는 자들에게 특별히 형벌하실 줄을 아시느니라. 이들은 담대하고 고집하여 떨지 않고 영광 있는 자를 훼방하거니와. (벧후 2:10)

자기 자신에 대하여 겸손하기

Thinking Humbly of Ourselves

1. 모든 사람은 나면서부터 무엇인가를 알려고 하는 마음이 있습니다. 그러나 하나님을 경외하는 마음이 없는 지식이 무슨 소용이 있겠습니까?

하나님을 섬기는 겸손한 농부가 자신의 영혼은 소홀히 하면서 별들의 운행에만 몰두하는 철학자보다 훨씬 낫습니다.
진정 자신을 아는 사람들은 자기를 스스로 낮추며, 다른 사람들로부터 칭찬을 받는 것을 기뻐하지 않습니다.
제가 세상의 모든 것을 다 알았다 해도 하나님의 사랑이 없다면 나의 행실을 하나님이 심판하실 그날 그 면전에서 그것이 저에게 무슨 소용이 있겠습니까?

나더러 주여 주여 하는 자마다 천국에 다 들어 갈 것이 아니요 다만 하늘에 계신 내 아버지의 뜻대로 행하는 자라야 들어가리라. (마 7:21)
내가 예언하는 능이 있어 모든 비밀과 모든 지식을 알고 또 산을 옮길 만한 모든 믿음이 있을찌라도 사랑이 없으면 내가 아무것도 아니요. (고전 13:2)

2. 지식에 대한 지나친 욕망을 버리십시오. 그 안에는 많은 마음의 혼란과 기만이 있습니다.

배웠다는 사람들은 남에게 배웠다는 것을 보이고 또 그것을 알아주기를 바랍니다. 영혼에는 전혀 도움이 안 되거나 별로 도움이 안 되는 지식들이 많이 있습니다.

여러분의 구원에 도움이 안 되는 일에 열중하는 사람은 슬기롭지 못합니다. 많은 말들이 영혼에 만족을 주지 못하나 올바른 생활은 마음을 편안하게 합니다. 그리고 깨끗한 양심은 하나님께 큰 신뢰를 줍니다.

깨끗한 양심에 믿음의 비밀을 가진 자라야 할찌니. (딤전 3:9)

3. 당신이 많은 공부를 하여 많이 알고 더욱 지식이 많아졌다고 하면 할수록, 그에 따라 당신의 생활도 더욱 거룩해지지 않는다면 더 엄격한 잣대로 심판을 받게 될 것입니다.

그래서 어떤 능력이나 지식이 있다고 해서 우쭐대지 말고 배운 지식으로 더욱 겸손하도록 하십시오.

옳도다. 저희는 믿지 아니하므로 꺾이우고 너는 믿음으로 섰느니라. 높은 마음을 품지 말고 도리어 두려워하라. (롬 11:20)

서로 마음을 같이 하며 높은 데 마음을 두지 말고 도리어 낮은 데 처하며 스스로 지혜 있는 체 말라. (롬 12:16)

당신이 많은 것을 이해하고 또 안다고 생각하면 여러분이 모르는 것 또한 많이 있다는 것을 알아야 합니다.

당신보다 더 학식이 있고 유능한 사람들이 많은데 왜 다른 사람들 위에 자신을 높이십니까? 만일 자신에게 유익한 것을 알고 또 배웠다면, 아무도 모르게 하고 또 아무것도 아닌 것으로 생각하십시오.

4. **가장 고상하고 유익한 배움은 자신을 알고 겸손할 줄 아는 것입니다.**
자신에 대해서는 아무것도 아닌 것으로 생각하고 다른 사람은 칭찬하고 높게 생각하는 것이야말로 큰 지혜요 완성된 지식입니다.
다른 사람들이 공개적으로 죄를 짓고 또 중대한 과실을 범하는 것을 보더라도 그로 인해 여러분이 더 낫다고 생각하지 마십시오. 여러분도 그런 일을 얼마나 오래 참아낼 것인지 모르기 때문입니다.
우리 모두는 허약하고 연약한 존재입니다. 그러니 우리보다 더 연약한 사람은 없다고 여겨야 합니다.

chapter 3

진리에 대한 가르침

The Teaching of Truth

1. 진리는 사라져 없어질 형상이나 말이 아니며, 그 진리 자체를 가르치는 사람은 행복합니다.

여호와여 주의 징벌을 당하며 주의 법으로 교훈하심을 받는 자가 복이 있나니. (시 94:12)

우리 의견과 감각은 자주 우리를 속이고 무엇이 옳고 그른지 분별하지 못합니다.

애매모호하고 덮어놓아야 할 일들로 논쟁하고 다투는 것은 우리에게 아무 유익이 안 됩니다. 심판 날에 아무런 판단의 기준이 되지 않을 일들입니다.

유익하고 필요한 일들은 소홀히 하고, 일부러 기이하고 해로운 일들에만 우리의 마음을 두는 것은 정말 어리석은 일입니다. 눈을 가지고 보지 못함과 같습니다.

2. 어떤 부류나 종류에 속하는 것을 따지는 것은 어리석은 일입니다. 영원의 말씀을 말하는 사람은 부질없는 남의 말에 대해 신경 쓰지 않습니다.

태초에 말씀이 계시니라. 말씀은 하나님과 함께 계셨고 이 말씀은 곧 하나님이셨다. 그가 태초에 하나님과 함께 계셨고 만물이 그로 말미암아 지은바 되었으니 지은 것이 하나도 그가 없이는 된 것이 없느니라. (요 1:1~3)

그 말씀이 없었다면 아무도 올바르게 이해하거나 판단하지 못합니다. 모든 것이 하나의 결론으로 귀결된다고 생각하는 사람, 모든 것을 그분께 복종시키고 돌리는 사람, 그분 안에서 에서 모든 것을 바라보는 사람은 평정한 마음을 유지할 뿐 아니라 하나님 안에서 평화를 누립니다.

주께서 심지가 견고한 자를 평강에 평강으로 지키시리니 이는 그가 주를 의뢰함이니이다. (사 26:3)

내가 너희 중에서 예수 그리스도와 그의 십자가에 못 박히신 것 외에는 아무것도 알지 아니하기로 작정하였음이라. (고전 2:2)

하나님, 당신은 진리이십니다!

영원한 사랑 속에서 당신과 하나 되게 하여 주십시오!

나는 많은 것을 읽고 많은 것을 들음으로 인해 가끔 싫증을 느낍니다. 제가 가졌으면 하거나 또 원할 수 있는 모든 것이 당신 안에 있습니다. 모든 가르치는 자들을 조용하게 하시고, 당신 앞에 보이는 모든 피조물들이 침묵하게 하십시오. 주님 당신만이 홀로 계시고, 저에게만 말씀하십시오.

3. 우리가 내적으로 복잡하지 않고 단순해지고 우리 자신 안에서 일체화가 되면 될수록, 우리는 어떤 수고나 노력 없이 더 많이 더 높은 이해의 경지에 도달하게 되는데 그 이유는 하나님으로부터 지혜의 빛을 받기 때문입니다.

천지의 주재이신 아버지여 이것을 지혜롭고 슬기 있는 자들에게는 숨기시고 어린아이들에게는 나타내심을 감사하나이다. (마 11:25)
오직 위로부터 난 지혜는 첫째 성결하고 다음에 화평하고 관용하고 양순하며 긍휼과 선한 열매가 가득하고 편벽과 거짓이 없나니. (약 3:17)

순수하고 단순하며 변하지 않는 영혼을 가진 자는, 비록 많은 일로 바쁠지라도 혼란스럽지 않습니다. 왜냐하면 그들은 모든 일을 하나님의 영광을 위해서 하고 내적으로 조용히 행하며, 자신들을 위한 일을 구하지 않기 때문입니다.

여러분 마음속의 솟아오르는 사욕보다 더 여러분을 훼방하고 괴롭히는 것은 무엇입니까?

올바르고 믿음이 있는 사람들은 외적으로 해야 할 일을 미리 마음속으로 정리합니다.

그들은 자신들을 죄의 성향으로 끌려가지 않도록 할 뿐만 아니라 건전한 판단 규칙에 따라 자신들을 이끌어 갑니다.

자신을 이기는 싸움보다 더 큰 싸움이 무엇입니까?

그러므로 우리가 힘써야 할 일은 우리 자신을 이기고, 매일매일 우리 자신에 대해 더 용감해지고, 거룩해지도록 하는 일입니다.

4. 이 세상에서 아무리 완벽하다 하더라도 다소 결점이 있게 마련이며, 모든 우리의 지식이란 온전하지 못합니다.

우리가 지금은 거울로 보는 것 같이 희미하나 그 때에는 얼굴과 얼굴을 대하여 볼 것이요. 지금은 내가 부분적으로 아나 그 때에는 주께서 나를 아신 것같이 내가 온전히 알리라. (고전 13:12)

여러분이 알아야 할 지식은 학문에 대한 심오한 탐구라기보다는 하나님에게 가는 길을 확실하게 아는 것입니다.

학문을 한다고 해서 수치스러운 일도 아니며, 어떤 분야에 지식을 갖고 있다고 해서 멸시 받을 일도 아닙니다. 그 자체는 좋은 일이요, 하나님이 정하신 일입니다. 그러나 착한 양심과 하나님을 믿는 생활이 항상 학문보다 선행되어야 합니다.

그러나 많은 사람들이 **올바르게 살려고 하기보다는 지식만을 얻기 위하여 힘쓰기 때문에**, 자주 속게 되고 그들의 노력만큼 결과가 없으며 또 있다 해도 미흡합니다.

5. 만일 사람들이 논쟁의 여지가 있는 의문들을 제기하는 열의 대신 우리의 악한 것을 제거하고 덕을 쌓는데 열의를 쏟는다면, 그 많은 해로운 일이나 추문도 없을 것이요, 종교 공동체 안에서 그런 방종이 없을 것입니다.

심판 날에 우리의 심판은 우리가 무엇을 읽었느냐가 아니라 **우리가 무엇을 행하였느냐** 이며, 또한 우리가 어떻게 말을 잘했느냐가 아니라, **우리의 삶속에 어떻게 믿음을 실행했는가** 입니다.

나더러 주여 주여 하는 자마다 천국에 다 들어갈 것이 아니요 다만 하늘에 계신 내 아버지의 뜻대로 행하는 자라야 들어가리라. 그 날에 많은 사람이 나더러 이르되 주여 주여 우리가 주의 이름으로 선지자 노릇하며 주의 이름으로 귀신을 쫓아내며 주의 이름으로 많은 권능을 행치 아니하였나이까 하리니. (마 7:21-22)

여러분도 잘 알다시피 살아있는 동안 학문을 꽃피웠던 당대의 석학이라는 그들이 지금 어디 있는지 말해 보십시오.

지금은 다른 사람들이 그 자리를 다 채웠으며 아마도 앞서갔던 사람들을 생각조차 하지 않을 것입니다. 그들은 살아있는 동안에 대단한 사람들로 추앙 받았지만 지금은 그 이름조차 언급되지 않습니다.

6. 세상의 영화는 그 얼마나 빨리 지나갑니까!

그들의 생활이 갖고 있던 지식만큼이라도 따라 주었더라면 얼마나 좋았겠습니까!

그랬더라면 더 좋은 목적으로 연구하고 배웠을 것입니다.

하나님을 섬기는 데 관심을 두지 않았던 수많은 사람들이 세상의 헛된 학문 때문에 멸망하였습니다.

복종치 아니하고 헛된 말을 하며 속이는 자가 많은 중 특별히 할례당 가운데 심하니. (딛 1:10)

그들은 겸손보다 명성을 택하는 어리석은 짓을 했습니다.

하나님을 알되 하나님으로 영화롭게도 아니하며 감사치도 아니하고 오히려 그 생각이 허망하여지며 미련한 마음이 어두워졌나니. (롬 1:21)

참으로 위대한 사람은 사랑을 베푸는 사람입니다.

참으로 위대한 사람은 자신을 작은 자로 보고 최고의 명예도 아무것도 아닌 것으로 보는 사람입니다.

그러므로 누구든지 이 어린아이와 같이 자기를 낮추는 그 이가 천국에서 큰 자니라. (마 18:4)

너희 중에 큰 자는 너희를 섬기는 자가 되어야 하리라. (마 23:11)

참으로 슬기로운 사람은 예수를 얻기 위하여 세상의 모든 것을 잃어버리고, 또한 배설물로 여기는 사람입니다.

또한 모든 것을 해로 여김은 내 주 예수 그리스도를 아는 지식이 가장 고상하기 때문이라 내가 그를 위하여 모든 것을 잃어버리고 배설물로 여김은 그리스도를 얻기 위함이니라. (빌 3:8)

참으로 유식한 사람은 하나님의 뜻을 이루려고 자신의 뜻을 버리는 사람입니다.

chapter 4

우리의 행동 속에서의 지혜와 예지

Wisdom and Forethought in Our Actions

1. 우리는 무슨 말이나 어떤 제안을 받을 경우에 그대로 믿어서는 안 됩니다. 하나님의 뜻이 무엇인지 주의 깊게 그리고 참을성 있게 곰곰이 생각해 본 후 믿어야 합니다.
우리는 자주 다른 사람의 장점보다는 단점만을 말하며, 다른 사람을 칭찬하기보다는 헐뜯는 우리를 볼 때 얼마나 슬픈지 모르겠습니다.
그러나 성숙한 사람은 어떤 사람의 말을 쉽게 믿지는 않습니다. 인간의 본성이란 악으로 기울어지고 그 말은 쉽게 악용될 수가 있다는 것을 알고 있기 때문입니다.

너희가 두려워하며 정결한 행위를 봄이라. (약 3:2)
여호와께서 그 향기를 흠향하시고 그 중심에 이르시되 내가 다시는 사람으로 인하여 땅을 저주하지 아니하리니 이는 사람의 마음의 계획하는 바가 어려서부터 악함이라. 내가 전에 행한 것같이 모든 생물을 멸하지 아니하리니. (창 8:21)

2. 모든 일을 너무 서둘러 진행하지 말며, 자신의 의견만을 너무 고집하지 않는 것이 큰 지혜입니다.

지식이 없는 소원은 선하지 못하고 발걸음이 급한 사람은 잘못 가느니라. (잠 19:2)

또한 여러분이 듣는 모든 것을 믿지 않고, 여러분이 듣고 믿어 왔던 것을 성급하게 다른 사람들에게 전하지 않는 사람은 지혜로운 사람입니다.

허물을 덮어주는 자는 사랑을 키우는 자요 그것을 거듭 말하는 자는 친구를 멀어지게 하는 자니라. (잠 17:9)

지혜롭고 양심적인 사람과 상의하십시오. 그리고 여러분의 사사로운 생각이나 의견대로 행하기보다는 여러분보다 더 나은 사람의 가르침을 청하시기 바랍니다.

올바르게 살아야 하나님의 뜻에 맞는 지혜로운 사람이 되고 모든 일에 경험을 쌓게 될 것입니다.

여호와를 경외하는 것은 지혜의 훈계라 겸손은 존귀의 앞잡이니라. (잠 15:33)

우리는 자기 스스로를 더욱 낮추고, 하나님께 더욱 순종하면 할수록 우리는 우리 일에 지혜롭게 될 것이며, 더욱 마음의 평안과 안식을 즐기게 될 것입니다.

chapter 5

성경읽기

Reading the Holy Scriptures

1. 성경 속에서 이성과 지식이 아니라 진리를 찾아야 합니다.

성경의 각권에 쓰여 있는 영적인 흐름을 읽어야 합니다. 우리는 성경에서 미묘한 트집을 찾아내기보다는 영적 유익을 찾아내야 합니다.

우리는 성경에서 고상하고 심오한 부분들 뿐 아니라 소박하고 믿음에 도움이 되는 부분도 읽어야 합니다.

성경을 쓴 작가가 유명하든 그렇지 않든, 작가의 유식 무식에 신경 쓰지 말고 간단한 진리 속에 담긴 사랑을 읽어야 합니다. 누가 이 책을 썼는지 저 책을 썼는지 묻지 말고 무슨 내용이 적혀 있는지에 신경을 써야 합니다.

2. "사람은 죽지만, 주님의 진실하심은 영원하여라."

우리에게 향하신 여호와의 인자하심이 크고 진실하심이 영원함이로다.

(시 117:2)

하나님은 사람을 차별하지 않으시고 여러 가지 모양으로 우리에게 말씀을 하십니다.

이는 하나님께서 외모로 사람을 취하지 아니하심이니라. (롬 2:11)

우리의 호기심은 때로는 성경을 읽는데 장애가 되기도 합니다. 건너뛰어야 할 부분과 수긍해야 할 부분을 검토하고 토론하기 위하여 읽기를 중단해야 하기 때문입니다.

성경을 읽으면서 유익을 얻기를 바란다면, 겸손하고, 단순하고, 믿는 마음으로 읽어야 합니다. 결코 다른 사람들에게 자기 자신이 유식하다는 것을 드러내서는 안 됩니다.

자유롭게 물어보십시오. 그리고 침묵으로 거룩하신 사람들의 말씀을 들으십시오. 여러 가지 비유들을 못마땅해 하지 마십시오. 그들이 아무 의미 없이 한 이야기가 아니기 때문입니다.

잠언과 비유와 지혜 있는 자의 말과 그 오묘한 말을 깨달으리라. (잠 1:6)

chapter 6

지나친 애착

Inordinate Affections

1. 우리가 어떤 것을 지나치게 갈망하면 곧바로 우리 자신 안에서 불안을 느끼게 됩니다.
교만하고 욕심 많은 사람들은 결코 편할 수가 없습니다. 영혼이 가난하고 겸손한 사람들은 충만한 평화 속에 살아갑니다.
자기 자신에게 완벽하게 죽지 않는 사람들은 오래지 않아 시련을 당하고 작고 사소한 일에 무너지고 맙니다. 정신이 연약한 사람들과 육적, 물질적인 것의 노예가 되어있는 사람들은 큰 난관에 봉착하고 나서야 세속적인 욕망을 포기합니다. 그런 사람들은 세속적인 욕망을 포기할 때 자주 괴로워하고 슬퍼합니다. 그리고 어떤 반대에 부딪히면 쉽사리 분노합니다.

2. 만약 그들이 정욕에 몸을 맡겨 바라던 바를 얻으면, 곧 양심의 가책으로 괴로워합니다.

왜냐하면 그들은 사욕에 굴복하여 그들이 추구하던 평화를 빼앗겼기 때문입니다. 그러므로 마음의 평정은 사욕에 굴복하지 않고 그것을 쳐 이겨서 얻어야 합니다.

육적인 마음을 가진 사람에게는 평화가 없으며 또 오로지 외적인 것에 매달리는 사람에게도 평화가 없습니다. 하나님에게서 즐거움을 누리는 영적인 사람에게는 큰 평화와 내적 평안이 있습니다.

chapter 7

헛된 희망과 교만 끊기

Avoiding Vain Hope and Pride

1. 다른 사람에게나 혹은 피조물에 신뢰를 두는 사람들은 참으로 어리석은 자들입니다.
예수의 사랑을 위하여 다른 사람을 섬기는 것과 이 세상에서 가난한 사람으로 보이기를 부끄러워하지 마십시오. 여러분은 자신을 믿지 말고 여러분의 희망을 하나님에게 두십시오.
여호와여 내가 주께 피하오니 나로 영원히 부끄럽게 마시고 주의 의로 나를 건지소서. (시 31:1)

여러분이 할 수 있는 만큼만 하십시오. 그러면 하나님께서 여러분이 추구하는 것을 존중하여 줄 것입니다.
여러분 자신의 지식에 의지하지 말고, 자신의 총명함에 의탁하지 말며 오로지 겸손한 사람을 돕고 교만한 자의 콧대를 꺾으시는 하나님의 은총을 바라십시오.

여호와께 이같이 말씀하시되 지혜로운 자는 그 지혜를 자랑하지 말라. 용사는 그 용맹을 자랑하지 말라. 부자는 그 부함을 자랑하지 말라. (렘 9:23)
그러나 더욱 큰 은혜를 주시나니 그러므로 일렀으되 하나님이 교만한 자를 물리치시고 겸손한 자에게 은혜를 주신다 하였느니라. (약 4:6)

2. 여러분이 가진 재물과 권력 있는 친구들로 영광을 삼지 마십시오.
그보다는 차라리 모든 것을 주시는 하나님, 그리고 무엇보다도 당신 자신을 내어 주시는 하나님으로 영광을 삼으십시오.
여러분의 몸매나 미모를 자랑하지 마십시오. 우리의 몸은 작은 질병으로도 망가지고 버려지는 존재입니다.
천부적인 재능이나 기지(機智 경우에 따라 재치있게 대응하는 지혜)가 있다고 자랑하지 마십시오. 태어날 때부터 여러분이 물려받은 모든 좋은 것을 창조하신 하나님의 기분을 상하게 할까 두렵습니다.

3. 여러분은 **자신을 다른 사람들보다 낫다고 생각하지 마십시오.**
아마도 우리의 모든 것을 알고 계시는 하나님께서 여러분이 다른 사람들보다 못하다고 할까 두렵습니다.
선행에 대해 자랑하지 마십시오. 하나님의 판단 기준은 인간의 판단 기준과 다르기 때문입니다. 사람들이 기쁘게 생각하는 것이 하나님을 기쁘시게 하지는 않기 때문입니다.
여러분 안에 어떤 선한 것이 있다면, 다른 사람들 안에는 더 선한 것이 있다는 것을 믿어야 하며 그래서 우리는 겸손해야 하는 것입니다. 모든 다른 사람들보다 여러분을 가장 낮게 생각하는 것이 올바른 생각입니다.

한 사람만이라도 여러분이 그보다 낫다고 자신을 높이는 순간 시기와 분열이 일어납니다.

겸손한 사람은 끊임없이 평화를 누리나 교만한 사람의 마음은 질투와 분노로 가득합니다.

chapter 8

지나친 교제를 피함

Avoiding Too Much Familiarity

1. 아무에게나 여러분의 마음을 드러내 놓지 마시고, 여러분은 모든 일에 지혜가 있고 하나님을 두려워하는 사람들의 조언을 구하십시오.
   젊은 사람들이나 낯선 사람들과 많은 말을 나누지 마십시오.
   부자들에게 아첨하지 말고 지위가 높은 사람들을 찾아 나서지 마십시오.
   소박하고 겸손한 사람들과 그리고 신심 있고 강직한 사람들과 사귀십시오. 그들과 건설적인 일에 대하여 대화를 나누십시오.
   어떤 여자와도 친하게 지내지 마십시오.
   그러나 모든 착한 여인들을 하나님께 칭찬하여 주십시오.
   오직 하나님과 거룩한 천사들과만 친하게 지내십시오. 그리고 할 수 있는 한 다른 사람들과의 교제는 피하십시오.

2. 우리는 모든 사람들을 향하여 사랑을 하되 모든 사람과의 교제는 피하는 것이 바람직합니다.

만나 보기 전에는 다른 사람을 통해 칭찬이 자자하지만 가까이 해보면 그렇지 않은 경우가 종종 있습니다. 어떤 경우에는 남들을 기분 좋게 해주려고 갔다가 우리의 안 좋은 점만 보이고 오히려 그들의 기분을 상하게 합니다.

chapter 9

순종과 복종

Obedience and Subjection

1. 우리는 우리 멋대로 하지 않고 윗사람에게 순종하며 사는 것이 훌륭한 일입니다.

   지배하는 것보다 아래에서 순종하는 것이 훨씬 더 평안합니다. 많은 사람들은 진정으로 사랑하는 마음보다는 필요에 따라 순종하고 삽니다. 그래서 그런 사람들은 쉽게 원망하고 쉽게 불평합니다.

   온전한 마음으로 하나님을 위하여 자신을 굽혀 순종하지 않는 한 마음의 자유를 얻지 못합니다.

   가고 싶은 곳이 있다면 어디든 다 가 보십시오. 윗사람의 지시에 겸손하게 복종하지 않는다면 여전히 안식을 찾지 못할 것입니다. 많은 사람들이 그렇게 하면 행복할 거라고 생각하지만 그것은 착각입니다.

2. 우리 모두는 자기가 좋아하는 일은 기꺼이 하고, 마음이 통하는 사람들에게 끌리는 것은 사실입니다.

그러나 하나님이 우리 안에 계시다면, 때때로 평화를 위하여 우리 자신의 의견을 양보해야 합니다. 그리고 자기들의 모든 일을 완전하게 아는 지혜로운 사람이 어디 있습니까?
그러므로 자신의 의견에 너무 자신 만만하지 말고 다른 사람의 판단도 들어보십시오.
여러분의 의견이 정말 옳더라도 하나님을 위하여 자기의 의견을 포기하고 다른 사람의 의견을 따른다면 많은 효과를 얻을 것입니다.

3. 자기의 의견을 내기보다는 상대방의 조언을 듣고 취하는 것이 더 좋은 결과를 얻을 때가 많다는 이야기를 자주 듣습니다.
다른 사람의 의견이 좋아 보이나, 특별한 이유를 내세워 들어주지 않는 것은 교만이며 고집입니다.

수다 피하기

Avoiding Too Much Talk

1. 될 수 있는 한 세상의 소란을 피하십시오.

왜냐하면 세상일에 이러쿵저러쿵 이야기하는 것은 그것이 아무리 좋은 의도를 가지고 한다 할지라도 자신에게 크게 도움이 되지 않기 때문입니다.

우리는 쓸데없는 일에 너무 빨리 현혹됩니다.

저는 종종 내가 그 말을 하지 않았더라면, 또 그런 사람들의 무리에 있지 않았더라면 하고 후회할 때가 있습니다.

왜 우리는 서로 간에 그렇게 열심히 이야기를 주고받아 놓고는 일단 침묵으로 돌아오면 양심에 상처를 입습니까?

그 이유는 그러한 대화로 다른 사람들에게서 위로를 받고 싶어서, 여러 가지 생각으로 피곤해진 우리 마음을 쉬려고하기 때문입니다. 우리는 우리가 가장 좋아하거나 바라던 것, 또는 가장 싫어하는 것을 열심히 이야기하고 생각합니다.

2. 그러나 이 얼마나 슬픈 일입니까? 우리는 자주 또 공연히 쓸데없이 이야기합니다. 왜냐하면 우리의 이야기로 바깥에서 만족을 얻을지는 모르지만 안에서 주시는 하나님의 위안에는 큰 손해를 입기 때문입니다. 우리는 시간을 헛되이 보내지 않도록 조심하고 기도해야 합니다. 여러분이 어쩔 수 없이 이야기를 해야 할 경우에는 다른 사람의 좋은 점만을 이야기 하십시오. 분별없고 한가한 이야기만 하면 악습이 생기고 우리의 성장을 소홀히 하게 되는 것입니다. 그러나 영적인 것에 대한 이야기는 우리의 영적 성장을 도와주며 특별히 하나님 안에서 신실한 마음이 합쳐집니다.

평화의 성취와 은총 속에서의 성숙

Attaining Peace and Growth in Grace

1. 우리가 다른 사람의 말이나 행동에 참견하지 않고, 또 우리와 관련 없는 일에 참견하지 않는다면 많은 평화를 누리게 될 것입니다.

여호와여 내 마음이 교만치 아니하고 내 눈이 높지 아니하오며 내가 큰일과 미치지 못할 기이한 일을 힘쓰지 아니하나이다. 실로 내가 내 심령으로 고요하고 평온케 하기를 젖 뗀 아이가 그 어미 품에 있음 같게 하였나니 내 중심이 젖 뗀 아이와 같도다. (시 131:1~2)

다른 사람의 일에 참견하고 싶고, 밖으로 나돌아다닐 기회만 찾고, 자신에 대해서는 한 번도 심각하게 생각하지 않는 사람에게 어떻게 평화가 오래 머물러 있겠습니까?

복 있는 자는 한결같은 마음을 가진 사람입니다. 왜냐하면 그들이 많은 평화를 누릴 것이기 때문입니다.

마음이 청결한 자는 복이 있나니 그들이 하나님을 볼 것이요. (마 5:8)

2. 많은 성인들이 어떻게 자신만의 경지에 도달하고 명상적이 될 수 있었을까요?
왜냐하면 그들은 세상적인 욕망에 자신을 완전히 죽였기 때문입니다. 그래서 그들은 전심을 다해 하나님을 붙들고 하나님께 자신을 온전히 맡겼습니다.
우리는 너무 많이 감정에 이끌리며 아침 이슬 같은 헛된 것에 너무 많은 걱정을 합니다. 우리는 우리가 가진 한 가지 결점이라도 완벽하게 고치지 못합니다. 매일 매일 해야 하는 영적성장을 위한 노력에는 열심도 없고, 관심도 없으며 미지근합니다.

3. 만일 우리가 우리 자신에게 완벽하게 죽고, 세상일에 눈을 돌리지 않는다면 영적인 것들을 맛보고 즐기게 될 것입니다. 그리고 하늘의 소리를 들을 수 있게 될 것입니다.
참으로 우리가 제거해야 할 가장 크고 유일한 장해물은 우리가 사리사욕에 너무 집착하고 성인들처럼 자기 자신의 경지에 이르려는 길을 걷지 않으려 하는 것입니다. 조그만 어려움에 부딪혀도 우리는 정신적으로 쉽게 실망하고 사람들의 위안을 구하려 합니다.

4. 만일 우리가 신실한 믿음의 사람들처럼 영적 전투에서 견뎌낼 수 있다면 틀림없이 하늘에서 내려오는 하나님의 도우심을 경험했을 것입니다. 우리가 승리를 쟁취하도록 끝까지 싸울 기회를 주신 분은 그분의 은총을 믿고 전투를 벌이는 사람들에게 도움을 줍니다.
너희가 감당하지 못할 시험 당함을 허락하지 아니하시고 시험 당할 즈음에

또한 피할 길을 내사 너희로 능히 감당하게 하시느니라. (고전 10:13)

우리의 외적인 것만 지켜서 영적생활의 정진을 이루려 한다면, 오래지 않아 우리의 헌신은 사라지게 될 것입니다. 우리의 정욕에서 벗어나 영혼의 안식을 얻을 수 있도록 우리 자신의 결점을 근절 시킵시다.

5. 우리가 매년 결점들을 하나씩 근절시킨다면 우리는 곧 성숙해질 것입니다.

그러나 **우리가 믿음의 결단을 한 지 여러 해가 지났건만 현재는 도리어 처음 시작할 때보다 더 못하고 순수하지 못함을 자주 느낍니다.**

우리의 열정과 믿음의 발전은 나날이 커져야 합니다. 그러나 처음 시작할 때의 열정의 일부라도 간직하고 있다면 정말 훌륭하다고 생각합니다.
만일 우리가 시작할 때에 자기 자신에 대해 조금만 엄격했다면 모든 일들을 쉽고 즐겁게 수행할 수 있었을 것입니다.

6. 악습을 버리기는 힘든 일이지만 더욱 힘든 것은 **우리의 의지와 대항하는 것**입니다.
작고 쉬운 일도 극복하지 못하면서 어찌 더 어려운 일을 이겨 낼 수 있겠습니까?
나쁜 악습의 싹은 초기에 없애기 바랍니다. 악습이 우리를 점점 보다 더 어려운 고통으로 끌어갈까 두렵습니다.

여러분의 올바른 외적 태도가 여러분 자신에게는 얼마나 많은 내적 평안을 가져오며, 또 다른 사람들에게는 얼마나 많은 기쁨을 가져오는지 안다면, 여러분이 영적 성숙에 더욱 관심을 가지리라 생각합니다.

고난을 통한 유익

Profiting from Adversities

1. **우리가 가끔 고통을 당하고 또 시련을 겪는 것은 좋은 일입니다.** 왜냐하면 그런 일을 통해서 우리 자신을 자주 뒤돌아보게 되고, 또한 지금은 우리가 하나님께로 가는 나그네 생활 중에 있으며 세상적인 일에 의지해서는 안 되겠다는 생각을 하게 되기 때문입니다.

   우리는 다른 사람과 반대의 입장에 서있거나, 비록 우리가 잘못한 것이 전혀 없을지라도 다른 사람들로부터 욕을 먹는 경우가 있는데 이 또한 좋은 일입니다. 이런 일을 통해서 우리는 겸손하게 되고 헛된 자만에서 벗어나는데 도움이 됩니다. 왜냐하면 우리가 다른 사람들에 의해 배척당하고 멸시 당하며, 우리를 믿어주지 않을 때, 우리는 우리의 내적 증인이신 하나님에게 더욱 의지하려는 경향이 있기 때문입니다.

2. 그러므로 우리는 다른 사람들의 위안에 의존하지 말고 하나님 안에서 우리 자신의 자리를 잡아야 합니다.

하나님의 사람이 악한 생각으로 시달리고, 유혹에 빠지고, 고통을 받게 될 때 하나님의 도움이 얼마나 절실한지를 깨닫게 되고, 그분 없이는 아무것도 올바른 일을 할 수 없다는 것을 알게 됩니다. 그때 그들은 슬퍼하고 애통해하며, 그들이 겪고 있는 고통으로 인해 기도하게 됩니다.

내가 지금 기뻐함은 너희로 근심하게 한 까닭이 아니요 도리어 **너희가 근심함으로 회개함에 이른 까닭이라.** 너희가 하나님의 뜻대로 근심하게 된 것은 우리에게서 아무 해도 받지 않게 하려 함이라. (고후 7:9)

그들은 사는 것이 싫어지고 심지어는 이 세상을 떠나 예수 그리스도와 함께 있고 싶어 합니다.

내가 그 두 사이에 끼였으니 떠나서 그리스도와 함께 있을 욕망을 가진 이것이 더욱 좋으나. (빌 1:23)
형제들아 우리가 아시아에서 당한 환난을 너희가 알지 못하기를 원치 아니하노니 힘에 지나도록 심한 고생을 받아 살 소망까지 끊어지고. (고후 1:8)

또한 그들은 이 세상에는 완벽한 평안과 평화가 없다는 것을 깨닫게 됩니다.

이것을 너희에게 이름은 너희로 내 안에서 평안을 누리게 하려 함이라. 세상에서는 너희가 환난을 당하나 담대하라. 내가 세상을 이기었노라. (요 16:33)

chapter 13

유혹을 물리침

Resisting Temptation

1. **우리가 이 세상에 사는 동안 시련과 유혹을 피할 수는 없습니다.**

욥기에 보면 **"인생은 땅 위에서 고역이요, 그날들은 날품팔이 같지 않은가!"**라고 쓰여 있습니다.

세상에 있는 인생에게 전쟁이 있지 아니하냐. 그날이 품군의 날과 같지 아니하냐. (욥 7:1)

그러므로 우리는 모든 유혹에 조심해야 하며, 기도하므로 마귀가 우리를 속일 기회를 주어서는 안 됩니다.

근신하라. 깨어라. 너희 대적 마귀가 우는 사자같이 두루 다니며 삼킬 자를 찾나니. (벧전 5:8)

우리 가운데 누구도 그렇게 완벽하고 거룩한 사람은 없어서 가끔 유혹을 받지 않은 사람은 없으며, 우리 모두 유혹 없이 살아갈 수는 없습니다.

2. 그럼에도 불구하고 유혹은 가끔 우리에게 유익을 주는데, 비록 유혹이 문제가 있고 슬픔을 주지만, **유혹을 받으면서 우리는 겸손해지고, 정결해지며 교훈을 얻습니다.**

내 형제들아 너희가 여러 가지 시험을 만나거든 온전히 기쁘게 여기라. (약 1:2)

모든 성인들도 많은 시련과 유혹을 겪었으며 그것을 통해 유익을 얻었습니다.

제자들의 마음을 굳게 하여 이 믿음에 거하라 권하고, 또 우리가 하나님 나라에 들어가려면 많은 환난을 겪어야 할 것이라. (행 14:22)

그러나 유혹을 참아낼 수 없었던 사람은 도덕적으로 타락하고 버림을 받았습니다.
그 안에 유혹이나 역경이 없는 그렇게 거룩한 교회도 없고 또 그런 비밀스런 장소도 없습니다.

3. 우리가 지상에서 사는 동안 유혹에서 벗어날 사람은 없습니다. 왜냐하면 유혹의 뿌리는 우리가 태어날 때부터 가지고 있는 것이기 때문입니다.

오직 각 사람이 시험을 받는 것은 자기 욕심에 끌려 미혹됨이니. (약 1:14)

하나의 유혹이나 시련이 지나가면 또 다른 것이 옵니다. 우리는 항상 고통 속에 있는데 왜냐하면 우리는 원래의 행복에서 떨어져 버렸기 때문입니다.

많은 사람들이 유혹을 피하려다 더 큰 유혹에 빠집니다.

홀로 뛰어서는 정복할 수 없으며, 인내와 겸손으로 우리는 우리의 적들보다 강해져야 합니다.

여러분이 유혹을 발본색원하지 않고 외적으로만 피한다면 이득이 되지 않습니다. 참으로 유혹은 조만간 여러분에게 돌아오고 이전보다 더욱 폭력적일 것입니다.

조금씩 조금씩 하나님의 도움을 통해 인내하고 참으면, 폭력을 가하거나 화를 내는 것보다 더 쉽게 이겨낼 것입니다.

너희가 유혹 가운데 있다고 느끼면 자주 상담을 하기 바랍니다. 유혹에 빠진 사람들을 심하게 대하지 말고 오히려 당신이 자기 자신에게 하듯이 용기와 힘을 북돋아 주십시오.

4. 모든 유혹은 두 마음을 갖기 시작하고 하나님에 대한 회의가 일어날 때 시작됩니다.

> 오직 믿음으로 구하고 조금도 의심하지 말라 의심하는 자는 마치 바람에 밀려 요동하는 바다 물결 같으니 이런 사람은 무엇이든지 주께 얻기를 생각하지 말라. (약 1:6–7)

키 없는 배가 파도에 이리저리 휩쓸리듯, 부주의하고 목표를 잃어버린 사람들이 여러 가지로 유혹을 받게 됩니다.

> 내 사랑하는 형제들아 속지 말라. (약 1:16)

불은 쇠를 단련하고 유혹은 의로운 사람을 시험합니다.

종종 우리는 유혹을 받아봐야 우리가 어떤 사람인지 무엇을 할 수 있는지 알게 됩니다.

우리는 특히 유혹이 시작될 때 깨어 있어야 합니다. 왜냐하면 유혹이 마음의 문에 들어오지 못하도록 문을 두드릴 때 물리치면 우리의 적을 더욱 쉽게 이길 수 있기 때문입니다.

이런 말이 있습니다. **"처음에 물리쳐라. 지체하여 병이 중해지면 약을 준비해도 이미 늦으리라."**(오비디우스, 《치료에 대하여》에서)

처음에는 악에 대해 단순히 생각하다가 강한 상상력을 갖게 되고 마침내 악에 흥미를 느끼고 강한 열망에 빠지며 그리고 굴복해 버립니다.

이처럼 초기에 악을 물리치지 않으면 사악한 적은 점차 우리를 정복해 버립니다.

우리가 물리치는 일을 소홀히 하여 시간을 지체하면 할수록 악은 우리에게 더욱 강하게 대적해 옵니다.

5. 어떤 사람들은 유혹이 초기에 오는 반면 다른 사람들은 마지막에 겪게 됩니다.

또 어떤 이들은 그들 생애 내내 많은 고통을 당하게 됩니다.

또 어떤 이들은 단지 가벼운 유혹을 받습니다. 이 모든 것은 인간적인 가치와 상태를 측정하고 그가 택한 자들의 행복을 위해 모든 것을 정하시는 하나님의 지혜와 정의에 따른 것입니다.

6. 그러므로 우리는 시험을 당하더라도 절망해서는 안 되며, 우리의 모든 시험 중에 그분의 은사를 받을 수 있는 특권을 주신 하나님께 더욱 더 뜨겁게 기도해야 합니다.

사도 바울께서 말씀하셨습니다. **"사람이 감당할 시험 밖에는 주시지 않으며 능히 그것을 감당하느니라."**

사람이 감당할 시험 밖에는 너희에게 당한 것이 없나니 오직 하나님은 미쁘사 너희가 감당치 못할 시험 당함을 허락지 아니하시고 시험 당할 즈음에 또한 피할 길을 내사 너희로 능히 감당하게 하시느니라. (고전 10:13)

7. 유혹과 고통을 당해보면 우리가 얼마나 성숙한지를 알게 됩니다. 그것들로 인해 우리가 받을 상급과 우리의 가치를 평가받기 때문입니다.
   우리가 아무런 고통이 없을 때 우리가 열심히 하고 또 헌신적인 것은 대단한 일이 아니지만, 힘들고 어려울 때 우리가 인내로 참아낸다면 하나님의 은혜 속에 커다란 성장의 희망이 있는 것입니다.
   어떤 사람들은 큰 유혹에 빠지지 않지만 가끔 매일매일 작은 일에 굴복합니다. 그래서 겸손하게 그들은 작은 것을 이겨내었던 것을 보면서 스스로 큰 유혹에 편승하지 않습니다.

chapter 14

경솔한 판단을 피함

Avoiding Rash Judgement

1. 눈을 들어 자신을 살피되 남의 행위를 심판하지 말라

비판받지 아니하려거든 비판하지 말라. (마 7:1)
우리 강한 자가 마땅히 연약한 자의 약점을 담당하고 자기를 기쁘게 하지 아니 할 것이라. (롬 15:1)

남을 판단함으로써 우리는 헛된 수고를 하는 것이며, 자주 실수를 하게 되고 또한 쉽게 죄에 빠집니다. 그러나 자신을 판단하고 시험함에 있어서는 우리는 항상 효과적으로 노력하여야 합니다.
우리는 자주 사사로운 감정으로 사물을 판단하고 이기적인 동기로 쉽게 올바른 판단을 그르칩니다.
만일 하나님이 우리가 원하는 진정한 목표라고 한다면 우리 의견이 반대에 직면하더라도 그렇게 쉽게 힘들어 해서는 안 됩니다.

2. 그러나 우리는 자주 우리 안에 있는 무엇이나 혹은 밖에서 일어나는 무

엇에 의해 이끌립니다.

많은 사람들이 자신도 모르게 자기가 하는 일에 스스로를 종속시킵니다.

자신의 의지나 의견에 따라 일이 잘 되면 마음의 평온함을 느끼며 살고, 일이 바라는 바와 다르게 되어 가면 슬퍼하며 당황해 합니다.

판단과 의견이 분분하다보니 친구와 이웃 사이에, 심지어는 신앙심이 깊은 신자들 사이에도 불화의 원인이 됩니다.

스스로 분쟁하는 나라마다 황폐하여질 것이요 스스로 분쟁하는 동네나 집마다 서지 못하리라. (마 12:25)

내가 세상에 화평을 주려고 온 줄로 아느냐. 내가 너희에게 이르노니 아니라. 도리어 분쟁케 하려 함이로라. (눅 12:51)

3. 오래된 관습은 깨기가 힘들고 우리 자신도 기존의 관념에서 쉽게 벗어나기가 어렵습니다.

구스 인이 그 피부를, 표범이 그 반점을 변할 수 있느뇨, 할 수 있을진대 악에 익숙한 너희도 선을 행할 수 있으리라. (렘 13:23)

만일 우리가 예수 그리스도께 순종하기보다 우리 자신의 이성과 노력에 더 의존하게 되면 여러분들이 진정으로 깨닫기까지는 오랜 시간이 걸릴 것입니다. 이 때문에 하나님은 우리를 완전히 굴복시켜 당신에게 순종케 하며, 그의 사랑을 불태워서 우리가 인간 이성의 좁은 한계를 뛰어 넘도록 하게 하는 것입니다.

chapter 15

사랑의 행위

Works of Love

1. **세상의 어떤 이유를 핑계로 또는 인간의 사랑을 핑계로 악한 일을 해서는 안 됩니다.**

불쌍한 사람을 위해서 하는 선한 행위가 가끔은 어떤 윤리적 원칙을 침해하지 않음에도 멈추어질 수도 있으며, 심지어 더 좋은 일로 바꾸어질 수도 있습니다.

> 만일 네 손이나 네 발이 너를 범죄케 하거든 찍어 내버리라. 장애인이나 다리 저는 자로 영생에 들어가는 것이 두 손과 두 발을 가지고 영원한 불에 던져지는 것보다 나으니라. (마 18:8)

이와 같이 **좋은 일이란 없어지는 것이 아니라 보다 더 좋은 일로 바꾸어지게 되는 것입니다.**

사랑 없이 겉으로 하는 일은 아무런 가치가 없습니다. 그러나 사랑으로 하는 일마다 그것이 세상적인 눈으로 봐서 아무리 사소하고 하찮은 일이라도 결실이 풍성하여 집니다.

하나님은 행위의 척도가 아니라 사랑의 척도에 더 많은 점수를 줍니다. 우리가 많은 사랑을 할 때 많은 일을 합니다.

저의 많은 죄가 사하여졌도다. 이는 저의 사랑함이 많음이라. 사함을 받은 일이 적은 자는 적게 사랑하느니라. (눅 7:47)

2. 일이 잘되면 많은 일을 하게 됩니다. 우리는 자기 자신의 뜻보다 여러 사람을 위해 좋은 일을 할 때 일을 잘 하는 것입니다.

만일 너희 믿음의 제물과 봉사 위에 내가 나를 관제(灌祭 제물 위에 포도주를 붓는 제사)로 드릴찌라도 나는 기뻐하고 너희 무리와 함께 기뻐하리니 (빌 2:17)

어떤 일은 가끔 사랑이 우러나서 한 일처럼 보이나 실은 자기 사욕에 의한 것입니다. 왜냐하면 어떤 본성적인 편애, 자의식, 상급에 대한 기대, 자신의 이기심이란 좀처럼 뿌리치기 어려운 모티브이기 때문입니다.

3. 우리가 진실하고 완벽한 사랑을 가진다면, 자신의 것을 전혀 추구하지 않으며 모든 일에 있어 하나님의 영광만을 원할 것입니다.

저희가 다 자기의 일을 구하고 그리스도 예수의 일을 구하지 아니 하되. (빌 2:21)

무례히 행치 아니하며 자기의 유익을 구치 아니하며 성내지 아니하며 악한 것을 생각지 아니하며. (고전 13:5)

또한 우리는 아무도 질투하지 않습니다. 왜냐하면 우리 자신을 위해 아무것도 추구하지 않으며 우리 자신 안에서 즐거움을 선택하지 않고 무엇보다도 하나님의 즐거움 안에서 행복해지기를 바라기 때문입니다. 우리에게 무슨 좋은 것이 있으면 사람에게 돌리지 말고 전적으로 하나님께 돌리시기 바랍니다.

나는 의로운 중에 주의 얼굴을 보리니 깰 때에 주의 형상으로 만족하리이다.

(시 17:15)

이는 여호와를 찾는 족속이요 야곱의 하나님의 얼굴을 구하는 자로다.

(시 24:6)

샘물이 솟아나듯 모든 만물이 그분에게서 나오고 그분 안에서 마침내 모든 성인들은 그들의 최상의 만족 속에 안식을 취합니다.

만일 우리의 마음에 진정한 사랑의 섬광이 오직 한 개만이라도 있다고 한다면 지상의 모든 것들은 헛된 것으로 가득 찬 것을 확실히 인식할 것입니다.

chapter 16

타인의 잘못을 참고 견딤

Bearing with the Faults of Others

1. 우리 자신이나 다른 사람에게서 고칠 수 없는 것들을 우리는 하나님께서 다른 방도를 마련 할 때까지 끈기 있게 참아내야 합니다.
   아마도 그렇게 하는 것이 우리의 시련과 인내를 위해 더 좋은 길이라 생각하시기 바랍니다. 그것 없이는 우리의 모든 선한 행위들이 가치가 없는 것입니다. 물론 그러한 힘이 부족할 때는 하나님께서 도와주시도록 은혜를 구하고 또 여러분이 잘 참아내도록 기도하셔야 합니다.
   우리를 시험에 들게 하지 마옵시고 다만 악에서 구하시옵소서. (마 6:13)

2. 어떤 사람이 한두 번 훈계를 받고 개전의 정이 없더라도 그 사람과 다투지 마십시오. 그 대신 주님의 뜻이 이루어지도록, 그의 이름이 모든 종들 안에서 영광 받도록, 모든 것을 하나님께 맡기십시오. 왜냐하면 하나님께서는 악을 선으로 어떻게 바꾸실 줄 잘 아는 분이기 때문입니다.
   나라에 임하옵시며 뜻이 하늘에서 이룬 것 같이 땅에서도 이루어지이다. (마 6:10)

당신들은 나를 해하려 하였으나 하나님은 그것을 선으로 바꾸사 오늘과 같이 만민의 생명을 구원하게 하시려 하셨나니. (창 50:20)

다른 사람의 결점과 약점이 그 어떤 것이라도 들추지 말고 참아내도록 노력하시기 바랍니다. **여러분 또한 다른 사람들이 참아주어야 할 많은 부족한 점이 있음을 기억하시기 바랍니다.**

형제들아 사람이 만일 무슨 범죄한 일이 드러나거든 신령한 너희는 온유한 심령으로 그러한 자를 바로잡고 네 자신을 돌아보아 너도 시험을 받을까 두려워하라. (갈 6:1)

여러분도 여러분 자신을 마음대로 못하는데 어찌 다른 사람이 여러분 마음에 딱 맞게 하기를 기대할 수 있겠습니까?

또 형제들아 너희를 권면하노니 규모 없는 자들을 권계하며 마음이 약한 자들을 안위하고 힘이 없는 자들을 붙들어 주며 모든 사람을 대하여 오래 참으라. (살전 5:14)

우리는 다른 사람이 완벽하기를 바라면서 우리의 잘못은 고칠 줄 모릅니다.

3. 우리들은 다른 사람들을 엄히 꾸짖어 타인의 과실을 고치도록 요구하나 자신의 과실은 고치지 않습니다.
다른 사람들이 갖고 있는 자유는 우리를 화나게 하지만 우리 자신의 욕망은 거절당하기를 싫어합니다.
다른 사람들은 엄격한 규율 아래 놓이기를 바라면서도 자신들은 구속받기를 싫어합니다.

이런 것을 보면 우리는 자신과 이웃을 좀처럼 같은 잣대로 보지 않는다는 것이 분명합니다.

모든 사람이 완벽하다면 무엇 때문에 우리가 하나님의 사랑을 위하여 이웃에게 고통을 받아야 합니까?

4. 그러나 하나님께서는 우리가 서로 남의 짐을 지는 것을 배우도록 이미 정하였습니다.

너희가 짐을 서로 지라. 그리하여 그리스도의 법을 성취하라. (갈 6:2)

우리 가운데 누구도 결점 없는 사람이 없으며,
져야할 짐이 없는 사람이 없고,
풍족한 사람이 없으며,
족히 현명한 사람도 없습니다.
그러나 우리는 서로 참아야 하며,
서로 위로 하고,
돕고,
가르치며,
서로 훈계해야 합니다.

몸 가운데서 분쟁이 없고 오직 여러 지체가 서로 같이하여 돌아보게 하셨으니. (고전 12:25)

역경을 겪어봐야 각자가 갖고 있는 용기와 덕행이 보여 집니다.

그러한 기회는 우리를 약하게 하는 것이 아니라 우리가 어떤 사람인지를 알게 합니다.

chapter **17**

신앙 공동체 생활

Life in a Religious Community

만일 당신이 다른 사람들과 평화롭고 화목하게 살고 싶다면 **당신의 의지를 복종시키는 것을 배워야 합니다.**

공동체 생활을 하거나 수도원에서 수도생활하거나 또 죽을 때까지 그 단체 안에서 참아낸다는 것은 결코 쉬운 일이 아닙니다.

그 생활을 잘 참아내고 죽을 때까지 행복하게 지내는 자는 복 받은 사람입니다. 여러분이 은총 속에 지속적으로 성장하기를 바란다면 여러분 자신을 세상에서 나그네나 순례자로 생각해야 합니다.

사랑하는 자들아 나그네와 행인 같은 너희를 권하노니 영혼을 거스려 싸우는 육체의 정욕을 제어하라. (벧전 2:11)

만일 당신이 그리스도인으로 살고자 한다면 여러분은 그리스도로 인하여 어리석은 사람이 되어야 합니다.

우리는 그리스도의 연고로 미련하되 너희는 그리스도 안에서 지혜롭고 우리는 약하되 너희는 강하고 너희는 존귀하되 우리는 비천하여. (고전 4:10)

머리를 삭발하고 성스러운 옷을 입는 것은 아무것도 아닙니다. **참다운 종교인은 마음이 변하여야 하고, 육체의 욕망을 완전히 죽여야 합니다.** 하나님 한 분과 자신의 영혼의 구원 외에 다른 것을 구하는 자는 시련과 슬픔을 맛보게 될 것입니다.

가장 낮은 자가 되고 모든 사람을 섬기지 않고서는 평화 속에 오래 머물러 있을 수 없습니다.

> 너희는 그렇지 않을지니 너희 중에 큰 자는 젊은 자와 같고 두목은 섬기는 자와 같을지니라. (눅 22:26)

"인자가 온 것은 섬김을 받으러 온 것이 아니라 섬기려 왔다."

> 너희 중에는 그렇지 아니하니 너희 중에 누구든지 크고자 하는 자는 너희 종이 되어야 하리라. (마 20:26)

여러분들은 한가하게 잡담하면서 빈둥빈둥 시간을 보내라고 하나님이 세상에 보낸 것이 아니라 고통을 감수하며 열심히 일하라고 부르셨다는 것을 알아야 합니다.

여기에 있는 사람들은 용광로 속의 금처럼 녹아져야 합니다.

하나님의 사랑을 위하여 진심으로 여러분 자신이 겸손하지 않으면 여기에 아무도 남아 있을 수 없습니다.

chapter **18**

거룩한 성도의 본보기

The Examples of the Holy Fathers

1. 거룩한 성도들이 이룩한 완벽함과 그 성스러움이 빛나는 살아있는 본보기를 생각하십시오. 그러면 당신은 지금 우리가 하는 것이 아무것도 아니며 너무 미미하다는 것을 알게 될 것입니다.

바로 이 시간까지 우리가 주리고 목마르며 헐벗고 매 맞으며 정처가 없고. (고전 4:11)

저희가 광야와 산중과 암혈과 토굴에 유리하였느니라. (히 11:38)

이 얼마나 슬픈 일입니까! 그분들에 비해 우리의 삶은 무엇입니까!

그리스도의 성인들과 친구들은

배고픔과 목마름 속에서,

추위와 헐벗음 속에서,

수고와 피로 속에서,

깨어있음과 단식 속에서,

기도와 묵상 속에서,

박해와 치욕 속에서 하나님을 섬겼습니다.

2. 오! 사도들과 순교자들, 증거자들, 동정녀들과 그리고 그리스도를 따르려고 애쓴 모든 사람들이 겪어낸 시련은 그 얼마나 많으며 슬픈 일입니까?

그들은 영생을 지키기 위해 그들의 삶을 미워했습니다.

무릇 내게 오는 자가 자기 부모와 처자와 형제와 자매와 및 자기 목숨까지 미워하지 아니하면 능히 나의 제자가 되지 못하리라. (눅 14:26)

사막에서의 성도들은 그 얼마나 엄격하고 자신을 포기하는 생활을 지냈습니까!

그 얼마나 지독한 유혹을 받았겠습니까!

그 얼마나 마귀의 극심한 공격이 있었으며

하나님께 얼마나 자주 간절한 기도를 드렸겠습니까!

세 번 태장으로 맞고 한 번 돌로 맞고 세 번 파선하는데 일주야를 깊음에서 지냈으며 여러 번 여행에 강의 위험과 강도의 위험과 동족의 위험과 이방인의 위험과 시내의 위험과 광야의 위험과 바다의 위험과 거짓 형제 중의 위험을 당하고. (고후 11:25~26)

얼마나 엄격한 금욕을 행하였겠으며,

그들의 영적인 성장을 위해 그들이 바친 열정은 그 얼마입니까!

육정을 이기려고 그들이 벌인 싸움은 또 얼마나 치열했겠습니까!

하나님을 향한 한결같고 그리고 순수한 뜻은 그 얼마나 간직했겠습니까!

내가 내 몸을 쳐 복종하게 함은 내가 남에게 전파한 후에 자기가 도리어 버

림이 될까 두려워함이로라. (고전 9:27)

낮에는 일하고, 밤에는 기도했습니다.

낮에 일할 때조차 그들은 정신적 기도를 그치지 않았습니다.

쉬지 말고 기도하라. (살전 5:17)

3. 그들은 모든 시간을 유익하게 보냈습니다. 하나님을 섬기는 매순간이 너무 짧은 듯 했습니다. 그들은 묵상 속에 느끼는 깊은 꿀맛을 통해 몸에 필요한 음식물조차도 잊었습니다.

그들은 모든 재물, 지위, 명예, 친구 그리고 친척까지도 버렸습니다. 이 세상으로부터는 아무것도 바라지 않았습니다. 최소한의 음식을 먹었고, 육체를 돌보는 것조차도 아까워했습니다.

또 여러 형제가 어린 양의 피와 자기의 증거하는 말을 인하여 저를 이기었으니 그들은 죽기까지 자기 생명을 아끼지 아니하였도다. (계 12:11)

그들은 이 세상의 물질에서는 가난했으나, 은총과 선행은 풍부했습니다.

심령이 가난한 자는 복이 있나니 천국이 저희 것임이요. (마 5:3)

가난한 자는 복이 있나니 하나님의 나라가 너희 것임이요. (마 6:20)

겉으로는 궁핍하였으나, 내적으로는 은총과 하나님의 위로로 늘 새로운 삶을 살았습니다.

4. 그들은 이 세상에서는 나그네였으나, 하나님과는 가깝고 친근한 친구였습니다.

사람이 그 친구와 이야기함같이 여호와께서는 모세와 대면하여 말씀하시며 모세는 진으로 돌아오나 그 수종자(隨從者 시중드는 사람) 눈의 아들 청년 여호수아는 회막을 떠나지 아니하니라. (출 33:11)

그들은 그들 자신을 아무것도 아닌 것으로 여겼고 세상에서 그들은 비열하게 보였으나 하나님의 눈에는 소중하고 사랑스러웠습니다.

성도의 죽는 것을 여호와께서 귀중히 보시도다. (시 116:15)

진정한 겸손에 뿌리를 두고, 단순한 복종 속에 살았으며 사랑과 인내 속에 걸었습니다. 그래서 그들은 날마다 영적으로 성장하였고, 하나님 안에서 커다란 은총을 얻었습니다.

그들은 믿는 사람들에게 모범이 되었으며, 영적으로 미지근한 사람들의 더딘 성장의 유혹에서 보다 더 영적성장을 위해 힘쓰라고 우리를 분발하게 합니다.

5. 기도를 위해 바치는 그들의 열정은 그 얼마나 큽니까! 선행을 행하여 다른 사람들을 능가하려는 야망은 또 얼마나 있습니까! 그때는 얼마나 엄격한 규율이 있었습니까!

진실로 그들의 행위들은 그들이 거룩하고 완벽했음을 계속해서 증거하고 있으며, 힘 있게 세상을 정복하고 발아래 던져버렸습니다.

그러나 오늘날은 규칙을 어기지 않거나, 그들이 처음에 가졌던 열정과 아주 작은 선행이라도 지키는 인내를 가진 것만으로도 대단하지 않습니까!

6. 그러나 이 얼마나 통탄한 일입니까! 이 시대에는 무관심과 나태함으로 인해 우리는 그렇게 빨리 초기의 열정에서 연약하여지고 나약하게 되고, 우리의 삶을 지겨워지게 만듭니다.

거룩한 삶의 모범을 많이 보았으니, **이제 하나님의 은총 속에서 성장하려는 갈망이 여러분 안에서 잠들지 않기를 하나님께 빕니다.**

성도의 훈련

The Exercise of Good Religious

1. 성도들의 생활은 다른 사람들에게 겉으로 보여지는 것이 내적으로도 그러하도록 모든 선행 속에 빛나야 합니다.

사실은 겉으로 드러난 것보다 내적인 선행이 더욱 많아야 합니다. 왜냐하면 우리가 어디에 있든지 그분에게 가장 최상의 존경을 드려야 하고, 천사들이 하듯이 그분의 관점에서 정결한 길을 걸어야 하는 우리를 하나님이 바라보시기 때문입니다.

우리는 매일 우리의 목적을 새롭게 재정립해야 하며, 마치 처음 당신을 만났던 그날처럼 우리들 자신의 열정을 새롭게 분발시켜야 합니다. 그리고 이렇게 말해야 합니다. **"예수님, 저의 선한 목적을 인내로 지키게 하시고, 나의 사는 날까지 당신을 거룩하게 섬기도록 도와주시옵소서. 과거에 했던 것들은 아무것도 없으며 오늘 바로 이 순간 정말로 다시 시작하게 하여 주시옵소서."**

2. 우리의 목적에 따라, 영적 성장이 이루어질 것이며 많은 정진을 이루려면 정말 부지런해야 합니다.

굳은 목적을 세워도 자주 실패하거나, 목적이 없거나, 있다 해도 약하다면 어떻게 모든 것을 해결할 수 있겠습니까?

여러 가지 이유로 우리는 목적을 저버리고, 심지어 아주 작은 영적 훈련을 게을리함으로 우리 영혼에 손실을 가져옵니다.

의인의 용기는 그들 자신의 지혜에 달려있지 않고, 무슨 일을 하던지 그들이 의존하는 하나님의 은혜에 달려 있습니다.

우리는 목적을 세우고, 하나님은 목적을 이루어 주십니다. 우리의 길이 우리 자신에게 있지 않기 때문입니다.

사람이 마음으로 자기의 길을 계획할 지라도 그 걸음을 인도하는 자는 여호와시니라. (잠 16:9)

3. 만일 평상시의 신앙훈련을 부모를 공경하거나 형제자매를 돕기 위해 잠시 빼먹는다하더라도, 그것은 나중에 쉽게 회복할 수 있습니다.

그러나 만일 싫증이 나거나 게을러서 신앙훈련을 가벼이 빼먹는다면, 그것은 참으로 책망 받을 일이며 우리의 영혼을 해치는 일입니다. 우리가 비록 최선을 다한다 해도, 우리는 모든 것에서 아직도 너무도 쉽게 무너집니다.

선을 행하고 죄를 범치 아니하는 의인은 세상에 아주 없느니라. (전 7:20)

그러므로 우리는 항상 흔들림 없는 굳은 결심을 가져야 하며, 우리를 방해하는 이러한 죄들에 대하여는 최선을 다하여야 합니다.

우리는 육적인 삶과 내부 영적인 삶을 부지런히 살피고 정리해야만 합니다. 왜냐하면 이것은 우리의 신앙생활의 성장에 중요한 요소이기 때문입니다.

4. 만일 당신이 지속적으로 종교적 묵상으로 들어갈 수 없다면, 적어도 하루에 두 번, 아침저녁으로 묵상하기를 바랍니다.

아침에는 선한 행위를 하겠다는 다짐을 하고, 저녁에는 내 자신이 했던 생각과 말과 행위를 살펴야 합니다. 왜냐하면 우리는 생각과 말과 행위로 종종 하나님과 우리의 이웃들에게 죄를 저지르기 때문입니다.

여호와여 아침에 주께서 나의 소리를 들으시리니 아침에 내가 주께 기도하고 바라리이다. (시 5:3)

마귀의 더러운 공격에 단호히 대처하십시오. 식욕을 억제 하십시오. 그러면 다루기 힘든 모든 육정인 욕망을 좀 더 잘 억제할 수 있습니다.

마귀의 궤계(詭計 간사하게 남을 속이는 꾀)를 능히 대적하기 위하여 하나님의 전신갑주를 입으라. (엡 6:11)

절대 게으르지 말고, 독서를 하거나, 글을 쓰거나, 기도를 하거나, 묵상을 하거나, 선한 일을 위해 무엇인가 하십시오.

형제들아 너희는 선을 행하다가 낙심치 말라. (살후 3:13)

체력단련에 있어서는 신중히 해야 합니다. 모든 사람이 똑같이 단련하는 것은 아닙니다.

5. 공동체에 속하지 않는 헌신(獻身 소명에 의해 몸을 바치는 것)은 공개적으로 해서는 안 되며, 사적인 헌신도 비밀히 하는 것이 최고로 안전합니다.

그렇지만 사적인 헌신을 앞세워 공적인 헌신이 무시되지 않도록 주의해야 합니다. 그러나 당신에게 주어진 일을 완벽하게 또 충실하게 수행하고도 시간이 남는다면, 당신이 평소에 하고 싶었던 개인적 헌신을 비밀리에 하십시오.

모든 사람에게 똑같은 영적 훈련을 적용 할 수 없습니다. 어떤 것은 이런 사람에게 좀 더 도움이 되고, 또 어떤 것은 다른 사람에게 더 알맞습니다.

또한 다른 영적 훈련도 상황에 따라 다른데, 어떤 영적 훈련은 평일에 하는 것이 좋으며 어떤 영적 훈련은 주일에 하는 것이 더 좋습니다.

유혹의 시기에 필요한 영적 훈련이 있고, 평화롭고 평온한 시기에 필요한 영적 훈련이 있습니다.

어떤 영적 훈련은 낙심될 때에 더 필요하고, 어떤 영적 훈련은 주님 안에서 기쁠 때 더 잘 되기도 합니다.

6. 큰 축제 때에는 좋은 훈련들을 새롭게 갱신해야 하며, 성인들의 기도를 더 열렬하게 간구해야 합니다.

매 축제 때마다 우리는 이 세상을 떠나 천국의 영생 축제에 참여 한 것처럼 우리의 결의를 다져야 합니다.

우리는 머지않아 하나님으로부터 우리 수고에 대한 상급을 받는 것처럼, 성스러운 시기에 더욱 믿음의 생활이 되도록 자신을 준비하고, 우리가 지켜야 할 모든 일들을 더욱 엄격하게 지키도록 준비하여야 합니다.

주의 날이 밤에 도적같이 이를 줄을 너희 자신이 자세히 앎이라. (살전 5:2)

7. 우리의 상급이 늦어진다면 우리가 아직 충분한 준비를 갖추지 못하였고, 또 장차 우리에게 나타날 영광을 감당할 때가 안 되었다고 여기십시오. 그리고 천국으로 출발을 위해 좀 더 잘 준비하도록 노력합시다.

생각컨대 현재의 고난은 장차 우리에게 나타날 영광과 족히 비교할 수 없도다. (롬 8:18)

"주인이 왔을 때에 일하고 있는 종은 복 받은 자이다. 내가 진정으로 말하노니 주인이 그 모든 소유를 그에게 맡기리라."

주인이 이를 때에 그 종의 이렇게 하는 것을 보면 그 종이 복이 있으리로다. (눅 12:43-44)

chapter **20**

고요함과 침묵을 사랑함

The Love of Solitude and Silence

1. 여러분 자신의 양심을 돌아볼 적당한 시간을 찾아야 하며 하나님의 인자하심에 대해 자주 묵상하시기 바랍니다.
호기심을 채우려거나 단순히 시간을 때우려고 책을 읽지 마시고, 여러분 마음을 헌신에 몰두시키는 그러한 것들을 읽으시기 바랍니다.
여러분이 무료한 잡담이나 배회를 하고, 쑥덕공론이나 풍문을 들으려고 밖으로 나돌아 다니거나 하는 일을 삼간다면, 좋은 일에 대해 묵상할 시간을 충분히 낼 수 있을 것입니다.
대부분의 성도들은 될 수 있는 한 세상 사람들과의 교제를 피하고, 자신들 마음의 은밀한 곳에서 하나님과 함께 있기를 택하시기를 바랍니다.

2. 한 성인은 이렇게 말 하였습니다. "세상 사람들과 만날 때마다 나는 이전보다 못한 사람인 것을 느낍니다."

우리가 오래 이야기하다 보면 알듯이, 말을 전혀 안하는 것은 쉬우나 적게 말하는 것은 어렵습니다.

집에 혼자 떨어져 있기는 쉬우나 사람들과 사귀면서 자신을 지키기는 쉽지 않습니다.

그러므로 내적으로나 영적으로 성숙하기를 바라는 자는 세상을 피해 예수와 함께 가야 합니다.

> 고침을 받은 사람이 그가 누구신지 알지 못하니 이는 거기 사람이 많으므로 예수께서 이미 피하셨음이라. (요 5:13)

할 수 있다면 혼자 있기를 선택한 사람 외에는 아무도 사람들 속에 당당하게 나타날 수 없습니다.

기꺼이 침묵하는 사람 외에는 아무도 당당하게 말할 수 없습니다.

다른 사람을 높이는 것이 기쁨이라는 것을 아는 사람 외에는 아무도 당당하게 책임을 맡을 수 없습니다.

복종하기를 배워온 사람 외에는 아무도 당당하게 명령할 수 없습니다.

> 무엇이든지 내 눈이 원하는 것을 내가 금하지 아니하며 무엇이든지 내 마음이 즐거워하는 것을 내가 막지 아니하였으니 이는 나의 모든 수고를 내 마음이 기뻐하였음이라. 이것이 나의 모든 수고로 말미암아 얻은 분복이로다. 그 후에 본즉 내 손으로 한 모든 일과 수고한 모든 수고가 다 헛되어 바람을 잡으려는 것이며 해 아래서 무익한 것이로다. (전 2:10–11)

3. 깨끗한 양심을 가슴으로 입증해 주는 사람 외에는 아무도 진정으로 기쁠 수 없습니다.

> 우리가 세상에서 특별히 너희에게 대하여 하나님의 거룩함과 진실함으로써 하되 육체의 지혜로 하지 아니하고 하나님의 은혜로 행함은 우리 양심의 증거하는 바니 이것이 우리의 자랑이라. (고후 1:12)

성인들을 안전하게 지켜주는 것은 항상 연약하게 생각하고 하나님을 두려워하는 마음입니다.

이런 축복받은 이들은 모든 덕행이 빛나기도 했지만, 교만을 드러내지 않을 뿐 아니라 부지런히 하나님을 섬기고 모든 행동을 겸손하게 하였던 것입니다.

그러나 사악한 사람들의 뻔뻔함은 그들의 교만과 주제넘음에서 나오고 결국은 그것이 그들을 기만합니다.

비록 당신이 참신하고 독실한 종교인이라고 하더라도 이 세상에서 당신 자신이 안전하다고 장담하지 마십시오.

형제들아 나는 아직 내가 잡은 줄로 여기지 아니하고 오직 한 일 즉 뒤에 있는 것은 잊어버리고 앞에 있는 것을 잡으려고 푯대를 향하여 그리스도 예수 안에서 하나님이 위에서 부르신 부름의 상을 위하여 좇아가노라. (빌 3:13~14)

4. 가끔 다른 사람들로부터 최고의 존경을 받는 사람이 자신들의 자만 때문에 깊은 슬픔에 빠집니다.

그들은 유혹에서 자유롭지 않고 가끔은 공격을 받는 것이 많은 사람들에게 좀 더 유익할 것입니다. 왜냐하면 그들이 자만하지 않고, 교만에 들뜨지 않고, 세상의 위로에 너무 기대지 않기 위해서입니다.

이 세상에 미혹되지 않고 순간의 쾌락을 구하지 않고 우리의 양심을 지키는 것이 얼마나 좋은 일입니까?

우리의 헛된 걱정을 잘라 버리고, 우리의 영혼에 유익한 영적인 것만을 생각하면서 우리의 모든 희망을 하나님에게 둔다면, 이 얼마나 큰 평화와 평온을 누리겠습니까?

주께서 심지가 견고한 자를 평강에 평강으로 지키시리니 이는 그가 주를 의

리함이로다. (사 26:3)

5. 사람이 거룩한 회개로 부지런히 단련하지 않으면 그 누구도 하늘의 위로를 받을 가치가 없습니다.
당신이 마음속에서 우러나오는 진정한 회개를 원한다면, 골방으로 들어가 세상의 어지러움을 피하십시오. 기록된바, "자리에 누워 심중에 말하고 잠잠 할지어다."

너희는 떨며 범죄치 말지어다. 자리에 누워 심중에 말하고 잠잠 할지어다. (시편 4:4)

가끔 잃어버렸던 것을 혼자 있는 곳에서 찾을 것입니다.
당신은 자기만의 공간 속에 있게 되면 될수록 더욱 더 그것을 즐기게 될 것이며, 그곳으로 가지 않게 되면 될수록 더 가기 싫어지게 될 것입니다.
당신이 그렇게 하려는 처음부터 자기만의 공간 속에 기꺼이 남아 있고 그것을 계속적으로 잘 유지시킨다면, 그곳은 당신의 친한 친구가 될 것이며 또한 가장 즐거운 위로가 될 것입니다.

6. 침묵과 고요 속에 영혼은 돈독해지고, 성경의 신비로움을 배우게 됩니다.
거기에서 영혼은 매일 밤 자신을 씻고 깨끗해지는 눈물의 강을 발견합니다. **세상의 번뇌에서 멀어지면 멀어질수록 창조주와 더욱 더 가까워지게 됩니다.**
그리하여 친구와 친지들로부터 멀어지는 사람들마다 하나님은 거룩한 천사와 동행하는 사람을 보내 줍니다.

당신은 세상에서 기적을 행하기보다는 세상에 알려지지 않고 당신의 영혼을 보살피는 것이 훨씬 낫습니다.

구도자는 공동체 밖으로 자주 나가지 않으며, 사람의 눈에 띄거나 보이지 않도록 하는 것이 칭찬받을 만한 일입니다.

7. 당신이 소유한 것이 불법이라는데 왜 자꾸만 그것을 보려고 합니까?

세상은 욕망과 함께 사라집니다.

이 세상도, 그 정욕도 지나가되 오직 하나님의 뜻을 행하는 이는 영원히 거하느니라. (요1 2:17)

육체의 욕망은 당신을 공동체에서 끌어내려 하지만, 시간이 지나면 무거운 양심과 번뇌 외에는 가지고 올 것이 없습니다.

즐거운 마음으로 나갔으나 슬픔만 가지고 돌아옵니다. **유쾌했던 밤은 근심스런 아침으로 변합니다.**

웃을 때에도 마음에 슬픔이 있고 즐거움의 끝에도 근심이 있느니라. (잠 14:13)

그래서 모든 육체적 쾌락은 부드럽고 상냥하게 시작하지만 결국에는 그것이 덫이 되어 사망에 이르게 됩니다.

어떤 길은 사람의 보기에 바르나 필경(畢竟 끝장에 가서는)은 사망의 길이니라. (잠 14:12)

당신이 여기서 볼 수 없다는 것 외에 무엇을 볼 수 있습니까? 하늘과 땅과 모든 사물을 보십시오. 그 모든 것들은 다 창조된 것입니다.

8. 하늘 아래 영원한 것이 있습니까?

당신이 생각하기를 내 자신에 대해서 만족할 수 있다고 하지만 당신은 그렇지 않습니다.

심지어 당신이 눈앞에 있는 것을 볼 수 있을지라도 헛된 환상 외에 무엇이 있습니까?

눈을 들어 높은 보좌에 계신 하나님을 바라보시고 당신의 죄와 태만을 용서해 달라고 간구하십시오.

헛된 것들은 헛된 자들에게 남겨두고, 하나님이 당신에게 명령한 것들에 집중하십시오.

골방으로 들어가 문을 닫고 당신을 사랑하는 예수를 부르십시오.

> 너는 기도할 때에 네 골방에 들어가 문을 닫고 은밀한 중에 계신 네 아버지께 기도하라. 은밀한 중에 보시는 네 아버지께서 갚으시리라. (마 6:6)

9. 그분과 함께 거기에 머무르십시오. 그러면 어느 곳에서도 느낄 수 없는 평화를 만나게 됩니다.

만일 당신이 공동체 밖으로 나가지 않거나, 쓸데없는 얘기를 듣지 않는다면, 당신의 마음에 평화를 더욱 지킬 수 있을 것입니다.

그러나 때때로 새로운 소식을 듣는 것을 즐거워하기 때문에 마음의 동요를 겪기도 합니다.

chapter **21**

진심어린 회개

Contrition of Heart

1. 만일 당신이 신앙에 정진하려면, 하나님을 두려워하여야 하고 너무 많은 자유를 구하지 말아야 합니다. 모든 당신의 욕망을 하나님의 규율 아래 구속하고, 당신 자신이 어리석은 쾌락에 빠지지 말아야 합니다.

사람이 미련하므로 자기 길을 굽게 하고 마음으로 여호와를 원망하느니라.
(잠 19:3)

당신이 진심어린 회개를 한다면 그로 인해 하나님의 뜨거운 사랑을 더 느낄 것입니다.
회개는 애매모호한 것을 순식간에 없애고 선한 길로 인도합니다.
우리가 무거운 짐을 지고 타향살이를 하고 있으며 또한 우리 영혼을 둘러싼 많은 위험을 생각해 볼 때 이 인생이 진정으로 즐거울 수 있다는 것은 이상한 일입니다.

2. 우리는 경박하고 우리의 잘못에 대한 무신경으로 인하여 우리 영혼의 진정한 슬픔을 느끼지 못합니다. 우리는 가끔 울어야 할 때 헛되이 웃어버립니다.

착한 양심을 가지고 하나님을 두려워하지 않고서는 진정한 기쁨도 진정한 자유도 없습니다.

번잡한 장해물을 버리고 오직 회개만을 간구할 때 우리는 행복합니다.

우리는 우리의 양심을 짓밟거나 부담을 주는 그 어떤 것들이든지 버릴 수 있을 때 행복합니다.

용감하게 싸우십시오. 그러면 하나의 습관이 또 다른 습관을 이깁니다.

당신이 다른 사람들의 관심사에서 멀어질 때, 그들도 마찬가지로 당신을 방해하지 않을 것입니다.

3. 다른 사람들의 일에 상관하지 마십시오. 그리고 당신의 상관들의 일에 얽히지 마십시오.

무엇보다도 당신 자신의 일을 살피고 당신의 친구들 앞에서 항상 바르게 하십시오.

당신이 다른 사람의 관심을 받지 못한다고 괴로워 마십시오. 당신이 그런 마음을 가지면 당신은 하나님의 종이나 수도자들처럼 조심하며 신중하게 처신하지 못합니다.

> 이제 내가 사람에게 좋게 하랴 하나님께 좋게 하랴. 사람들에게 기쁨을 구하랴. 내가 지금까지 사람의 기쁨을 구하는 것이었다면 그리스도의 종이 아니니라. (갈 1:10)

우리는 인생에 있어 때때로 많은 위로를 갖지 않는 것이 특히 육체의 위로를 갖지 않는 것이 더 좋고 안전합니다.

마음이 강한 자는 탈취를 당하여 자기 잠을 자고 장사는 자기 손을 놀리지 못하도다. (시 76:5)

만일 우리가 하나님의 위로를 좀처럼 받지 못하거나 전혀 받지 못한다면 그것은 우리의 잘못입니다. 왜냐하면 우리가 진정으로 회개를 하지 않고 세상의 헛되고 외적인 위로를 전적으로 버리지 않았기 때문입니다.

4. 당신은 하나님의 위로를 받을 가치가 없고 오히려 많은 고통을 받아야 한다는 것을 아십니까?

우리가 완전한 회개를 할 때 우리에게 세상은 고통스럽고 쓰디씁니다.

훼방이 내 마음을 상하여 근심이 충만하니 긍휼히 여길 자를 바라나 없고 안위할 자를 바라나 찾지 못하였나이다. (시 69:20)

선한 사람은 항상 슬퍼하고 울만한 충분한 이유를 찾습니다.

우리 자신을 보거나 또는 우리의 이웃의 상황을 살펴보아도 고통 없이 사는 사람은 아무도 없다는 것을 우리는 알고 있습니다.

의인은 고난이 많으나 여호와께서 그 모든 고난에서 건지시는도다. (시 34:19)

우리 자신을 보면 볼수록 우리는 더욱 슬픔을 느끼게 됩니다.

하나님이여 나의 우매함을 아시오니 내 죄가 주의 앞에서 숨김이 없나이다. (시 69:5)

우리 안에 존재하는 죄악과 사악함이 너무 얽혀있어 우리에게 주는 슬픔과 내적인 회개의 선한 이유를 하늘이 주는 것으로 좀처럼 생각을 못합니다.

하나님이 구하시는 제사는 상한 심령이라. 하나님이여 상하고 통회하는 마음을 주께서 멸시치 아니 하시리이다. (시 51:17)

5. **당신이 오래 살 것을 궁리하는 것보다는 죽음에 대해서 좀 더 자주 묵상** 한다면, 틀림없이 더 변화하고 싶어 하는 자신을 발견하게 될 것입니다.

초상집에 가는 것이 잔치 집에 가는 것보다 나으니 모든 사람의 결국이 이와 같이 됨이라. 산 자가 이것에 유심(留心 마음에 새겨 두어 조심하며 관심을 가짐)하리로다. (전 7:2)

당신이 지옥에서의 고통을 심각하게 생각한다면, 이 세상에서의 어떤 수고나 슬픔을 견딜 것이며 어떠한 어려움도 두렵지 않으리라 믿습니다.

내 왼편에 있는 자들에게 이르시되 저주를 받은 자들아 나를 떠나 마귀와 그 사자들을 위하여 예비된 영영한 불에 들어가라. (마 25:41)

그러나 이런 생각들이 우리의 마음에 와닿지 않기 때문에 우리는 영적으로 냉담하고 무관심하여 아직도 세상이 주는 기쁨만을 좋아합니다.

6. 우리의 비천한 육체가 그렇게 쉽게 반항하는 것은 때때로 우리의 영성이 부족해서입니다.

그럴 때마다 겸손히 하나님께 기도하십시오. 그러면 그분은 우리에게 회개의 영을 주실 것입니다. 그리고 선지자가 했듯이 이렇게 기도하십시오. **"주께서 그들에게 눈물의 양식을 먹이시며 많은 눈물을 마시게 하셨나이다."**

주께서 저희를 눈물 양식으로 먹이시며 다량의 눈물을 마시게 하셨나이다. (시 80:5)

chapter 22

인간의 불행을 생각함

The Consideration of Human Misery

1. 당신이 어디에 있든지 언제 돌아서든지 하나님께로 돌아오지 않으면 불행합니다. 당신이 원하는 대로 되어가지 않는다고 왜 짜증을 내십니까? **우리 중에 누가 우리가 하고 싶은 대로 다 합니까? 당신이나 나나 이 세상에 그런 사람은 아무도 없습니다.**

어떤 사람은 그 심령의 모든 소원에 부족함이 없어 재물과 부요와 존귀를 하나님께 받았으나 능히 누리게 하심을 얻지 못하였으므로 다른 사람이 누리나니 이것도 헛되어 악한 병이로다. (전 6:2)

심지어 왕이나 교황이나 이 세상에는 아무도 없습니다. 누가 걱정과 괴로움에서 자유로울 수가 있습니까?

그러면 누가 그럴 수 있습니까? 당연히 **하나님의 사랑을 위하여 고통을 참아낼 수 있는 사람만이 그럴 수 있습니다.**

2. 많은 나약하고 어리석은 사람들은 말하기를 "아무개 저 사람을 보십시

오. 얼마나 행복합니까? 돈은 또 얼마나 많습니까? 위대하고, 권세 있고, 또 얼마나 유명합니까?"

또 내가 내 영혼에게 이르되 영혼아 여러 해 쓸 물건을 많이 쌓아 두었으니 평안히 쉬고 먹고 마시고 즐거워하리라 하되. (눅 12:19)

그러나 하늘에 보화를 쌓아둔 자들을 보십시오. 이 세상의 모든 좋은 것들은 아무것도 아니라는 것을 알게 될 것입니다. 그것들은 정말 불확실하고 짐만 됩니다. 왜냐하면 그것들을 소유하게 되면 불안과 두려움에 떨게 됩니다.

우리는 많은 재물이 있다고 행복한 것이 아니라, **적당량만 있어도 우리에게는 충분합니다.**

삼가 모든 탐심을 물리치라. 사람의 생명이 그 소유의 넉넉한 데 있지 아니하니라. (눅 12:15)

이 세상에서 산다는 것은 그 자체가 진정한 불행입니다.

우리가 영적으로 나아가면 갈수록 이 세상의 인생은 더욱 비참해집니다. 왜냐하면 우리는 인간의 부패한 결점을 좀 더 분명하게 알게 되고, 좀 더 예민하게 이해하게 되기 때문입니다.

먹고, 마시고, 잠자고, 보고, 쉬고, 일하고, 인간 본성의 다른 필요에 의해 종속되는 것이 죄에서 벗어나 행복해져야 할 성도들에게 진실로 커다란 불행과 고통입니다.

외모로 판단하지 말고 공의의 판단으로 판단하라. (롬7:24)

과연 우리가 여기 있어 탄식하며 하늘로부터 오는 우리 처소로 덧입기를 간절히 사모하노니. (고후 5:2)

3. 영적인 삶을 추구하는 사람들은 육적인 것으로 인해 이 세상에서 마음이 무겁습니다.
그러므로 시편 기자들은 이런 것들로부터 자유로워지기 위해 이렇게 말합니다. "나를 곤난(困難)에서 건져 주소서."
내 마음의 근심이 많사오니 나를 곤난에서 끌어내소서. (시 25:17)

그러나 자신들의 불행을 깨닫지 못하는 수많은 자들은 얼마나 비참합니까! 그리고 이 불행과 부패한 인생을 사랑하는 많은 자들은 얼마나 더 비참한지요!
피조물이 다 이제까지 함께 탄식하며 함께 고통하는 것을 우리가 아나니. (롬 8:22)

노동이나 구걸을 해서 가까스로 필요한 것을 얻어서라도 비참하고 부패한 삶에 집착하는 사람들이 있습니다. 그들은 지상에서 영원히 살수만 있다면 하나님의 나라에 대해서는 아무런 관심이 없습니다.

4. 속세에 깊이 묻혀 육적인 것에만 푹 빠져 있는 이런 사람들의 마음은 얼마나 어리석고 믿을 수 없는 일입니까!
그러나 **불행하게도 그들이 좋아했던 것이 얼마나 무가치하고 헛된 것이었나 하는 것은 죽음에 이르러서야 느낄 것입니다.**
한편 하나님의 사람들과 그리스도의 충실한 친구들은 육신을 기쁘게 하는 일과 세상에서 존경받는 일에 그들의 마음을 두지 않고, 모든 희망과 진지한 노력을 하늘에 있는 것들에 쏟아붓습니다.
위엣 것을 생각하고 땅엣 것을 생각지 말라. (골 3:2)

그들의 모든 갈망이 영원하며 보이지 않는 것들로 들어올려졌으며 그래서 보이는 것에 대한 갈망이 그것들을 세상으로 끌어내려 올 수 없었습니다.

우리가 돌아보는 것은 보이는 것이 아니요 보이지 않는 것이니 보이는 것은 잠간이요 보이지 않는 것은 영원함이니라. (고후 4:18)

5. 나의 형제자매들이여, 영적 성장에 대한 갈망을 버리지 마십시오. 아직 시간은 있고, 때가 지나간 것은 아닙니다.

또한 너희가 이 시기를 알거니와 자다가 깰 때가 벌써 되었으니 이는 이제 우리의 구원이 처음 믿을 때보다 가까웠음이니라. (롬 13:11)

그러므로 너희의 담대함을 버리지 말라. 이것이 큰 상을 얻느니라. (히 10:35)

그런데 왜 당신의 선한 결심을 주저하십니까? 일어나서 당장 시작하십시오. 그리고 말하십시오. **"지금 행동할 때다. 지금 싸울 때다. 그리고 이제는 변화할 때이다."**

당신이 쉽게 나약해지고 근심이 많을 때 그때가 상급을 받을 시간입니다. 당신은 넓은 곳으로 들어가기 위해 물과 불을 지나가야 합니다.

사람들로 우리 머리 위로 타고 가게 하셨나이다. 우리가 불과 물을 통행하였더니 주께서 우리를 끌어 내사 풍부한 곳에 들이셨나이다. (시 66:12)

당신 자신과 싸우지 않으면 당신이 결코 당신의 못된 습관을 이길 수 없습니다.

우리가 이런 연약한 육체를 가지고 있는 한 우리는 결코 죄에서 벗어날 수 없으며 또한 고달픔과 슬픔 속에 살 수밖에 없습니다.

우리가 모든 절망에서 기꺼이 구원받고 싶으나, 우리는 죄에 빠져 우리의 순결함을 잃어버렸기 때문에 우리의 진정한 행복도 함께 잃어버렸습니다.

그러므로 우리는 이런 악한 행위들이 지나가고 생명이 사망을 삼킬 때까지 인내하며 하나님의 은혜를 기다려야 합니다.

이 장막에 있는 우리가 짐 진 것 같이 탄식하는 것은 벗고자 함이 아니요 오직 덧입고자 함이니 죽을 것이 생명에게 삼킨바 되게 하려 함이라. (고후 5:4)

6. 인간은 왜 이리도 나약하여 항상 죄에 빠지는가!

여호와께서 사람의 죄악이 세상에 관영(貫盈 가득차서 미치지 않은 곳이 없음)함과 그 마음에 생각의 모든 계획이 항상 악할 뿐임을 보시고. (창 6:5)

여호와께서 그 향기를 흠향하시고 그 중심에 이르시되 내가 다시는 사람으로 인하여 땅을 저주하지 아니하리니 이는 사람의 마음의 계획하는 바가 어려서부터 악함이라. 내가 전에 행한 것 같이 모든 생물을 멸하지 아니하리니. (창 8:21)

당신은 오늘 죄를 고백하고, 그 고백한 죄를 내일 또 바로 저지릅니다! 또 당신은 이제 당신이 가는 길을 잘 보고 가겠노라 결심해놓고, 한 시간도 안 되어 전혀 그런 결심을 한 바가 없는 자처럼 행동합니다.

이것이 바로 우리가 교만하지 말고 겸손해야 하는 이유입니다. 왜냐하면 우리는 연약하고 불안정한 존재이기 때문입니다.

우리의 무관심으로 인해 하나님의 은총으로 큰 어려움 속에 이루어낸 많은 일들을 빨리 잃어버립니다.

7. 그렇게 빨리 식어지니 결국에는 우리가 무엇이 되겠습니까?

우리 인생에 진정한 영적인 표적이 나타나지도 않았는데 마치 평화와 안락함이 가득한 듯 쉬고 있으니 우리의 운명에 또 어떤 재앙이 있을까요?

> 저희가 평안하다 안전하다 할 그 때에 잉태된 여자에게 해산 고통이 이름과 같이 멸망이 홀연히 저희에게 이르리니 결단코 피하지 못하리라. (살전 5:3)

우리는 좋은 생활 방식을 배우도록 젊은 수련자처럼 다시 시작할 필요가 있습니다. 그러면 우리 삶의 미래 변화와 영적 성장을 이룰 수단을 찾아 낼 희망이 있을 것입니다.

죽음을 생각함

The Thought of Death

1. **죽음의 시간이 곧 다가옵니다.** 그러면 또 다른 세상에서 당신은 어떤 모습일까요? 오늘은 우리지만 내일은 우리가 아닙니다.

나의 날이 체부(遞夫 우체부, 걸음이 빠른 사람)보다 빠르니 달려가므로 복을 볼 수 없구나. 그 지나가는 것이 빠른 배 같고 움킬 것에 날아 내리는 독수리와도 같구나. (욥 9:25-26)

시야에서 멀어지면 마음도 멀어집니다.

현재만 생각하고 다가오는 미래를 찾지 않는 사람은 얼마나 어리석고 아둔합니까?

당신은 오늘 죽을 것처럼 생각하고 행동해야 합니다.

만일 당신이 선한 양심을 가졌다면 죽음에 대해 그다지 두렵지 않을 것입니다.

주인이 와서 그 깨어 있는 것을 보면 그 종들은 복이 있으리로다. 내가 진실로 너희에게 이르노니 주인이 띠를 띠고 그 종들을 자리에 앉히고 나아와 수종하리라. (눅 12:37)

죽음을 두려워하지 말고 죄를 범하지 않도록 하는 것이 더욱 좋습니다.

오늘 죽음을 준비하지 않는다면 내일은 어떻게 맞이할 것입니까?

이러므로 너희도 예비하고 있으라. 생각지 않은 때에 인자가 오리라.

(마 24:44)

내일은 불확실하고 더구나 당신에게 내일이 있을지 모릅니다.

내일 일을 너희가 알지 못 하는도다. 너희 생명이 무엇이뇨. 너희는 잠간 보이다가 없어지는 안개니라. (약 4:14)

2. 우리가 조금도 나아지는 것이 없다면 오래 사는 것이 무슨 좋은 일입니까?

오호통재로다! 오래 산다 해서 언제나 더 나아지는 것이 아니라 오히려 죄만 더 짓고 있구나!

이 세상에서 하루를 살더라도 정말 열심히 살아야 되지 않겠습니까!

신앙을 가진 지 수년이 지났으나 당신의 삶은 조금도 나아진 것이 없습니다.

죽음도 두렵지만, 오래 사는 것이 더 두려울지 모릅니다.

항상 죽음을 생각하고 매일 죽음을 준비하는 자가 행복한 사람입니다.

만일 당신이 다른 사람의 죽음을 보거든 당신도 언젠가 그처럼 죽는다는 것을 상기하기 바랍니다.

3. 아침에는 저녁이 오기 전에 죽을 것을 생각하고, 밤이 오면 다음날 당신이 살아 있을 것을 장담하지 마십시오.

그러니 항상 준비하고 준비되지 않은 죽음을 피하도록 살기 바랍니다.

많은 사람들이 갑자기 그리고 뜻하지 않게 죽는다는 것을 기억하십시오. 인자는 우리가 예상치 못한 때에 올 것입니다.

이러므로 너희도 예비하고 있으라. 생각지 않은 때에 인자가 오리라.

(마 24:44)

마지막 때가 되면 지나간 세월을 달리 생각할 것이고, 그러면 지난날 부주의하고 태만했던 자신을 되돌아보고 피눈물을 흘릴 것입니다.

4. 오늘 죽음을 맞이한 사람처럼 지금 최선을 다하여 삶을 사는 사람들은 얼마나 행복하고 슬기로운 사람들입니까?
세상에 있는 것을 가볍게 여기고,
덕 쌓기를 열렬히 갈망하고,
자기 수련을 즐거이 하며,
열심히 회개하며,
늘 순종하고,
자기를 부정하며,
그리고 그리스도의 사랑을 위하여 모든 역경을 참아내는 의지를 가진 사람들은 정말 잘 죽을 수 있을 것입니다.
당신이 건강할 때 많은 선한 일을 하십시오. 병이 들면 무슨 일을 할 수 있겠습니까?
병이 들면 좋은 일을 하고 싶어도 못합니다. 그리고 성지 순례를 자주 간다고 거룩해 지는 것은 아닙니다.

5. 당신의 친구나 친지를 믿지 마십시오. 그리고 당신의 영적성장을 미루

지 마십시오. 왜냐하면 사람들은 당신이 생각하는 것보다 빠르게 당신을 잊어버립니다.

다른 사람들의 도움에 의지하지 말고, 지금 살피고 먼저 선한 일을 행하십시오.

지금 당신 자신을 돌보지 않으면 누가 후에 당신을 돌봐 주겠습니까?

지금 이 시간이 매우 귀중한 것입니다. 지금이 구원의 날입니다. 지금 이 순간이 은혜를 받을 만한 때입니다.

내가 은혜 베풀 때에 너를 듣고 구원의 날에 너를 도왔다 하셨으니, 보라 지금은 은혜 받을만한 때요 보라 지금은 구원의 날이로다. (고후 6:2)

지금 이 순간 영원한 생명을 얻을 수 있는 시간인데, 당신의 시간을 허송세월한다면 이 얼마나 슬픈 일입니까?

언젠가 이제는 변하겠으니 하루, 아니 한 시간만 달라고 요구할 때 당신이 그 시간을 얻을 수 있을까요?

6. 사랑하는 이여, 당신이 죽음에 대해 거룩한 두려움을 가지며 늘 죽음을 잊지 않고 산다면, 당신은 얼마나 큰 위험에서 구출되고, 얼마나 큰 두려움에서 해방되는지 아십니까!

죽는 순간에 두려움보다는 기쁘게 죽을 수 있도록 지금 삶에 전력을 다하십시오.

그때 예수와 함께 살기 위해서는 세상에 대해 죽는 법을 지금 배우십시오.

그런즉 우리가 무슨 말을 하리요 은혜를 더하게 하려고 죄에 거하겠느뇨? (롬 6:1)

그때 예수께 자유롭게 나아갈 수 있도록 모든 세상 것이 쓸데없다는 것을 배우십시오.

이와 같이 너희 중에 누구든지 자기의 모든 소유를 버리지 아니하면 능히 내 제자가 되지 못하리라. (눅 14:33)

그때 확실하고 영원한 구원의 희망을 가질 수 있도록 적절한 회개를 함으로써 당신의 육체를 단련하십시오.

내가 내 몸을 쳐 복종하게 함은 내가 남에게 전파한 후에 자기가 도리어 버림이 될까 두려워함이로다. (고전 9:27)

7. 어리석은 이여! 단 하루도 어떻게 될 줄 모르면서 왜 오래 살려고 합니까?

하나님은 이르시되 어리석은 자여 오늘 밤에 네 영혼을 도로 찾으리니 그러면 네 예비한 것이 뉘 것이 되겠느냐 하셨으니. (눅 12:20)

얼마나 많은 사람들이 속았으며, 얼마나 많은 영혼들이 갑자기 육체에서 사라졌습니까!

어떤 이는 칼에 맞아 죽고,
물에 빠져 죽고,
넘어져 죽고,
다리가 부러지고,
더러는 먹다가 죽고,
놀다가 죽었다는 이야기를 때때로 들었지요?
또 어떤 이는 불에 타 죽고, 전염병으로 죽고, 더러는 강도의 손에 죽었

습니다.

결국에 죽음이 모든 것의 끝이며, 인생은 그림자처럼 순식간에 사라집니다.

> 그 발생함이 꽃과 같아서 쇠하여지고 그림자같이 신속하여서 머물지 아니하거늘. (욥 14:2)
>
> 간음하는 여자들이여 세상과 벗된 것이 하나님의 원수임을 알지 못하느뇨. 그런즉 누구든지 세상과 벗이 되고자 하는 자는 스스로 하나님과 원수 되게 하는 것이니라. (약 4:4)

8. 당신이 죽으면 누가 기억해 주며, 누가 당신을 위해 기도해 주겠습니까?

그러므로 사랑하는 이여! 여러분이 할 수 있는 모든 것을 지금 하십시오. 지금 당장 하십시오. 왜냐하면 언제 죽을지도 모르고 또 죽은 후에 무슨 일이 일어날지 모르기 때문입니다.

지금 시간 있을 때 당신 자신을 위하여 영원한 재물을 쌓으십시오.

> 오직 너희를 위하여 보물을 하늘에 쌓아두라. 거기는 좀이나 동록이 해하지 못하며 도적이 구멍을 뚫지도 못하고 도적질도 못하느니라. (마 6:20)

영혼의 구원만을 생각하십시오. 그리고 하나님의 일에만 마음을 두십시오.

하나님의 성인들을 공경하고 그들의 행동을 본받아서 그들과 사귀십시오.

그래서 우리가 세상을 떠나는 날, 그들은 당신을 영원한 거처로 받아들일 것입니다.

> 내가 너희에게 이르노니 불의의 재물로 친구를 사귀라. 그리하면 없어질 때

에 저희가 영원한 처소로 너희를 영접하리라. (눅 16:9)

9. 세상일과 아무 관련이 없는 지상의 순례자나 나그네로 지내십시오.

사랑하는 자들아 나그네와 행인 같은 너희를 권하노니 영혼을 거스려 싸우는 육체의 정욕을 제어하라. (벧전 2:11)

마음을 열고 눈을 들어 하나님을 보십시오. 왜냐하면 지상에는 우리가 머물 곳이 없기 때문입니다.

우리가 여기는 영구한 도성이 없고 오직 장차 올 것을 찾나니. (히 13:14)

당신의 영혼이 죽은 후 주님께 가는 것이 얼마나 행복한지를 알게 되도록 탄식과 눈물로 하늘에 매일 기도를 드리십시오.

chapter 24

죄에 대한 심판과 처벌

The Judgement and Punishment of Sins

1. **모든 일에 있어 마지막을 바라보십시오.** 당신은 이 엄격한 심판관 앞에서 어떻게 견디어 낼 수 있을까요? 그에게는 아무것도 감출 수 없고, 뇌물도 통하지 않고, 변명도 소용없고, 오직 의로운 심판만이 있을 것입니다.

   화난 사람 얼굴만 봐도 두려워 떠는 가장 비참하고 어리석은 죄인들아, 우리의 모든 잘못된 행동을 다 알고 있는 하나님께 어떻게 답변하겠는가?

   모든 사람들이 자기의 죄를 자기가 짊어지고 가야 하기는 하지만, 심판 날에는 어떤 변명도 통하지 않으며, 그 누구도 변호해 주지 않을 텐데 왜 당신은 심판 날을 대비하지 않으십니까?

   지금 당신이 수고하면 그 열매를 맺을 것이고, 지금 당신이 울면 들어주시고, 당신의 슬픔은 하나님을 기쁘시게 할 것이고, 당신의 영혼도 깨끗하게 하여 주실 것입니다.

2. **상처로 고통 받을 때,**

자신의 고통보다 다른 사람의 고통을 더 가슴 아파할 때,

악의로 그들을 이용하는 자들을 위해 진심으로 기도할 때,

진정으로 그들을 용서할 때,

다른 사람들로부터 즉시 용서를 구할 때,

분노보다는 측은한 마음으로 빠르게 전환할 때,

그들의 육체를 전적으로 영혼 아래 복종시키기 위해 끊임없이 노력하고 애쓸 때,

이 세상에서 이렇게 인내하는 사람들은 위대하고 유익한 깨끗함을 찾게 될 것입니다.

나중에 우리의 죄를 정화시키겠다고 남겨두기보다는 지금 우리의 죄악을 잘라 버리고 우리의 죄를 깨끗하게 하는 것이 더 좋습니다.

진실로 우리는 육체가 잉태한 무절제한 사랑을 통해 우리 자신을 속입니다.

3. 저 불로 당신의 죄 말고 무엇을 태우겠습니까?

당신 자신이 육의 노예가 되어 살려고 하면 할수록 당신의 불행은 더욱 더 심해질 것이며, 불을 피울 장작만 더 쌓는 것입니다.

우리가 지금까지 지은 죄가 무엇이든지 그 안에 계속 있으면 우리는 더욱 무거운 형벌을 받을 것입니다.

게으른 자들은 불쏘시개로 찌르는 아픔을 느낄 것이며, 탐욕자들은 견딜 수 없는 굶주림과 목마름으로 고통을 받을 것입니다.

사치한 자들과 쾌락에 빠진 자들은 불타는 역청(瀝靑 아스팔트)과 유황불 속에 던져질 것이며, 질투하던 자들은 고통으로 몸부림치는 미친개처럼 울부짖을 것입니다.

4. 죄에 상응하는 처벌을 피할 수 있는 부도덕한 방법은 없습니다.
   교만한 자들은 완전한 혼란에 쌓일 것이며, 인색한 자들은 비참한 곤경에 몰릴 것입니다.
   지옥에서의 한 시간 고통은 지상에서 진정한 참회의 시간을 수백 년간 보낸 것보다 더 쓰라린 고통이 있을 것입니다.
   이곳 이 세상에서는 가끔 고통으로부터 숨 돌릴 수도 있고 친구들로부터 위로를 받을 수 있지만 저주받은 자들은 그곳에서 쉴 수도 없고 위로를 받을 수 없습니다.
   지금 당신의 죄를 염려하고 걱정하시기 바랍니다. 그러면 심판 날에 당신이 은혜 받은 자들과 함께 안전할 것입니다.
   그때에 의인들은 그들을 경멸하고 넘어뜨렸던 자들 앞에 당당히 설 것입니다.
   지금 죽을 인간의 심판에 겸손히 복종했던 그분이 그때에는 심판하러 나설 것입니다.
   그때 가난한 자와 겸손한 자는 커다란 자신감을 갖게 될 것이며, 교만한 자는 사방으로부터 두려움에 싸일 것입니다.

5. 그때에는 현명한 자가 예수를 위하여 바보가 되고 경멸을 받았던 자라는 것을 알게 될 것입니다.

그때에는 참아야 했던 모든 시련들이 기쁨이 될 것이며, 망령되이 떠들던 입들은 잠잠해질 것입니다.

그때에는 모든 하나님을 믿은 자들은 기뻐할 것이요, 모든 불신자들은 슬픔에 잠길 것입니다.

그때에는 쾌락 중에 보냈던 육신보다 고통을 겪으며 지냈던 육신이 더 기뻐할 것입니다.

그때에는 누더기 옷이 더 빛날 것이요, 값비싼 옷들은 그늘 속에 감추어 질 것입니다.

그때에는 작고 초라한 오두막집이 금빛 궁궐보다 더욱 찬양 받을 것입니다.

그때에는 끈질긴 인내가 세상의 모든 권력보다 더 큰 힘을 갖게 될 것입니다.

그때에는 순수한 복종이 세상의 모든 총명함보다 더 칭찬을 받을 것입니다.

6. 그때에는 순결하고 착한 양심이 철학을 배우는 것보다 더 즐거워 질 것입니다.

그때에는 재물을 가볍게 여기는 것이 모든 세상의 어린이가 갖고 싶은 보물보다 더 중요시하게 될 것입니다.

그때에는 당신에게 더 위안이 되는 것은 진수성찬이 아니라, 신실한 기도일 것입니다.

그때에는 말이 많은 것보다 침묵을 지키는 것이 더욱 기뻐 질 것입니다.

그때에는 미사여구보다는 착한 행실이 더욱 가치가 나갈 것입니다.

그때에는 엄격한 생활과 힘들게 한 회개가 이 세상의 어떤 즐거움보다 더 기쁠 것입니다.

지금 작은 고통을 견디는 것을 배우십시오. 그러면 당신은 훨씬 더 쓰라린 고통에서 벗어날 수 있을 것입니다.

당신이 후에 받을 고통을 미리 이곳에서 받으십시오.

만일 지금 조그만 고통도 참을 수 없다면 어떻게 영원한 고통을 참을 수 있겠습니까?

지금 조그만 고통도 그렇게 참을 수 없으면서 어떻게 지옥 불을 견뎌내겠습니까?

지금 이 세상에서 당신 자신이 누리는 즐거움과 장차 예수와 함께 왕국을 통치하는 두 가지 즐거움을 함께 누릴 수는 없습니다.

7. **바로 오늘 이 순간까지 당신이 명예와 세상의 즐거움 속에 항상 살아왔다고 가정합시다. 만일 당신이 지금 이 순간 죽는다고 하면 이 모든 것이 무슨 소용이 있겠습니까?**

그때에는 하나님을 사랑하고 그분만을 섬기는 것 이외에는 모든 것이 헛됩니다.

전심으로 하나님을 사랑하는 자들은 죽음뿐 아니라 처벌도, 심판도, 지옥도 두려워하지 않습니다. 왜냐하면 완전한 사랑은 확실하게 하나님께로 인도하기 때문입니다.

그러나 죄에 빠진 자들이 죽음과 심판을 두려워하는 것은 당연한 일입니다.

하나님에 대한 사랑이 죄에서 당신을 구원할 정도로 강하지 않다면, 적어도 지옥이 두려워 죄를 피하는 것이 좋습니다.

그러나 하나님을 두려워하는 마음이 없는 자들은 선한 행위를 지속할 수 없을 것이요, 악마의 올가미에 순식간에 걸려들 것입니다.

chapter 25

우리 삶의 열정적인 전환

The Zealous Alteration of Our Lives

1. 깨어 일어나 부지런히 하나님을 섬기십시오. 그리고 내가 여기에 왜 와 있고 왜 세상을 떠나 하나님을 섬기는지를 생각하십시오.
당신은 하나님을 위하여 살고, 영적인 사람이 되려고 하지 않았습니까? 그러므로 영적성장을 위해 열심을 내십시오. 머지않아 당신은 그 수고에 대한 상급을 받으실 것입니다. 다시는 슬픔과 두려움이 없을 것입니다.
지금 당신이 조금만 수고하면 커다란 안식을 찾을 것이요, 심지어 영원한 즐거움을 누리게 될 것입니다.
만일 당신이 계속해서 충실하고 열심히 당신의 일을 한다면, 틀림없이 하나님은 상급으로 우리에게 신실함과 자유함을 주실 것입니다.
당신은 승리 쟁취를 위한 희망을 가져야만 합니다. 그러나 당신 자신이 완벽하다고 생각해서는 안 됩니다. 게을러지거나 우쭐해질까 두렵습니다.

2. 두려움과 희망으로 동요하던 어떤 사람이 어느 날 번민이 몰려와 겸손한 마음으로 교회 제단 앞에 엎드려 기도하였습니다.

"오 하나님, 내가 인생의 마지막 날까지 견딜 수 있는지요!"

그렇게 기도하자마자 하나님의 음성이 들려 왔습니다.

"견딘다고 한다면 무엇을 할 것이냐? 그때 무엇을 할 것인지를 지금 행하라. 그러면 걱정이 없어질 것이다."

이 말씀에 위로받고 힘을 얻어 하나님의 뜻에 그 자신을 맡기자, 그의 번뇌가 그쳤다고 합니다.

그는 더 이상 무슨 일이 일어날지에 대해 알려고 하지 않았습니다. 그 대신 모든 선한 일의 시작과 완수를 위해 완벽하고도 만족스러운 하나님의 뜻이 무엇인지를 이해하려고 노력했습니다.

"너희는 이 세대를 본받지 말고 오직 마음을 새롭게 함으로 변화를 받아 하나님의 선하시고 기뻐하시고 온전하신 뜻이 무엇인지 분별하도록 하라. (롬 12 : 2)"

3. **"주님을 믿고 선을 행하라. 땅에 머무는 동안 그의 성실을 먹을거리로 삼을지어다.** (시 37 : 3)"

많은 사람들이 영적 성장을 하지 못하고 그들의 삶을 변화시키지 못하는 것은 딱 한 가지 이유 때문입니다. **그것은 어려움을 두려워하고, 싸움에 대한 대가를 치르기 싫어하기 때문입니다.**

그러나 진실로 가장 힘들고 어려웠던 일들을 극복하기 위해 최선을 다했던 자들은 다른 사람들보다 먼저 선행으로 나아갑니다.

우리가 영적으로 자신을 극복하고 자신을 억제하면 우리는 많은 이익을 얻고 더욱 큰 은총을 얻습니다.

4. 모든 사람들은 똑같은 방법으로 자신을 극복하고, 똑같은 모양으로 죽지 않습니다.
그러나 부지런하고 적극적인 사람들은 선행을 추구함에 있어 성격이 미지근하고 덜 적극적인 사람들보다 좀 더 큰 진보를 이룰 수 있습니다.
우리의 삶을 변화시키는데 도움을 줄 수 있는 것이 크게 두 가지가 있습니다. **그 하나는 우리가 본성적으로 사악한 쪽으로 기울어지는 마음을 완강하게 거부하는 것이며, 다른 하나는 많은 사람들이 부족한 선행을 행하고자 하는 진지한 노력입니다.**

5. 당신이 어디에 있던지 영적 유익을 추구하십시오. 그리고 당신이 좋은 선행을 보거나 들으면 당신 자신이 그것을 따라하도록 노력하십시오.
다른 사람들이 책망 받을 일을 하는 것을 보거든 똑같은 일을 되풀이하지 않도록 조심하시고, 당신이 그런 일을 과거에 저질렀다면 즉시 당신의 삶을 바꾸기 위해 전력을 다 하십시오.
당신이 다른 사람들을 보듯이 다른 사람들도 당신을 보고 있습니다.
당신의 형제자매들이 적극적이고, 신앙심이 돈독하고, 품행이 단정하고, 규율과 규칙을 잘 지키는 것을 보면 얼마나 기분 좋고 즐거운 일입니까?
그들이 무질서하게 살고 부여받은 소명을 행하지 않는 것을 보면 얼마나 슬프고 참담한 일입니까?

하나님이 그들을 부른 선한 목적을 무시하고, 자신들에게 맡겨지지 않은 것들에 더 바쁜 것을 보면 얼마나 가슴 아픈지 모르겠습니다.

6. 당신이 지금까지 하나님께 기도해 왔던 약속들을 마음에 새겨 잊지 마십시오. 그리고 항상 당신의 마음의 눈을 십자가에 못박혀 돌아가신 구세주만 바라보시기 바랍니다.
   당신이 예수의 삶을 바라볼 때, 오래전에 예수를 믿었으나 아직도 예수의 삶을 좇아가려고 좀 더 노력하지 않은 자신을 보면 부끄러울 것입니다.
   우리 주님의 가장 축복된 삶과 수난 속에서 내적으로 그리고 독실하게 자신들을 수련하고자 하는 자들은 자신들에게 필요한 것은 주안에 모두 있으며 예수 외에는 그 무엇도 필요 없다는 것을 알게 될 것입니다.
   오 하나님! 십자가에 못박힌 예수가 내 맘속에 들어오기만 한다면, 우리에게 필요한 모든 것을 빠른 시간 안에 그리고 완벽하게 배울 수 있으련만!

7. 신실한 신앙인은 자기가 받은 소명을 잘 참아내고 견딜 것입니다.
   그러나 게으르고 미지근한 신앙인은 걱정에 걱정을 더할 것이고 여러면에서 괴로움을 당할 것입니다. 왜냐하면 내적인 위안도 없고 외부로부터 위로도 받을 수 없기 때문입니다.
   규율에 따라 살지 않는 신앙인들은 커다란 정신적 해악에 빠져 나중에는 영혼의 파멸까지 이르게 됩니다.
   자유와 안일만을 추구하는 자들은 항상 고뇌와 슬픔에 잠길 것이며 무슨 일도 그들은 즐겁지 않을 것입니다.

8. 다른 공동체나 교단에서 신앙인들이 얼마나 엄격한 생활을 하고 있는지 살펴보십시오.

그들은 그들의 기도처에서 거의 외출을 삼가고, 음식을 절제하며, 검소한 옷을 입습니다. 그들은 많은 일을 하고, 말은 적게 하고, 오랫동안 기도합니다. 일찍 일어나 많은 시간을 기도합니다. 독서를 자주하며 자신들을 엄격하게 훈련합니다.

카르투지오회와 시토회 회원들과 여타 다른 수도회의 신부와 수녀들을 살펴보십시오. 그들이 매일 밤 주님을 찬양하기 위해 어떻게 하는지 보시기 바랍니다.

그렇게 많은 사람들이 주님을 찬양할 때 당신은 이렇게 거룩한 일에 게으르다면 그 얼마나 부끄러운 일입니까?

9. 오, 우리는 우리의 마음과 입으로 주님을 찬양하는 일 외에는 아무 일도 할 일이 없습니다.

진정 우리가 먹고, 마시고, 잠자지 말고 오직 주님만을 찬양하고 영적인 일에만 전념할 수 있다면 세상일에 빠져있는 지금보다 더욱 행복할 것입니다.

그럴 일이 없겠지만 우리가 영혼의 신령한 음식을 먹을 수만 있다면…… 슬프게도…… 우리는 그런 신령한 음식을 좀처럼 맛볼 수 없습니다.

10. 우리가 어떤 피조물에서 위안을 찾지 않는 성숙한 경지에 이르게 될 때, 그때 우리는 완벽하게 하나님을 알게 될 것입니다. 그러면 어떤 일이 닥치든지 무슨 일이 우리에게 일어나든지 우리 마음속은 평온해 질 것입니다.

그러면 우리는 많이 가져도 기뻐하지 않으며 적게 가져도 슬퍼하지 않을 것입니다. 우리는 우리의 모든 것인 그분께 전적으로 우리의 자신을 맡길 것이고, 그분에게는 죽는 것이나 사라지는 것이 없으며 모든 것이 살아 있으며 그의 명령에 즉시 따를 것입니다.

11. **항상 당신의 목적지를 기억하십시오. 그리고 가버린 시간은 다시 오지 않는다는 것도 기억하십시오.** 정말 부지런하지 않으면 결코 선행을 쌓지 못할 것입니다.

만일 당신이 미지근하게 시작한다면 일들이 불완전하게 시작될 것입니다.

그러나 열정적으로 당신 자신을 던진다면, 당신은 커다란 평화를 찾을 것이며 당신의 수고는 하나님의 은총의 도움과 선행에 대한 당신의 사랑으로 훨씬 가벼워 질 것입니다.

육체적으로 수고하는 것보다 악습과 사욕을 멀리하는 것이 더욱 어렵습니다.

작은 잘못을 아무렇지 않게 여기는 자들은 점점 더 큰 잘못에 떨어질 것입니다.

오늘 하루를 최선을 다했다면 저녁에 기뻐할 것입니다.

당신 자신을 잘 살피고, 분발하며, 근신하시기 바랍니다. 다른 이들이 어떻게 되는 것에 관심을 가지지 마시고 자신을 소홀히 하지 마십시오. 이기적인 자신만을 위한 삶을 버리기에 힘쓴다면 당신의 영적 성장은 더욱 커질 것입니다. 아멘.

BOOK 2

내적 생활에 관한 말씀

Admonitions Concerning The Inner Life

chapter 1

내적 생활

The Inner Life

1. **"하나님 나라는 너희 안에 있느니라.**(눅 17:21)"라고 주님은 말씀하십니다. 그러므로 당신은 마음을 다하여 하나님께 돌아오십시오. 이 비참한 세상을 버리십시오. 그러면 당신의 영혼이 안식을 얻게 될 것입니다.

외적인 것, 보이는 것을 경멸하는 법을 배우시기 바랍니다. 그리고 당신 자신의 내적인 것을 찾으십시오. 그러면 하나님 나라가 당신 자신의 몸 안에 들어오는 것을 볼 것입니다.
"하나님 나라는 먹는 것과 마시는 것이 아니요 오직 성령 안에서 의와 평강과 희락이라.(롬 14:17)" 그리고 그 나라는 사악한 사람에게 주어지는 것이 아닙니다.
만일 당신이 가슴속에 적당한 거처를 준비해 놓으면 주님께서 여러분에게 오셔서 자신의 위로를 보여 주실 것입니다.
모든 그분의 영광과 아름다움이 그 안에 있게 될 것이며 그리고 그분은 그 안에서 즐겁게 거하실 것입니다.

왕의 딸이 궁중에서 모든 영화를 누리니 그 옷은 금으로 수놓았도다. (시 45:13)

그분은 내적 자아를 자주 찾아와 달콤한 대화를 나누실 것이며, 기쁜 위로를 주실 것이며, 평화를 듬뿍 내려주시고, 특별히 놀라운 친밀감을 보여주실 것입니다.

2. 충성스런 영혼이여, 이 신랑이 당신을 찾아 왔을 때 당신 안에 거하여 특별한 은혜를 베풀도록 당신의 마음을 준비하십시오. 주님께서 말씀하십니다.

"누구든지 나를 사랑하면 내 말을 지키리니 내 아버지께서 저를 사랑하실 것이요, 우리가 저에게서 와서 거처를 저와 함께 하리라.(요 14:23)"

그러니 주님께만 자리를 내어드리고 다른 모든 사람들에게는 문을 닫으십시오.

당신이 예수 그리스도를 받아들이면 당신은 부유해지고 그분 한 분만으로도 충분할 것입니다. 그는 당신의 모든 공급자이며 당신이 필요로 하는 모든 것을 도와주는 자로서 당신은 죽을 인간을 믿을 필요가 없을 것입니다.

사람은 금방 변하고 빨리 포기하지만 예수 그리스도는 영원히 거하시며 끝까지 우리 곁에 굳게 서 계실 것입니다.

3. 연약하고 죽어 없어질 인간은 우리에게 아무리 도움이 되고 사랑스럽다 할지라도 의지할 바가 못 됩니다. 또한 그들이 때때로 등을 돌리고

당신을 대적한다 해도 너무 슬퍼할 것이 못됩니다.
오늘 당신과 함께 했던 사람들이 내일은 등을 돌릴지도 모르고 자주 그들은 바람과 같이 돌아섭니다.

너의 염려를 다 주께 맡겨라. (벧전 5:7)

무엇보다도 그분은 당신의 사랑이며 또한 두려움인 것입니다.
그분 자신이 당신을 대신하여 대답할 것이며, 당신을 위하여 최고의 것을 해 주실 것입니다.

여기는 영원한 도성(都城 임금이나 황제가 있던 도읍지)이 없습니다. (히 13:14)

당신이 어디에 있든 당신은 나그네요 순례자이며, 당신이 예수 그리스도와 완전히 하나가 되기 전까지 완벽한 안식을 찾지 못할 것입니다.

4. 이곳은 당신의 쉴 곳이 없는데 왜 이리저리 두리번거리십니까? 당신의 쉴 곳은 하늘에 있고 이 세상은 잠시 머무르다 지나가는 곳입니다.
모든 만물은 사라지고 당신도 함께 사라집니다.
그러니 세상 것에 집착하지 마십시오. 당신이 세상 것에 사랑을 뺏긴 나머지 망하지나 않을까 두렵습니다.
당신의 생각을 하늘 보좌에 두시고, 당신의 기도가 끊어짐이 없이 예수 그리스도에게 전달될 수 있게 하십시오.
만일 당신이 항상 고상하고 하늘의 것들만 묵상할 수 없다면, 예수의 수난 속에서 안식을 찾으시고 그분의 축복된 상처를 기꺼이 받아들이십시오.
만일 당신이 예수의 값진 흔적과 상처를 향해 진심으로 달려간다면, 당신은 어떤 고난이 닥쳐도 큰 위안을 느끼게 될 것입니다.

다른 사람들이 당신에게 무례하게 행동한다 해도 크게 혼란스럽지 않을 것이요, 당신에게 어떤 비방한다 해도 당신은 쉽게 참아낼 것입니다.

5. 예수는 세상의 모든 사람들로부터 멸시를 받았으며 그가 가장 궁핍한 중에 친척과 친구들로부터 버림을 받았으며 치욕 속에 버려졌습니다.

이때로부터 예수 그리스도께서 자기가 예루살렘에 올라가 대제사사장들과 서기관들에게 많은 고난을 받고 죽임을 당하고 제 삼일에 살아나야 할 것을 제자들에게 비로소 가르치시니. (마 16:21)

그러나 이렇게 된 것은 다 선지자들의 글을 이루려 함이니라 하시더라. 이에 제자들이 다 예수를 버리고 도망하니라. (마 26:56)

그는 몸소 잘못된 것임에도 고통을 받았고 멸시를 받았거늘 당신은 왜 그리 모든 것에 불평을 합니까?

예수는 많은 적대자와 비방자들이 있었는데 당신은 모든 다른 사람들이 친구와 은인들이 되어주기를 바랍니까?

아무런 역경도 없이 어떻게 인내의 면류관을 얻을 수 있겠습니까?

경기하는 자가 법대로 경기하지 아니하면 면류관을 얻지 못할 것이며. (딤후 2:5)

당신이 적들의 비난을 겪어보지 않고서 어떻게 예수의 친구가 되겠습니까?

당신이 예수와 함께 통치하기를 원한다면 예수와 함께, 예수를 위하여 참아내십시오.

6. 당신이 단 한번이라도 예수의 품속으로 완전히 들어가 그의 불타는 사랑을 조금이라도 맛보았다면 당신은 자신의 편함과 불편한 것을 생각하지 않을 것이며 억울한 일을 당해도 기뻐할 것은 예수의 사랑이 우리 자신을 덮어버리기 때문입니다.

예수와 진리를 사랑하는 사람들과 무절제한 애정에서 해방된 참으로 진정한 그리스도인들은 하나님께 돌아가 자신의 병든 자아를 넘어 영적으로 일어나 달콤한 안식을 얻게 될 것입니다.

7. 모든 일들을 다른 사람들이 말하거나 생각하는 대로 판단하지 않고 있는 현실 그대로 냉철하게 판단하는 사람은 진실로 지혜로운 사람이며 이것은 다른 사람에게 배운 것이 아니라 하나님에게서 배운 것입니다.

영적으로 사는 것이 어떤 것인지 아는 사람들은 세상적인 것에 가치를 두지 않으며 영적 수련을 위하여 특별한 곳을 찾지도 않으며 적당한 때를 기다리지도 않습니다.

영으로 사는 사람들이 그들의 마음을 하나님께 빨리 되돌리는 것은 육적인 것에 전적으로 그들 자신을 맡기지 않기 때문입니다.

그들은 시간을 필요로 하는 육적 노동이나 업무에 방해를 받지 않지만 어떤 일이 발생하면 그들은 거기에 맞춥니다.

자기 자신을 잘 관리하고 반듯한 사람들은 다른 사람의 이상하고 괴팍한 행동에 흥미를 느끼지 않습니다.

우리가 우리 자신이 외적인 일에 얼마나 많은 관심을 갖는가에 비례해서 지장을 받고 괴로움을 받습니다.

8. 만일 당신의 영이 올바르고 죄로부터 철저하게 정화되었다면 모든 일이 당신의 선행과 유익으로 돌아갈 것입니다.

우리가 알거니와 하나님을 사랑하는 자 곧 그 뜻대로 부르심을 입은 자들에게는 모든 것이 합력하여 선을 이루느니라. (롬 8:28)

많은 일들이 불쾌하고 당신에게 괴로운 이유는 당신 스스로 완전하게 죽지 못하고 세상일에서 떠나지 못했기 때문입니다.

피조물에 대한 불순한 사랑보다 인간의 마음을 더럽히고 옭아매는 것은 없습니다.

만일 육적인 쾌락을 물리치고 하늘의 것을 묵상할 수 있다면 당신은 영적 기쁨으로 충만할 것입니다.

우리의 잘못을 고쳐주는 겸손한 순종

Humble Submission When We Are Corrected

1. **어떤 사람이 당신 편이고 어떤 사람이 적인지 신경 쓰지 마시고 하나님께서 당신이 하는 모든 일에 함께하신다는 것만 생각하십시오.**
   착한 양심을 가지시기 바랍니다. 그러면 하나님께서 당신을 잘 지켜주실 것입니다.
   하나님께서 도와주는 사람은 다른 사람들의 악한 감정에 의해 상처받지 않습니다.
   당신이 말없이 견디어 낼 수만 있다면 당신이 어려울 때 주님의 도우심을 확실히 보게 될 것입니다.
   그분은 여러분을 구원할 시간과 방법을 알고 있으니, 지체 말고 자신을 그분에게 맡기십시오.
   하나님은 모든 혼란 속에서 도와주시며 구원하여 주십니다.
   그럼에도 불구하고 때로는 다른 사람들이 우리의 잘못을 알고 책망하는 것이 우리의 겸손을 지키는데 도움이 됩니다.

2. 우리의 잘못으로 인하여 우리가 겸손해지면 우리는 쉽게 다른 사람들에게 말을 침묵하게 되고, 화를 냈다가도 빨리 돌아옵니다.

하나님은 겸손한 사람들을 보호하고 구원합니다.

낮은 자를 높이 드시고 슬퍼하는 자를 흥기(興起 떨치고 일어남)시켜 안전한 곳에 있게 하시느니라. (욥 5:11)

하나님은 겸손한 사람을 사랑하고 위로하십니다.

하나님은 겸손한 사람에게 마음이 끌립니다.

하나님은 겸손한 사람에게 풍성한 은혜를 주시고 그들을 낮춘 후에는 영광의 자리로 들어올리십니다.

하나님께서는 겸손한 사람에게 자신의 비밀을 드러내시고 그들을 당신께로 초대하십니다.

비록 그들이 혼란을 당하고 질책을 받더라도 여전히 평화스러운 것은 그들이 하나님을 믿고 세상을 사랑하지 않았기 때문입니다.

당신이 모든 사람들보다 당신 자신을 낮출 수 있을 때까지 당신의 영적인 정진은 계속되어야 합니다.

chapter 3

평화로운 사람

The Peaceable Person

1. 우선 당신 자신이 평화로운 마음을 가지십시오. 그러면 다른 사람들 사이에 평화를 베풀 수 있습니다.

평화로운 사람은 지식을 가졌다는 사람보다는 더 많은 선행을 합니다.

악습을 쫓는 사람은 선을 악으로 바꾸고 악을 쉽게 믿습니다.

선하고 평화로운 사람은 모든 것을 선으로 바꿉니다. 평화로운 사람은 남을 의심하지 않습니다만 불만에 가득차고 마음이 불안한 자들은 여러 가지 의심으로 흔들립니다. 그런 사람들은 자신들도 조용히 있지 못하고 다른 사람들도 조용하게 놓아두지 않습니다.

그들은 해서는 안 될 말을 자주하고 해야 할 일을 하지 않습니다.

그들은 다른 사람들이 해야 할 일에 크게 간섭하고 자신들이 해야 할 일에는 소홀히 합니다.

어찌하여 형제의 눈 속에 있는 티는 보고 네 눈 속에 있는 들보는 깨닫지 못하느냐. (마 7:3)

그러므로 당신 자신에 대하여 열심을 가지십시오. 그러면 이웃의 선을 위해 관심을 가지게 될 것입니다.

나는 유대인으로 길리기아 다소에서 났고 이 성에서 자라 가말리엘의 문하에서 우리 조상들의 율법의 엄한 교훈을 받았고 오늘 너희 모든 사람처럼 하나님께 대하여 열심하는 자라. (행 22:3)

2. 당신은 자기 자신의 행동에 대하여는 여러 가지 핑계를 대며 변명하기를 잘하지만 다른 사람의 변명은 받아들이려 하지 않습니다.

자기 자신을 책망하고 다른 사람을 용서해 주는 것이 더 낫습니다.

다른 사람들이 당신의 잘못을 참아주기를 원하듯이 당신도 다른 사람들에게 그렇게 하십시오.

모든 것을 참으며 모든 것을 믿으며 모든 것을 바라며 모든 것을 견디느니라. (고전 13:7)

너희가 짐을 서로 지라. 그리하여 그리스도의 법을 성취하라. (갈 6:2)

당신이 진정한 사랑과 겸손에서 얼마나 멀리 떨어져 있는지를 생각해 보십시오. 겸손한 사람들은 자신 이외에는 아무에게도 화를 내지 않습니다.

착하고 예의바른 사람과 사귀는 것은 그리 대단한 일이 아닙니다. 왜냐하면 이것은 누구나 당연히 좋아하는 것이며 모든 사람들은 평화를 환영하고 자기의 뜻에 동의하는 사람들을 가장 사랑하기 때문입니다.

그러나 매너도 좋지 않고 무지하고 규율도 모르는 까다롭고 고집쟁이들과 끊임없이 우리와 뜻이 맞지 않는 사람들과 화목하게 살수 있다는 것은 커다란 은혜요 가장 훌륭하고 완벽한 위업입니다.

3. 당신 자신이 평화로움을 지키고 다른 사람과도 화목하게 지내는 사람들이 있습니다.

그러나 자신들도 평화롭지 못하고 다른 사람들과도 화목하지 못하는 사람들도 있습니다. 그들은 다른 사람들에게 골치 아픈 존재이며 자신들에게는 더욱 그러합니다.

그런 반면 평화로이 자기 자신을 지키며 다른 사람들을 평화 속으로 인도하는 사람들도 있습니다.

그럼에도 불구하고 모든 우리의 평화는 우리에 대하여 무엇인가를 느끼는 것이 아니라 겸손하게 참는 데 있는 것입니다.

고통을 잘 참을 줄 아는 사람들이 최고의 평화를 누립니다.

그런 사람들이 자신들의 정복자요, 세상의 주권자요, 예수의 친구요, 하늘의 상속자입니다.

chapter 4

정결과 소박함

Purity and Simplicity

1. 우리가 세상적인 것 위에 들려지는 두 개의 날개가 있는데 - 그것은 바로 **정결과 소박함**입니다.

소박함은 우리의 목표를 나타나게 하고 정결은 우리의 애착을 나타나게 합니다. **소박함은 하나님을 바라보게 하고 정결은 우리들을 붙잡아 하나님을 맛보게 합니다.**

너희는 여호와의 선하심을 맛보아 알지어다. (시 34:8)

만일 당신이 모든 무절제한 사랑에서 자유로워진다면 마음에 들지 않는 선행은 없을 것입니다.

만일 당신이 하나님의 뜻과 이웃에 대한 선행 외에는 추구하는 것이 없다면 당신은 온전히 내적 자유를 만끽할 것입니다.

만일 당신의 마음이 정의롭다면, 모든 피조물은 당신에게 살아있는 거울이 되고 교리를 가르치는 거룩한 책이 될 것입니다.

너무나 미미하고 미천하여 하나님의 선하심을 드러내지 못하는 피조물은 없습니다.

창세로부터 그의 보이지 아니하는 것들 곧 그의 영원하신 능력과 신성이 그 만드신 만물에 분명히 보여 알게 되나니 그러므로 저희가 핑계치 못할찌니라. (롬 1:20)

2. 만일 당신의 영혼이 내적으로 맑고 순수하다면 아무런 장애 없이 모든 것을 이해하고 볼 수 있으며 또한 정확하게 그것들을 이해할 수 있을 것입니다.

정결한 마음은 지옥과 천국을 꿰뚫습니다.

우리는 마음속의 있는 것으로 외부의 것을 판단합니다.

만일 이 세상에 진정한 기쁨이 있다면 당연히 정결한 마음을 가진 자가 그 기쁨을 누릴 것입니다.

만일 어떤 고통과 고뇌가 있다면 나쁜 양심을 가진 자가 그것을 제일 잘 알 것입니다.

불속에 던져진 쇠가 녹을 벗고 벌겋게 타오르듯, 전적으로 하나님께 돌아선 자만이 나태에서 벗어나 새사람이 됩니다.

3. 우리의 마음이 미적지근해지기 시작할 때, 조그만 힘든 일도 하기 싫어지고 즐거이 외부로부터 오는 세상과 육적인 것에 위로를 받습니다.

그러나 우리가 온전히 우리 자신을 극복하고 하나님의 방법으로 용기를 얻어 걸어갈 때 이전에 우리에게 짐으로 보였던 것들이 한결 가벼워질 것입니다.

chapter 5

자기 자신을 아는 것

Knowing Ourselves

1. 우리는 종종 자신을 알지 못하고 은혜를 받지 못해 스스로를 많이 믿을 수 없습니다.
   우리 안에는 단지 작은 불빛 밖에 없는데 심지어 그것조차도 우리 자신들이 소홀히 하여 빨리 잃어버립니다.
   우리 내면이 얼마나 어두운지 느끼지 못할 때가 많습니다.
   우리는 자주 악을 행하고 그것을 숨기기 위해 더욱 나쁜 악을 저지릅니다.
   가끔은 집착에 의해 일을 저지르고는 열정 때문에 했다고 생각합니다.
   우리는 다른 사람의 작은 잘못은 책망하고, 우리의 큰 과실은 덮어버립니다.
   우리는 다른 사람으로부터의 고통은 쉽게 느끼고 저울질하나, 우리로 인해서 다른 사람이 겪게 될 고통은 생각을 안 합니다.
   자기 자신의 행동을 올바르게 하고 또 정당하게 행하는 자들은 다른 사람들을 거칠게 심판하지 않습니다.

2. 진실로 마음속으로부터 하나님께로 향한 자들은 무엇보다 먼저 자기 자신을 살핍니다. 또한 자기 자신들의 영혼을 부지런히 살피는 자들은 다른 사람들에 대해 쉽게 입을 열지 않습니다.
   당신이 다른 사람들의 일에 침묵하여 넘기고 특별히 당신 자신을 돌아보지 않으면 당신은 결코 영적이고 신심 있는 하나님의 사람이 되지 못할 것입니다.
   당신이 진정으로 하나님과 당신 자신에게 집중한다면 당신은 당신 주위의 무엇을 보든 별로 영향을 받지 않을 것입니다.
   당신은 지금 어디에 정신을 두고 계십니까?
   당신은 주위의 모든 것을 살피고 다른 사람들의 행동을 주의 깊게 생각하면서 당신 자신을 소홀히 한다면 무슨 이익이 당신에게 있겠습니까?
   당신이 당신의 영혼 속에 평화를 간직하고 진정한 일치를 가지려고 한다면 모든 일을 제쳐놓고 당신 자신에게 집중하여야 합니다.

3. 당신은 세상의 모든 걱정거리로부터 자유로워질 때 커다란 발전을 이루어낼 수 있습니다.
   잠시 있다가 없어질 것들을 중히 여긴다면 많은 것을 잃을 것입니다.
   하나님과 하나님의 일에 관계되는 것 말고 당신에게 더 큰일이 없고, 더 고상한 일이 없으며, 더 기쁠 일이 없고, 더 만족할 일이 없을 것입니다.
   모든 피조물에서 오는 위로를 헛된 것으로 여기십시오.
   하나님을 사랑하는 영혼은 하나님 외에는 모두 천하게 여깁니다.
   하나님만이 영원하시고, 한없이 위대하시며, 모든 새로운 것을 채우십니다. 그분만이 영혼의 위안이시고, 마음의 진정한 기쁨입니다.

착한 양심의 기쁨

The Joy of a Good Conscience

1. 착한 양심은 착한 사람의 영광스런 증거입니다.

기록된 바 자랑하는 자는 주 안에서 자랑하라 함과 같게 하려 함이니라.

(고전 1:31)

착한 양심을 가지십시오. 그러면 항상 기쁨이 넘칠 것입니다.

착한 양심은 많은 것을 참아내게 하고, 고난 가운데서도 즐거울 것입니다.

나쁜 양심은 항상 두렵고 불안합니다.

당신의 마음에 양심의 가책이 없을 때 당신은 평화롭게 쉴 것입니다.

무엇이든지 잘하지 않았다면 기뻐하지 마십시오.

악인들은 진정한 기쁨도 모르고 내면의 평화도 느끼지 못합니다. 왜냐하면 "악인에게는 평화가 없다.(사 57:21)"라고 주께서 말씀하셨기 때문입니다.

그리고 만일 악인들이 "우리는 평화 속에 있고 어떤 악도 끼치지 않을 것인데 누가 우리를 해치겠습니까?"라고 말할지라도 믿지 마십시오.
갑자기 하나님의 진노가 임하시면 그들의 행위는 허사가 되고 그들의 생각은 멸망할 것입니다.

주께서 참으로 저희를 미끄러운 곳에 두시며 파멸에 던지시니 저희가 어찌 그리 졸지에 황폐되었는가 놀람으로 전멸하였도다. (시 73:18-19)

2. 고통을 영광으로 여기는 것은 진정으로 하나님을 사랑하는 사람에게는 어려운 일이 아닙니다. 왜냐하면 이런 영광은 바로 우리 주 예수 그리스도의 십자가의 영광이기 때문입니다.
유한한 인간이 주거나 그들로부터 받은 영광은 덧없고 빠르게 지나갑니다.
이 세상의 영광은 항상 근심을 수반합니다.
착한 사람의 영광은 그들의 양심에 있는 것이지 남의 혀에 있는 것이 아닙니다. 의인들의 기쁨은 하나님께 있고 하나님으로부터 나오며 그들의 기쁨은 진리 안에 있습니다.
진실 되고 영원한 영광을 갈망하는 사람들은 세상의 영광에 가치를 두지 않습니다. 잠깐 동안의 영광을 찾아 헤매는 사람들과 그들의 영혼에서 그런 것들을 천히 여기지 않는 사람들은 하나님의 영광을 별로 좋아하지 않는 사람들입니다.
다른 사람들이 칭찬하든지 비난하든지 개의치 않는 사람들은 마음에 고요를 즐기는 사람들입니다.

3. 양심이 깨끗한 사람들은 쉽게 평화와 만족을 누립니다.

당신이 칭찬을 들었다고 해서 고상해지는 것이 아니며, 책망을 들었다고 해서 더 나빠지는 것이 아닙니다.

당신은 있는 그대로의 당신일 뿐이며, 하나님의 눈으로 볼 때는 몇 마디의 말로 더 훌륭해질 수 있는 것이 아닙니다.

자기 자신이 누구인가를 잘 생각하고 있다면 당신은 당신에 대해 다른 사람들이 이야기하는 것들은 무시해도 될 것입니다.

인간들은 외적인 것을 보지만 하나님은 마음을 봅니다.

사람은 외모를 보거니와 여호와는 중심을 보느니라. (삼상 16:7)

사람은 행위를 중히 여기나 하나님은 그 동기를 중히 여기십니다.

항상 잘하고 있으면서도 조금 부족하다고 느끼는 것은 겸손한 영혼의 증거입니다.

어떤 피조물로부터 오는 위로를 받으려 하지 않는 것은 큰 정결과 내적 신뢰의 증거입니다.

4. 밖으로부터 자신을 대변해 줄 수 있는 증인을 찾지 않는 사람들은 자신들을 하나님께 온전히 맡겼음을 보여주는 것입니다.

   "인정을 받는 사람은 자기 자신에게 맡기는 것이 아니라 주님께 맡기는 사람입니다."라고 사도바울은 말씀하셨습니다.

   안으로는 하나님과 함께 걸으며 밖으로는 어떤 유혹에도 사로잡히지 않는 것이 영적생활을 하는 사람의 마음 상태인 것입니다.

chapter 7

무엇보다도 예수 사랑

Loving Jesus Above All Things

1. **복 있는 자는 예수를 사랑하는 것이 얼마나 좋은지 알며 예수를 위하여 자기 자신을 천하게 여길 줄 아는 자입니다.**

당신들은 사랑하는 그분을 위하여 모든 사랑을 포기해야 합니다. 왜냐하면 예수는 무엇보다도 홀로 사랑받기를 원하기 때문입니다.

피조물에 대한 사랑은 거짓되고 변하기 쉽지만, 예수의 사랑은 믿음성 있고 변하지 않습니다.

세상 것에 집착하는 자들은 세상 것과 함께 넘어집니다.

예수를 섬기는 사람들은 영원히 그와 함께 굳게 서 있을 것입니다.

그를 사랑하십시오. 그분을 친구로 꽉 잡으십시오. **그는 모든 사람이 당신 곁을 다 떠나도 당신을 버리지 않을 것이요,** 마지막까지 당신이 망하지 않도록 인도할 것입니다.

당신은 당신이 원하든 원하지 않든 모든 사람들과 헤어져야 할 날이 올 것입니다.

2. 그러므로 죽든지 살든지 예수를 가까이하고 그의 신실하심에 당신을 맡기십시오. 모든 것이 당신을 버려도 그가 홀로 당신을 도울 것입니다. 당신이 사랑하는 그분은 당신이 다른 그 어떤 것과도 한눈파는 것을 싫어합니다. 오로지 자신만이 당신의 마음을 차지하기 원하며, 자신의 왕권에 의해 통치하기를 원합니다.

만일 당신이 당신 자신 안에 있는 모든 피조물을 비울 줄 안다면, 예수는 이미 당신과 함께 거하실 것입니다.

당신이 예수를 떠나 사람들 속에서 믿는 무엇이든 당신은 커다란 손해를 입게 될 것입니다.

바람에 흔들리는 갈대를 기대지도 말고 믿지 마십시오. 왜냐하면 모든 인간은 풀과 같고 그 영화는 들의 꽃과 같기 때문입니다.

모든 육체는 풀이요 그의 모든 아름다움은 들의 꽃과 같으니. (사 40:6)

3. 당신이 사람의 겉으로 드러난 외모만 보게 되면 곧 속게 될 것입니다. 만일 당신이 다른 사람으로부터 위로와 유익을 추구한다면 당신은 그것으로 인해 영적인 손해를 보게 될 것입니다.

당신이 모든 것에 있어 예수를 찾는다면 당신은 반드시 예수를 만나게 될 것입니다.

당신이 당신 자신을 찾고자 한다면 당신 자신을 찾을 수는 있지만 진정 자신에게 의지한다면, 당신 자신은 커다란 손해를 보게 될 것입니다.

우리가 예수를 찾지 않는다면, 진실로 우리는 온 세상과 모든 적들보다 더 우리 자신에게 상처가 될 것입니다.

chapter 8

예수의 끈끈한 우정

The Intimate of Jesus

1. 예수와 함께 있으면 모든 것이 다 잘되고 어려운 것이 없지만, 예수가 없으면 모든 것이 어려워집니다.

   예수가 영적으로 우리에게 말하지 않으면 모든 위로가 소용없고, 예수께서 한 말씀만 하시면 커다란 위로를 받습니다.

   마르다가 마리아에게 "선생님이 오셔서 너를 부르신다."하니 마리아가 울음을 멈추고 벌떡 일어나지 않았습니까?

   이 말을 하고 돌아가서 가만히 그 형제 마리아를 불러 말하되 선생님이 오셔서 너를 부르신다 하니 마리아가 이 말을 듣고 급히 일어나 예수께 나아가매. (요 11:28~29)

   행복한 순간은 예수께서 우리의 슬픔 속에 찾아와 영적인 기쁨으로 인도하는 그 순간입니다.

   예수가 없다면 얼마나 메마르고 강팍합니까!

   예수를 떠나 어떤 것을 갈망한다면 얼마나 어리석고 헛된 일입니까!

이것은 당신이 온 세상을 잃는 것보다 당신에게 더 큰 손해가 아닙니까!

2. 예수 없는 세상이 당신에게 무엇을 줄 수 있습니까?

예수 없는 세상은 지옥이요, 예수와 함께하는 세상은 달콤한 낙원입니다.

예수께서 당신과 함께하시면 어떤 적도 당신을 해치거나 괴롭히지 않습니다.

예수를 만나는 사람들은 누구나 모든 것 위에 뛰어난 보물을 얻는 것입니다.

> 누가 우리를 그리스도의 사랑에서 끊으리요. 환난이나 곤고나 핍박이나 기근이나 적신(赤身 벌거벗은 몸)이나 위험이나 칼이랴. (롬 8:35)

예수를 잃어버리는 것은 온 세상을 잃어버리는 것과 같습니다.

예수 없이 사는 사람은 가장 가난한 자들이고, 예수를 모시고 사는 사람은 가장 부유한 사람입니다.

> 자기를 위하여 재물을 쌓아 두고 하나님께 대하여 부요치 못한 자가 이와 같으니라. (눅 12:21)

3. **예수와 함께 사는 방법을 아는 것은 큰 기술이요, 예수를 붙잡고 있는 방법을 아는 것은 큰 지혜입니다.**

겸손하고 온유하십시오. 그러면 예수께서 당신과 함께 하실 것입니다.

> 그 길은 즐거운 길이요 그 첩경은 다 평강이니라. (잠 3:17)

경건하고 침묵하십시오. 그러면 예수께서 당신과 함께 머무르실 것입니다.

당신이 외적인 것으로 눈을 돌릴 때 예수는 어느 순간 멀어져 있을 것이며 그의 은혜를 잊어버리게 됩니다.

만일 예수가 당신에게서 멀어져 그를 잃게 되면 당신은 누구에게로 가며 어떤 친구를 찾아 나설 것입니까?

당신은 친구 없이는 살아갈 수 없습니다. 예수가 당신의 가장 좋은 친구가 아니라면 당신은 심히 슬프고 쓸쓸해지게 될 것입니다.

그러므로 당신이 다른 것에 눈을 돌려 믿고 기뻐한다면, 당신은 매우 어리석은 행동을 하고 있는 것입니다.

> 그러나 내게는 우리 주 예수 그리스도의 십자가 외에 결코 자랑할 것이 없으니 그리스도로 말미암아 세상이 나를 대하여 십자가에 못 박히고 내가 또한 세상에 대하여 그러하니라. (갈 6:14)

예수의 심정을 상하게 하는 것보다 차라리 세상이 당신의 적이 되는 것이 더 낫습니다.

그러므로 당신이 사랑하는 사람 중에서 예수만을 가장 사랑하는 사람이 되십시오.

4. **예수를 위하여 사랑받기보다는 자기 자신을 위하여 예수를 사랑하시기 바랍니다.**

예수는 오로지 그분만이 사랑받아야 하는데 왜냐하면 그분만이 다른 어떤 친구들보다 선하고 진실하기 때문입니다.

그분 안에서, 그분을 위하여 친구들이나 너의 대적들이 당신을 사랑하게 하시기 바랍니다.

모든 사람들이 그분을 알고 또 사랑하도록 기도하시기 바랍니다.

다른 사람들보다 먼저 칭찬이나 사랑을 받으려는 욕망을 버리십시오. 왜냐하면 그것은 유일한 존재이신 하나님에게만 속한 것이기 때문입니다.
어떤 사람의 마음이 당신에게 집착되기를 바라지 말고 또한 당신의 마음도 어떤 사람의 사랑에 매이지 않도록 하십시오. 오직 당신과 모든 착한 사람들의 마음 안에 예수를 담아두시기 바랍니다.

5. 내적으로 순결하며 자유스러워야 합니다. 어떤 다른 것들과 얽매이지 마시기 바랍니다.
당신이 쉬는 것을 알기를 원하고, 주님이 얼마나 달콤한지 느끼기를 원한다면 그를 향한 순수한 마음을 갖고서 하나님 앞에 아무것도 숨기지 말고 드러내 놓아야 합니다.
진정으로 당신은 하나님과 하나가 되고 내적인 결합을 위해서, 모든 것을 버리고 포기하도록 하나님의 은총으로 이끌리지 않으면 그 행복을 얻을 수 없습니다.
하나님의 은혜가 임하시면 우리가 무슨 일이든 할 수 있지만, 은혜가 떠나가면 우리는 약해지고 비참해지고 고통 속에 빠집니다.
이럴 때 당신은 절망하고 기가 죽을 것이 아니라 조용히 하나님의 뜻에 맡기고, 예수 그리스도의 영광을 위하여 다가오는 모든 어려움을 참아내야 합니다. 무릇 여름이 지나면 가을이 오고, 밤이 지나면 날이 밝아오고, 폭풍우가 지나면 고요함이 찾아옵니다.

chapter 9

위로의 부족

The Lack of Comfort

1. 하나님의 위로가 있을 때는 사람의 위로는 무시하기 쉽습니다.
하나님이나 사람의 위로가 없이도 잘 참아 낼 수 있다면 그것은 참으로 위대한 일입니다. 하나님의 영광을 위하여 마음의 고독을 참으며, 아무것도 없는 가운데에서 자기 자신을 찾으며, 자신의 공로를 바라지 않는다면 이 또한 참으로 훌륭한 일입니다.
당신에게 하나님의 은혜가 내리면 생기가 나고 신심이 두터워 지는데 이 얼마나 기쁜 일입니까? 누구나 이런 때를 원합니다.
하나님의 은혜가 임하시면 우리는 하늘을 나는 기분 아닙니까?
우리가 주권자의 손에 이끌리고 전능하신 자에게 의탁되면, 우리의 무거운 짐이 느껴지지 않는 것은 조금도 이상하지 않습니다.

2. 우리는 위로와 위안이 되는 것은 어느 것이나 기꺼이 매달립니다만, 거짓된 자기 자신의 사랑에서 벗어나기는 어렵습니다.

순교자 성 로렌스(St. Lawrence)는 하나님의 사랑으로 세상의 즐거움을 버리고 자기 자신과 세상을 능히 극복하였습니다. 그가 지극히 사랑했던 교황 식스토 2세*와 이별할 때 예수 그리스도의 사랑으로 그 고통을 참아냈습니다.

그러므로 그는 인간의 위로보다는 하나님이 기뻐하시는 것을 선택하였으며, 창조주의 사랑으로 다른 사람을 사랑하는 것을 극복하였던 것입니다.

그래서 당신은 하나님의 사랑을 위하여 가장 가깝고 친한 친구조차도 포기하는 법을 배워야만 합니다.

친구가 당신을 버리고 떠났다고 해서 괴로워하지 마십시오. **왜냐하면 언젠가는 서로 헤어져야 하기 때문입니다.**

* 교황 식스토 2세는 258년에 로마에서 순교했다. 여섯 명의 성직자들이 그와 함께 목숨을 잃었고, 성 로렌스는 4일 후 일곱 번째 성직자로 순교를 당했다. 이 두 사람은 초기 시대 로마에서 순교당한 사람 중 가장 존경받는 순교자들이었다.

3. 우리는 우리 자신이 완전하게 주인이 되는 것을 배우거나 하나님께 우리의 모든 관심을 돌리기 전에, 우리 자신과 함께 끈기 있게 있는 힘을 다하여 애쓰고 노력해야 합니다.

우리가 우리 자신을 신뢰하게 되면, 우리는 쉽게 인간적인 위로에 의존하게 됩니다.

그러나 진정으로 예수를 사랑하고 부지런히 가치를 추구하는 사람은 인간적인 위로에 기대지 않거나, 감각적인 달콤함을 추구하지 않고 예수를 위하여 고된 시련과 힘겨운 노력을 선택합니다.

그러므로 하나님이 당신에게 영적인 위로를 주면 그것을 감사함으로 받아들이십시오. 그것은 당신이 받을 만한 자격이 있어서 주는 것이 아니라 **하나님의 선물**인 것입니다.

4. 교만하지 말고, 영적인 위로를 너무 많이 즐기지 마시고 헛되이 주제넘은 짓을 하지 마십시오. 그보다는 오히려 위로받을 때 더욱 겸손하고, 당신의 행동에 더욱 조심하고 신중하기 바랍니다.
왜냐하면 위로의 시간은 지나가고 유혹의 시간이 오기 때문입니다.
위로가 없어지더라도 곧바로 절망하지 말고, 하나님의 찾아오심을 겸손과 인내로써 기다리시기 바랍니다.
왜냐하면 하나님은 더욱 많은 위로를 다시 돌려 줄 수 있기 때문입니다.
이것은 하나님의 방법을 아는 사람들에게는 이상하거나 새로울 것도 없습니다. 왜냐하면 위대한 성인들과 옛 예언자들은 그러한 변화를 종종 겪었습니다.

5. 어떤 사람이 은혜를 받을 때 이렇게 말했습니다. "내가 형통할 때 말하기를 나는 결코 흔들리지 않으리라.(시 30:6)"
그러나 은혜가 떠나간 후에 그는 이렇게 말했습니다. "당신의 얼굴을 가리우시매 내가 근심하였나이다.(시 30:7)"

그러나 나는 절망 중에서도 애타게 주님을 찾았고 말하기를 "주님, 제가 당신께 부르짖으며 간청하였나이다."라고 하였습니다.
마침내 그는 기도의 응답을 받았고 증언하여 말하되, "주님이 나의 간

청을 들으셨고, 나에게 은총을 베푸셨으며, 나의 구원자가 되셨습니다."라고 하였습니다.

"주께서 나의 슬픔을 변하여 춤이 되게 하시며 나의 베옷을 벗기고 기쁨으로 띠 띠우셨나이다.(시 30:11)"

위대한 성인들도 이렇게 행동하였거늘 연약하고 초라한 우리들은 때로는 뜨거워지기도 하고 차가워지기도 하지만 그렇다고 절망해서는 안 됩니다. 왜냐하면 성령은 그분의 뜻에 따라 오고 가는 것이기 때문입니다.

바람이 임의로 불매 네가 그 소리를 들어도 어디서 오며 어디로 가는지 알지 못하나니 성령으로 난 사람은 다 이러하니라. (요 3:8)

이에 대하여 욥이 말하기를 "아침마다 그들을 찾아가시며 매 순간마다 시험하시나이다.(욥 7:18)"

6. 하나님의 자비와 하늘의 은혜의 희망 이외에 우리에게 무슨 희망이 있으며 무엇을 의지할 수 있단 말입니까?

저에게 좋은 친구가 있고, 독실한 형제자매가 있고, 믿을만한 친구가 있고, 거룩한 책이 있고, 좋은 작품이 있고, 가슴을 적시는 성가와 노래가 있을지라도 저에게서 은총이 떠나가고 고난에 처해지면 어떠한 위로도 전혀 도움이 되지 않습니다.

그럴 때에는 주님의 뜻에 따라 저 자신을 부정하고 인내하는 수밖에 다른 특효약이 없습니다.

7. 나는 한 번도 언제나 은혜 속에 있고 또 열정이 식을 때가 없는 그런 사람을 본 적이 없습니다.

한 번도 유혹에 빠지지 않고 고귀한 사랑을 전달하거나 빛을 발한 성인은 결코 없었습니다.

하나님 때문에 어떤 시련을 통하여 연단 받지 않은 사람은 하나님을 묵상할 고귀한 선물을 받을 자격이 없습니다.

유혹을 받고 있다는 것은 때로는 곧 위안이 따라온다는 징조이기도 합니다.

유혹의 시험을 통과한 자들에게는 하늘의 위로가 약속되어 있습니다.

하나님이 말씀하시기를 "승리하는 자에게는 하나님의 낙원에 있는 생명나무의 과실을 먹게 해줄 것이다.(계2:7)"

8. 하나님의 위로가 우리에게 주어졌기 때문에 우리는 고난이 와도 더 강해질 수 있는 것입니다.

그러나 그러한 하나님의 선물에 의해 교만해지지 않도록 유혹이 뒤따라옵니다.

마귀는 잠도 자지 않으며 육체의 유혹은 죽지 않습니다. 그러므로 당신은 싸울 준비를 하여야 합니다. 왜냐하면 적들이 쉬지 않고 끊임없이 어디서나 당신과 마주하기 때문입니다.

하나님의 은혜에 대한 감사

Gratitude for the Grace of God

1. **당신은 일하러 태어났건만 왜 편히 쉬려고만 합니까?** 위로보다는 인내를, 즐거움보다는 십자가를 지도록 자기 자신을 준비하십시오.
   항상 가질 수만 있다면 영적인 위로와 즐거움을 마다할 사람이 세상에 어디 있겠습니까?
   영적인 위로는 세상의 어떤 즐거움과 육적인 쾌락이 따라갈 수 없습니다. 모든 세속적인 즐거움은 헛되고 깨끗하지 못하지만 영적인 즐거움은 선한 것으로부터 솟아나와 하나님께서 순수한 마음에 부어주는 것이라서 기쁘고 정직한 것입니다.
   그러나 우리 모두가 바라는 것만큼 우리 누구도 하나님의 위로를 누릴 수는 없습니다. 왜냐하면 유혹의 시간이 너무도 자주 나에게 찾아오기 때문입니다.

2. 마음의 잘못된 자유(방종)와 자기 자신에 대한 커다란 교만함이 주님이

우리에게 오는 것을 방해합니다.
하나님은 위로의 은총을 내려주시지만 우리는 감사함으로 그분께 돌려주지 못하는 악행을 저지릅니다.
그러므로 은총의 선물은 우리에게 흘러 들어올 수 없습니다. 왜냐하면 우리는 주시는 분께 감사할 줄 모를 뿐만 아니라 모든 좋은 것의 원천인 그분에게 되돌리지를 않기 때문입니다.

> 각양 좋은 은사와 온전한 선물이 다 위로부터 빛들의 아버지께로서 내려오나니 그는 변함도 없으시고 회전하는 그림자도 없으시니라. (약 1:17)

은총은 늘 그것을 받음에 대해 감사할 준비가 되어있는 사람에게만 주어지는 것입니다. 교만한 자에게 빼앗아 겸손한 자에게 주어지는 것입니다.

3. 나는 양심을 버리고 취하는 어떤 위로도 바라지 않고, 교만으로 이끄는 어떤 생각도 원하지 않습니다.
고상한 것이라고 모두 거룩한 것은 아니며, 달콤한 것이 다 좋은 것도 아니며, 모든 욕망이 순수하지 않고, 우리가 좋아한다고 해서 모두 하나님을 기쁘게 하는 것은 아닙니다.
내가 더 겸손해지고, 좀 더 신중하게 행동하며, 내 자신을 비울 준비가 되었을 때, 그러한 은총을 기꺼이 받아들여야 합니다.
하나님의 은혜를 받았거나 그 은혜가 없어지면 교훈을 얻은 자들은 모든 좋은 것이 자기 자신들로부터 나왔다고 감히 생각하지 않을 뿐만 아니라 오히려 자신들은 가난하고 무방비상태라고 고백할 것입니다.
하나님의 것은 하나님에게 바치십시오.

그런즉 가이사의 것은 가이사에게, 하나님의 것은 하나님에게 바치라.

(마 22:21)

그리고 여러분의 것은 여러분에게 돌리십시오. 하나님의 은총에 감사드리고 여러분의 잘못과 과오에 대한 마땅한 처벌은 여러분이 받아야 함을 인정하십시오.

4. **항상 낮은 곳으로 여러분 자신을 처신하면 높은 자리가 여러분에게 주어질 것입니다.** 왜냐하면 낮은 자리가 없으면 높은 자리도 없기 때문입니다.

가장 위대한 성인들도 하나님 앞에서는 자신을 가장 낮은 자로 여깁니다. 그들은 자신들 안에서 더욱 영광스러워지고 더욱 겸손해집니다.

진리와 하늘의 영광으로 충만한 자들은 헛된 과시를 하지 않습니다.

하나님 안에서 굳게 터를 잡고 기초를 둔 사람은 교만하지 않습니다.

자기들이 받았던 좋은 것은 무엇이나 하나님께 돌려드리는 사람들은 하나님으로부터 오는 영광 외에는 다른 사람들에게서 찾지 않습니다.

그 사람들은 무엇보다도 하나님께서 자신들과 모든 성인들로부터 찬양 받으시기를 끊임없이 바라며 그 일에 매달립니다.

아무리 작은 것이라 하더라도 감사하십시오. 그러면 더 큰 것을 받을 자격이 있을 것입니다.

가장 작은 것이라도 가장 큰 것으로 여기고 가장 하찮은 것이라도 특별한 선물로 여기십시오.

당신이 주시는 분의 권위를 생각한다면 아주 작은 선물도 없고, 하찮은 선물도 없습니다. 왜냐하면 전지전능하신 하나님의 선물에 작은 것이란 없기 때문입니다.

그렇습니다. 비록 하나님이 벌을 내리시고 매를 때리신다 하여도 받아들여야만 할 것은 **그분이 우리에게 하시는 것은 무엇이나 항상 우리의 구원을 위해 하시기 때문입니다.**

하나님의 사랑을 간직하기를 원하는 사람들은 주어진 은총에 감사해야 하고 은총이 떠나가면 인내하고 그것을 기다리십시오.

은총이 다시 돌아오도록 기도 하십시오. 은총을 잃지 않도록 영적으로 근신하고 겸손하십시오.

예수의 십자가를 사랑하는 사람이 얼마나 적은가?

How Few Are the Lovers of the Cross of Jesus

1. **천국에 가기 위해 예수를 사랑하는 사람은 많으나 그의 십자가를 지는 사람은 거의 없습니다.**

   예수를 통해 위로와 위안을 얻으려는 사람은 많으나 그분의 고통을 함께 지려는 사람은 거의 없습니다.

   예수와 함께 축제를 하려는 사람은 많으나 그분과 함께 정진하려 하는 사람은 거의 없습니다.

   모든 사람이 예수와 함께 즐거움은 가지려고 하나 그분과 함께 어떤 고통도 참으려는 사람은 거의 없습니다.

   많은 사람들이 빵을 떼어 나누어 줄 때까지만 예수를 따르고 그분의 고통의 잔을 마시는 사람은 거의 없습니다.

   이는 남자가 한 오천 명 됨이러라. 제자들에게 이르시되 떼를 지어 한 오십 명씩 앉히라 하시니. (눅9:14)

   믿음이 없고 패역한 세대여 내가 얼마나 너희와 함께 있으며 너희를 참으리요 네 아들이 이리로 데리고 오라 하시니 올 때에 귀신이 거꾸러뜨리고 심한 경련을 일으키게 하는지라 예수께서 더러운 귀신을 꾸짖으시고 아이를 낫게 하사 그 아비에게 도로 주시니. (눅 22:41~42)

예수께서 기적을 행하실 때는 숭배하지만 십자가의 치욕을 받아들이는 사람은 거의 없습니다.
많은 사람들이 자기들에게 닥치는 역경이 없어질 때까지만 예수를 따릅니다.
많은 사람들이 예수로부터 어떤 위로와 위안을 받을 때까지만 그분을 찬양하고 축원합니다.
그러나 예수께서 몸을 숨기시고 잠시 그들을 버려두면 그들은 불평하기 시작하고 심하게 낙담합니다.

2. 자신들의 어떤 위안 때문이 아니라 예수만을 위해서 예수를 사랑하는 자들은, 최고의 위로를 받을 때와 마찬가지로 유혹과 고통을 당할 때도 그분이 축복을 줍니다.
그리고 비록 그분이 위안을 주지 않더라도 그들은 항상 그분을 찬양하고 감사를 드립니다.

3. 자기만의 이익을 추구함과 이기심이 섞이지 않는다면 예수님의 순수한 사랑 속에는 얼마나 큰 힘이 있는지요!
순전히 돈만을 추구하는 동기로서 섬기거나, 항상 위로 받기를 바라는 사람들을 일컬어 수전노라 하지 않습니까?
그 사람들은 예수를 사랑하기보다는 항상 자신의 편의와 이익만을 생각하며 자신들을 더 사랑하는 것을 행동으로 보여주고 있지 않습니까?

> 저희가 다 자기 일을 구하고 그리스도 예수의 일을 구하지 아니하되. (빌 2:21)

아무런 것도 바라지 않고 하나님을 섬기려는 그런 사람을 어디에서 한 사람이라도 찾을 수 있을까요?

4. 전적으로 하나님이 만든 모든 것들에서 해방된 매우 영적인 사람은 거의 없습니다. 그런 사람의 가치는 측정할 수가 없습니다.
우리가 가진 모든 것을 준다하여도 그건 아무것도 아닙니다. 우리가 할 수 있는 참회의 정진을 한다 해도 아직도 그에 비하며 별거 아닙니다. 또 우리가 세상의 모든 지식을 안다 할지라도 그에 비하면 아직 멀었습니다.
우리들이 큰 덕행을 쌓고 신앙심이 뜨겁다 할지라도, 많은 것이 부족하지만 특별히 한 가지 우리에게 필요한 것이 있습니다.
그것이 무엇입니까? **그것은 모든 것을 버리는 것입니다.** 우리 자신을 버리고 우리 자신으로부터 완전히 벗어나는 것이며, 이기적인 사랑을 포기하는 것입니다.

> 아무든지 나를 따라오려거든 자기를 부인하고 자기 십자가를 지고 나를 좇을 것이니라. (마 16:24)

그리고 자기가 해야 할 도리를 다하고도 아무것도 하지 않은 것처럼 여겨야 합니다.

5. 다른 사람이 높이 평가한다고 본인도 그렇구나 하고 생각하지 마십시

오. 오히려 성경이 가르치는 것처럼 우리 자신을 쓸모없는 종이라고 이렇게 고백하십시오.

우리는 무익한 종입니다. 해야 할 일을 하였을 뿐입니다. (눅 17:10)

그렇게 하면 우리는 참으로 심령이 가난해지고 다윗처럼 이렇게 이야기 할 수 있습니다.

나는 외롭고 괴로우니 내게 돌이키사 나에게 은혜를 베푸소서. (시 25:16)

이제 우리들이 자신과 모든 것을 버릴 줄 알고 진정으로 낮은 곳에 우리 자신을 둘 줄 알기에 우리보다 더 부유한 자는 없으며, 자유로운 자도 없고 더 힘 있는 자도 없습니다.

거룩한 십자가의 왕의 길(王道)

The Royal Way of the Holy Cross

1. **"누구든지 나를 따라 오려거든 자신을 버리고 제 십자가를 지고 나를 따라야 한다.**(마16:24)" 많은 사람들이 이 말씀을 지키기 힘든 말씀이라 여깁니다.

   그러나 마지막 날에 다음과 같은 말을 듣는다면 훨씬 더 힘들어 하실 것입니다. **"저주 받은 자들이여! 나를 떠나 마귀와 그 사자들을 위하여 예비 된 영원한 불에 들어가라.**(마 25:41)"

   십자가의 말씀을 듣고 기꺼이 따르는 사람들은 지금 영원한 저주의 말을 듣는다 해도 두렵지 않을 것입니다.

   주님께서 심판하러 오시는 날에 하늘에 십자가의 표시가 나타날 것입니다.

   그때 그들의 일생동안, 십자가에 못 박혀 돌아가신 예수와 같은 생활을 한 모든 종들은 심판관이신 예수 앞에 담대히 나갈 수 있는 것입니다.

2. 천국으로 인도하는 그 십자가를 왜 당신은 들기를 두려워하십니까?

십자가에는 구원이 있고,

십자가에는 생명이 있고,

십자가에는 우리의 적들과 맞설 수 있는 무기가 있고,

십자가에는 천국의 달콤한 꿀이 있고,

십자가에는 마음에 힘이 되는 기력이 있고,

십자가에는 영적 즐거움이 있고,

십자가는 덕행의 극치이며 거룩함의 완전체입니다.

십자가가 없이는 영혼이 건강할 수 없으며, 영원한 생명에 대한 희망도 없습니다.

그러므로 십자가를 지고, 예수를 따르십시오. 그러면 당신은 영원한 생명의 길로 갈 것입니다.

예수께서는 자기의 십자가를 지고 당신들 앞서 나가셨으며(눅 14:27) 당신들을 위해 십자가 위에서 죽으셨습니다.

당신도 그와 같이 당신의 십자가를 지고 십자가 위에서 죽어야만 합니다.

당신이 예수와 함께 죽으면 예수와 함께 살 것이요, 그분과 함께 고통을 나누면 그분과 함께 영광도 나누워 누릴 것입니다.

> 참으면 또한 함께 왕 노릇할 것이요 우리가 주를 부인하면 주도 우리를 부인하실 것이라. (딤후 2:12)
> 오직 너희가 그리스도의 고난에 참예하는 것으로 즐거워하라. 이는 그의 영광을 나타내실 때에 너희로 즐거워하고 기뻐하게 하려 함이라. (벧전 4:13)

3. 모든 것이 어떻게 십자가에 달려있고 어떻게 그것들이 죽어 가는지를 보십시오. 생명과 진정한 내적 평화에 이르는 길은 거룩한 십자가를 지

는 것과 매일매일 자기를 부정하는 길 외에는 없습니다.

당신이 가고 싶은 곳이 있으면 가고, 당신이 무엇인가 찾고 싶은 것이 있으면 찾아보세요. 당신은 위로는 더 고상한 길을 찾을 수 없고, 아래로는 더 안전한 길을 찾을 수 없을 것입니다.

당신의 뜻과 판단에 따라 모든 것을 결정하십시오. 그러나 자의든 타의든 여러분이 필연적으로 겪어야 할 고통이 있는데 **결국은 항상 십자가를 만나게 될 것입니다.**

당신의 육체와 영혼은 아플 것이고 당신은 영적 고통을 겪어야 할 것입니다.

4. **당신은 가끔 하나님으로부터 버림을 받았다는 느낌이 들 때가 있고, 당신의 이웃으로부터 고통을 당할 때도 있고, 더구나 당신 스스로에게 짐이 될 때가 있습니다.**

그러나 그것이 하나님의 뜻이라면 어떤 치료약도 위로도 소용이 없습니다.

하나님께서는 당신이 오로지 당신 자신에게 복종하게 하고, 고통을 통해 좀 더 겸손해지도록 위안이 없는 경험들을 겪게 하여 배우게 하시기 때문입니다.

예수와 똑같은 고통을 겪어보지 않고는 아무도 예수의 고통을 느끼지 못합니다.

그러므로 십자가는 항상 준비되어 있으며 어디에서나 당신을 기다리고 있습니다.

당신이 어디로 도망가던지 십자가를 피할 수는 없습니다. 당신이 어디를 가든지 십자가는 당신을 쫓아가고 당신은 항상 십자가와 함께 있는 자기 자신을 발견하게 될 것입니다.

위를 보아도 아래를 보아도 밖을 보아도 안을 보아도, 어디서나 십자가를 만나게 됩니다. 그래서 당신은 내적인 평화를 얻으려거나, 영원한 면류관을 차지하려면 항상 인내가 필요합니다.

5. 당신이 기쁜 마음으로 십자가를 지면, 십자가도 당신을 지고 당신이 바라는 목적지에 데려다 줄 것이며 그곳은 비록 여기가 아닐 수도 있지만 고통이 끝나는 곳일 것입니다.

당신이 십자가를 억지로 지면, 당신 자신에게 큰 짐이 될 것이며 당신이 그것을 계속 져야 한다면 당신의 짐은 점점 더 많아 질 것입니다.

당신이 십자가를 벗어버리면, 당신은 틀림없이 또 다른 십자가를 만날 것이고 아마도 더 큰 십자가를 만나게 될 것입니다.

6. 어느 누구도 피할 수 없는 것을 당신은 도망갈 수 있다고 생각하십니까? 십자가와 시련이 없는 하나님의 종이 있었을까요?

우리 주 예수께서 조차도 그가 세상에 사는 동안 눈물과 고통 없이 단 한 시간도 지낸 적이 없었습니다. 그가 말씀하시기를 "예수는 고통을 겪고 죽음에서 다시 살아나 자기의 영광 속에 들어가야 할 필요가 있었다." 당신은 어찌하여 거룩한 십자가의 길인 이 왕도 이외에 다른 길을 찾으십니까?

7. 예수의 전 생애가 십자가와 고난이었습니다. 어찌하여 당신은 자신의

즐거움과 쾌락만을 추구합니까?

당신은 잘못 사는 것입니다. 시련을 피해 다른 것을 찾는다면 그것은 틀린 것입니다. 왜냐하면 이 죽을 인생이란 슬픔으로 가득 차 있고, 십자가뿐이기 때문입니다.

우리가 영적으로 좀 더 성장하면 할수록 우리가 만나는 십자가는 더욱 무거워집니다. 왜냐하면 우리의 고통은 사랑과 함께 더 커지기 때문입니다.

8. 그럼에도 불구하고 여러 면으로 고통당하는 우리들에게 위로가 없는 것은 아닙니다. 왜냐하면 우리 자신의 십자가를 짐으로써 얻어지는 큰 열매와 하나님이 주시는 영광을 잘 알고 있고 그것이 우리들의 것이기 때문입니다.

한편 우리들은 그러한 시련을 기꺼이 우리 자신에게 내맡기면 모든 고통의 무거운 짐이 하나님의 위로로 되돌아온다는 것을 알고 있습니다.

그리고 육체가 어려움을 당하면 당할수록 우리의 영은 하나님의 은총으로 더욱 강건하여집니다.

가끔은 예수의 십자가를 따르려는 열망 가운데 슬픔과 고통이 없지는 않지만 역경 속에서 많은 위로를 느낍니다.

> 어두운데서 빛이 비취리라. 하시던 그 하나님께서 예수 그리스도의 얼굴에 있는 하나님의 영광을 아는 빛을 우리 마음에 비취셨느니라. (고후 4:6)
> 또 수고하며 애쓰고 여러 번 자지 못하고 주리며 목마르고 여러 번 굶고 춥고 헐벗었노라. 이 외의 일은 고사하고 오히려 날마다 내 속에 눌리는 일이 있으니 곧 모든 교회를 위하여 염려하는 것이라. 누가 약하면 내가 약하지 아니하며 누가 실족하게 되면 내가 애타지 않더냐. 내가 부득불 자랑할찐대 나의 약한 것을 자랑하리라. (고후 11:27-30)

왜냐하면 세상에서 그분을 위하여 참아내면 참아낼수록 하나님께서 더욱 인정해 줄 것이기 때문입니다.

그것은 사람의 덕행으로 되는 것이 아니라, 천성적으로 우리가 싫어하고 두려워하는 것을 연약한 인간이 사랑하고 이겨 나갈 수 있게 하는 하나님의 은혜로 되는 것입니다.

9. **십자가를 지고,**
십자가를 사랑하고,
육체를 수련하고,
육체를 정신에 귀속시키고,
명예를 피하고,
모욕을 참아내고,
자기 자신을 낮게 여기고,
멸시를 받고자 하며,
모든 고통과 손해를 참아내고,
이 세상에서 잘되는 것을 하찮게 여기는 것들은 우리의 힘으로 되는 것이 아닙니다. 만일 당신 스스로 해내고자 한다면 당신은 결코 이런 것들을 해낼 수 없습니다.

그러나 당신이 주안에서 하나님으로부터 당신에게 주어지는 힘을 믿는다면, 세상과 육체를 당신의 종속물로 만들 수 있습니다.

만일 당신이 믿음과 예수의 십자가의 표적으로 무장한다면, 당신은 당신의 적인 사탄도 두렵지 않을 것입니다.

10. 선하고 충직한 그리스도의 종들처럼 당신을 위하여 십자가에 돌아가신 놀라운 사랑이신 주님의 십자가를 기꺼이 지십시오.

이 비참한 인생 속에서 여러 가지 근심걱정과 많은 고통이 있다는 것을 준비하기 바랍니다. 왜냐하면 당신이 어디에 있든지, 어디로 몸을 숨기든지 그것들은 항상 당신 곁에 있을 것입니다.

그렇게 준비를 해야 합니다. 슬픔과 고통을 참아내는 방법 외에 사탄의 시련과 비탄으로부터 도망갈 치료약은 없습니다.

당신이 주님의 친구 되기를 원하고 그분과 함께 영광을 나누기를 원한다면 **주님의 잔을 기꺼이 마시기 바랍니다.**

너희가 과연 내 잔을 마시려니와 내 좌우편에 앉는 것은 내가 주는 것이 아니라 내 아버지께서 누구를 위하여 예비하셨든지 그들이 얻을 것이니라. (마 20:23)

예수께서 베드로에게 이르시되 검을 집에 꽂으라 아버지께서 주신 잔을 내가 마시지 아니하겠느냐 하시니라. (요 18:11)

주님을 가장 기쁘게 하기 위해서는 당신의 위로를 그분께 맡기십시오. 그러나 시련을 잘 참아 내도록 준비하십시오. 그리고 그 시련을 가장 큰 위로로 여기십시오. 왜냐하면 앞으로 우리에게 나타날 하나님의 영광에 비하면 현재의 고통은 그것이 아무리 나 혼자 겪는 것이라고 하더라도 아무것도 아니기 때문입니다.

생각컨대 현재의 고난은 장차 우리에게 나타날 영광과 족히 비교할 수 없도다. (롬 8:18)

11. 당신에게 이러한 시련들이 다가와도 그 시련을 그리스도를 위하여 달콤하고 즐거운 것이라 여기시기를 바랍니다. 왜냐하면 당신은 이 땅에

서 낙원을 만난 것입니다.

고통이 당신을 힘들게 하고 그 고통에서 도망가고 싶은 마음이 있는 한 당신의 시련은 계속해서 어느 것에서든지 따라올 것입니다.

12. 주님을 위하여 기꺼이 고통을 겪어내고 이 세상에 대하여서 완전히 죽기로 결심하면 모든 것은 갑자기 좋아지고 평화가 찾아 올 것입니다.

사도 바울이 말씀하신 것처럼 "셋째 하늘에 이끌려 갈지라도" 당신은 모든 시련에서 해방된 것은 아닙니다. 예수께서 말씀하시기를 "그가 내 이름을 위하여 얼마나 고난을 받아야 할 것을 내가 그에게 보이리라" 하셨습니다.

그가 내 이름을 위하여 해를 얼마나 받아야 할 것을 내가 그에게 보이리라.
(행 9:16)

그러므로 당신이 진정으로 예수를 사랑하고 그를 끝까지 섬기기를 원한다면 **고난은 당신 곁에서 떠나지 않을 것입니다.**

13. 당신은 예수의 이름을 위하여 어떤 고통을 받을 자격이 있나요?

사도들은 그 이름을 위하여 능욕 받는 일에 합당한 자로 여기심을 기뻐하면서 공회 앞을 떠나니라. (행 5:41)

고난을 받는 것이 당신에게 얼마나 큰 영광인가요! 모든 하나님의 종들 가운데 얼마나 기쁜 일인가요! 당신의 주위 사람들에게는 또 얼마나 큰 교훈인가요!

모든 사람들이 인내를 찬양하지만 고통을 참는 사람은 적습니다.

많은 사람들이 이 세상에서의 성공을 위하여 그 힘든 것을 참아내는데 예수를 위하여 그 정도의 고난을 참아내는 것은 당연한 것입니다.

14. **이것만은 확실한데 당신은 반드시 죽습니다.** 당신이 당신 자신에게 죽으면 죽을수록 하나님과 살기 시작하는 것입니다.
우리는 그리스도를 위하여 우리 자신이 고난을 받아들이지 않는다면 아무도 하늘의 것을 받아들일 수 없습니다.
그리스도를 위하여 기꺼이 고난을 받아들이는 것보다 당신에게 유익한 것이 없고, 하나님께 인정받을 수 있는 것이 없습니다.
그리고 당신이 그리스도를 위하여 고난을 받을 것인지 아니면 많은 위로를 받아 누릴 것인지를 선택해야 한다면 당신은 고난의 길을 선택해야 합니다. 왜냐하면 그 길이 예수의 길이요 하나님의 종들의 길이기 때문입니다.
우리의 영적 성장과 하나님께로 한걸음 더 나아가기 위해서는 편안함과 즐거움에 버리고, 커다란 고난과 시련을 견디고 참아내야 합니다.

15. 영혼의 건강을 위하여 고난에 참여하는 것보다 더 좋고 더 쉬운 방법이 있었다면 예수께서 말씀과 모범을 보여 주셨을 것입니다.
그러나 그분은 자기를 따르는 제자들과 십자가를 지고 자기를 따르는 다른 모든 사람들에게 이렇게 말씀하십니다. **"누구든지 나를 따르려거든 자기를 부인하고 자기 십자가를 지고 나를 따를 것이니라.**(마 16:24)"
그러므로 지금까지 모든 것을 살펴보고 읽어본 바 이것이 결론입니다.
"우리가 하나님의 나라에 들어가려면 많은 환난을 겪어야 할 것이라.
(행 14:22)"

BOOK 3

내적 위안

Internal Consolation

chapter 1

충만한 영혼에게 은밀하게 주시는 그리스도의 말씀

Christ's Speaking Inwardly to a Faithful Soul

1. "주 하나님께서 나에게 하고자 하는 말씀을 나는 들을 것이다."

내가 하나님 여호와께서 하실 말씀을 들으리니 화평을 말씀 하실 것이라. (시 85:8)

복 있는 자는 예수께서 내적으로 말씀하시는 것을 듣는 자요, 그분의 입에서 나오는 위로의 말씀을 받아들이는 자입니다.

여호와여 주의 징벌을 당하며 주의 법으로 교훈하심을 받는 자가 복이 있나니 이런 사람에게는 환난의 날에 벗어나게 하사 악인을 위하여 구덩이를 팔 때까지 평안을 주시리이다. (시 94:12~13)

복 있는 자는 세상의 거짓 속삭임에 귀 기울이지 않고 하나님의 음성을 듣는 귀를 가진 자입니다.

진정으로 복 있는 자는 밖에서 들려오는 소리를 듣는 것이 아니라, 하나님께서 은밀하게 말씀하시는 진리의 말씀에 경의를 표하는 귀를 가진 자입니다.

복 있는 자는 겉으로 보이는 헛된 것에 눈을 감고, 내적인 것에 열정을 가진 눈을 가진 자입니다.

복 있는 자는 내적인 것으로 들어와 하나님의 숨겨진 영감과 내적인 가르침을 더욱 받아들이기 위해 매일 매일 준비하며 애쓰는 자입니다.

복 있는 자는 자신들의 모든 시간을 하나님을 섬기는데 쓰려하고, 모든 세상적 장애물을 스스로 버리는 자입니다.

2. 내 영혼아! 너의 하나님 주께서 당신 안에 들어와 말씀하시는 것을 들을 수 있도록 당신의 육욕의 문을 닫으십시오.

당신의 사랑하시는 분이 이렇게 말씀하십니다. "나는 너의 구원이요, 나는 너의 평화요, 나는 너의 생명이다. 그러므로 나와 함께 있으면 너는 평화를 얻으리라."

> 창을 빼사 나를 쫓는 자의 길을 막으시고 또 내 영혼에게 나는 네 구원이라 이르소서. (시 35:3)

순식간에 사라지는 모든 것을 버리고 영원한 것을 구하십시오.

모든 일시적인 것은 당신의 눈을 속이는 것 이외에 무엇입니까?

그리고 창조주께 버림을 받는다면 그 모든 것이 당신에게 무슨 소용이 있단 말입니까?

모든 일을 다 제쳐두고 당신의 창조주만 기쁘게 하고, 그분에게만 충성을 다 하시기를 바랍니다. 그러면 당신은 이 세상 이후에 참된 복을 얻을 것입니다.

chapter 2

하나님은 어떻게 침묵으로 말씀 하시는가?

How God Speaks Without Words

1. **"주여, 말씀하십시오. 당신이 종이 듣겠나이다.**(삼상 3:9)"
   나는 당신의 종이오니 나를 깨우쳐 저에게 당신의 뜻을 알려 주십시오. (시 119:125)

당신의 입에서 나오는 말씀에 내 마음을 전력으로 기울게 하사 당신의 말씀이 이슬처럼 떨어지게 하십시오.
옛날 이스라엘 자손들이 모세에게 말했습니다. "당신이 우리에게 말씀 하소서. 우리가 들으리이다. 하나님이 우리에게 말씀하시지 않도록 해 주십시오. 그러면 우리가 죽을까 하나이다.(출 20:19)"

주님 저는 이렇게 기도하지는 않겠습니다. 그보다는 사무엘처럼 겸손하고 진지하게 간구하겠습니다. "주여, 말씀하소서. 주의 종이 듣겠나이다."

주 하나님, 모든 선지자들에게 영(靈)을 불어 넣어주시고 빛을 비추시는 이시여, 모세를 통해서도 말고 예언자를 통해서도 말고 당신께서 친히 말씀하소서. 그들이 없어도 당신이 홀로 나를 가르칠 수 있습니다. 당신 없는 그들이 저에게 무슨 의미가 있겠습니까?

2. 그들이 진실로 말하지만 영(靈)을 줄 수는 없습니다.

그들은 미사여구로 말할 수 있으나, 당신이 침묵하신다면 그들은 저의 마음을 타오르게 할 수는 없습니다.

그들은 문자로 가르치지만 당신은 그 의미를 깨닫게 하시는 분입니다.

그들은 기적을 행하지만 그 표적의 진정한 의미를 깨우쳐 주시는 분은 당신입니다.

그들은 계율은 선포하지만 당신은 그것들을 지키도록 하게 하십니다.

그들은 길을 보여주지만 당신은 그 길을 걸어가는 힘을 주십니다.

그들은 겉으로 일하지만 당신은 마음으로 가르치고 계도하십니다.

그들은 물을 주지만 당신은 작물을 주십니다.

그들은 큰소리로 말합니다만 당신은 그 말을 이해시켜 주는 분이십니다.

3. 그러므로 우리 주 영원한 하나님이시여, 모세를 통해 말씀하지 마시고 저에게 친히 말씀하십시오. 그렇지 않으면 내적인 감동도 없이 겉으로만 듣고 아무런 소득도 없이 죽을 것입니다.

말씀을 듣고도 행하지 않고, 알고도 사랑하지 않으며, 믿고도 지키지 않는다면 그것들이 나를 심판대에 세울 것입니다.

주여 말씀하십시오. 주의 종이 듣고 있습니다. 당신은 영원한 생명의 말씀을 가지고 있나이다.

주여 영생의 말씀이 주께 있사오니 우리가 누구에게 가오리까? (요 6:68)

나의 모든 삶을 바꿔 당신을 찬양하고, 영광을 돌리며, 영원한 명예와 내 영혼의 위로가 되게 저에게 한 말씀만 하여 주십시오.

겸손한 마음으로 하나님의 말씀을 들음

Hearing God's Word with Humility

1. 내 아들아, 내 말을 들어라. 이 세상에서 가장 현명하다는 자들과 철학자들의 지식과는 비교 할 수 없는 가장 달콤한 말이다.
   "내가 지금까지 너희에게 한 말은 영(靈)이요 생명이다.(요 6:63)"
   그러니 인간의 머리로는 이해할 수가 없는 것이다.
   내 말은 헛된 자만심을 주려는 것이 아니니 침묵 중에 들어야 하고 겸손한 마음과 깊은 마음속으로 받아들여야 한다.
   주여, 복 있는 자들은 당신의 법(法)으로 가르침을 받는 자이며, 환난의 시기에 휴식을 받는 자들이며, 이 세상의 황량한 곳에 그냥 내버림을 받지 않는 자들입니다.
   여호와여 주의 징벌을 당하며 주의 법으로 교훈하심을 받는 자가 복이 있나니. 이런 사람에게는 환난의 날에 벗어나게 하사 악인을 위하여 구덩이를 팔 때까지 평안을 주시리이다. (시 94:12~13)

2. 주님께서 말씀하십니다.

나는 태초부터 예언자들을 가르쳤고 오늘 이때까지 모든 피조물에게 끊임없이 가르치고 있지만 많은 사람들이 내가 하는 말을 알아듣지 못하고 마음이 강퍅해져서 내 말을 받아들이지 않고 있다.
많은 사람들이 하나님보다는 세상 것에 더 즐거워하고 하나님의 선한 즐거움보다는 육체의 욕망을 더 따른다.
세상은 사소하고 일시적인 것을 약속하는데도 너희들은 열심히 그것을 섬긴다. 나는 가장 높고 영원한 것을 약속하지만 인간의 마음은 느리고 아둔하다. 사람들이 세상의 권력자들을 섬기고 복종하듯이 매사에 나를 따르고 섬길 사람이 어디에 있는가?

"시돈*이여 너는 부끄러워 할 지어다.(사 23:4)"라고 바다가 말한다.
너희는 왜 이것을 묻는가?
사람들이 영원한 생명을 위해서는 땅에서 한 발자국도 떼지 못하면서 작은 상급을 받으려고 먼 여행을 떠나고 있구나.
그들은 가장 하찮은 것을 찾으러 다니고, 몇 푼의 돈을 서로 가지려고 부끄럽게 싸움을 하는구나. 한순간의 약속이나 대수롭지도 않은 것에 목숨을 걸고 그렇게 밤낮을 수고하는구나!

*시돈 Sidon : BC2000년경 두로의 지배하에 있던 레바논 남부의 항구도시.

3. 그러나 이 얼마나 한심한 일인가? 불변의 진리를 위하여, 모든 가치를 능가하는 상급을 위하여, 최고의 명예를 위하여, 한없는 영광을 위하여 그들은 조그만 수고도 꺼리는구나!
생명을 얻는 수고보다는 사망으로 가는 수고를 더 대단하다고 느끼는 이 게으르고 불평 많은 내 종들아, 부끄럽다!

진리를 찾기보다는 헛된 것을 추구하느라 더 열을 내는구나!

그들이 기대하는 것에 때로는 실망을 하겠지만, 나의 약속에는 아무런 속임수도 없고 나를 믿는 자들에게 빈손으로 보낸 적이 없다.

오호라 나는 곤고한 사람이로다. 이 사망에 몸에서 누가 나를 건져내랴.

(롬 7:24)

만일 단 한 사람이라도 끝까지 나의 사랑 안에 남아 있다면, 내가 약속한 것을 줄 것이요, 내가 말한 것을 다 지킬 것이다.

나는 모든 착한 사람에게 갚아주고(계 2:23), 모든 믿는 자들의 큰 증거니라(요 12:48).

내가 사망으로 그 자녀를 죽이리니 모든 교회가 나는 사람의 뜻과 마음을 살피는 자인 줄 알찌라. 내가 너희 각 사람의 행위대로 갚아 주리라. (계 2:23)

나를 저버리고 내 말을 받지 아니하는 자를 심판할 이가 있으니 곧 나의 한 그 말이 마지막 날에 저를 심판하리라. (요 12:48)

은혜를 사모하는 기도

4. 주 하나님! 당신은 저의 모든 진리입니다. 당신께 감히 말하는 자, 저는 누구입니까? 저는 당신의 종들 중에서 가장 비참하고 가장 쓸모없는 자이며, 벌레만도 못한 자요, 제가 알고 있는 것보다, 제가 표현하는 것보다 더 비참하고 더욱 천한 자입니다.

그러니 주님, 저는 아무것도 아니고,
아무것도 가진 것도 없으며,

아무것도 할 수 없는 것을 기억하십시오.

당신만이 홀로 선(善)하시며,

의(義)로우시며,

거룩하시며,

모든 것을 할 수 있으며,

모든 것을 줄 수 있으며,

오직 죄인들만 빈손으로 남겨 놓으십니다.

당신의 자비를 기억하시고 제 가슴 속에 당신의 은혜가 넘쳐나게 하소서. 왜냐하면 당신은 당신의 일이 헛되지 않기를 바라기 때문입니다.

5. 당신이 저에게 사랑과 은총으로 힘을 주시지 않는다면 어찌 제가 이 인생의 고난을 견딜 수 있습니까?
저에게서 당신의 얼굴을 돌리지 마소서.(시 69 : 17)
저를 찾아오는 것을 미루지 마시고 당신의 위로를 거두지 마소서. 그렇지 않으면 제 영혼이 황폐하여지고 메마른 땅이 될 것입니다.
주여, 주는 나의 하나님이시니 나를 가르쳐 당신의 뜻을 행하게 하소서.(시 143 : 10)

당신 앞에서 겸손하고 가치 있게 걷도록 저를 가르치소서.
왜냐하면 당신은 저의 지혜이기 때문입니다. 진리 안에서 저를 알고 세상이 창조되기 전부터 저를 알고 계셨으며, 제가 태어나기 전부터 저를 사랑하였습니다.

chapter 4

진실과 겸손으로 하나님 앞에서 걷기

Walking Before God in Truth and Humility

1. 내 아들아, 진실되게 내 앞에서 걸으며 일편단심으로 항상 나를 찾아라.(창17:1) 진실되게 내 앞에서 걷는 자들은 사탄이 쳐들어와도 안전할 것이요, 악인들이 유혹하고 비방한다 해도 "진리가 너희를 자유롭게 할 것이다.(요 8:32)"

진리가 너희를 자유롭게 하면 너희는 진정으로 자유스러워질 것이요 다른 사람의 헛된 말에 신경 쓰지 않게 될 것이다.

주여, 이 말씀은 사실입니다! 당신의 말씀대로 저에게 그렇게 되게 해 달라고 기도합니다. 진리가 저를 가르치게 하며, 저를 보호하여 주게 하며, 마지막 날까지 저를 지켜주십시오.
모든 사탄의 영향과 무절제한 사랑에서 저를 자유롭게 하여주십시오.
그러면 마음속의 커다란 자유를 가지고 당신과 함께 걸을 것입니다.

2. 무엇이 내가 보기에 만족스럽고 기쁜지 가르쳐 주겠다.

너의 마음에 커다란 불만과 슬픔을 가지고 너의 죄를 되돌아 봐라. 그리고 네가 무슨 선한 일을 했다고 해서 너 자신이 무엇인가를 했다고 생각지 마라.

진정 너희는 많은 열정으로 인하여 죄에 빠진 죄인이다. 너희는 스스로 항상 아무것도 하지 못한다. 너희는 금방 쓰러지고, 빨리 이겨 내지 못하고, 빨리 마음이 어지러워지고, 빨리 무기력해진다.

너희는 영광스런 것이 아무것도 없다.

> 누가 너를 구별하였느뇨. 네게 있는 것 중에 받지 아니한 것이 무엇이뇨. 네가 받았은즉 어찌하여 받지 아니한 것같이 자랑하느뇨. (고전 4:7)

그러나 너 자신 스스로 혐오할 만한 것들이 너무 많다. 왜냐하면 너희는 너희가 알고 있는 것보다 훨씬 더 연약하기 때문이다.

3. 영원한 것이 아니라면 너희가 행하는 일은 위대한 것도 없고, 가치 있는 것도 없고, 놀란 만한 것도 없고, 고상한 것도 없고, 존경 받을 만한 것도 없고, 칭찬할 만한 것도 없다.

영원한 진리만이 너희를 기쁘게 하고, 너 자신의 비열함이 너희를 항상 불쾌하게 한다.

너 자신의 악덕과 죄악보다 더 비난받거나 더 두려운 것은 없으며, 그것은 어떤 물질적 손해보다 더 불쾌해야 할 것이다.

어떤 사람들은 내 앞에서 진실하게 걸어가지 않는 대신 호기심이나 교만에 이끌리어 그들 자신과 자신들의 구원은 소홀히 하면서, 나의 비밀스런 것을 알기를 원하고 하나님의 깊은 내부의 것을 알고 싶어 한다.

이런 사람들은 내가 그런 것들을 못하게 막아서면 그들의 교만과 호기심에 빠져 유혹과 죄악의 구렁텅이로 떨어진다.

하나님의 심판을 두려워하라.
전능하신 분의 진노를 무서워하라.
지존하신 분이 하시는 일을 감히 이러니저러니 하는 비판을 하지 말고, 너희 자신의 사악함에 대하여 주의 깊게 살피고 얼마나 많은 죄를 저질렀는지, 얼마나 많은 선(善)을 소홀히 했는지를 살피라.
어떤 사람들은 책을 읽고, 그림을 그리거나 성화를 보고 신앙심이 있는 것처럼 생각하거나 또는 어떤 징표나 특이한 현상을 찾으므로 인하여 하나님을 만났다 한다.
입술로는 하나님을 이야기하나 마음에는 별 생각이 없다.
또 다른 사람들은 통찰력이 생겨나고 감정이 순화되어 항상 영원한 것을 추구하며 세상의 것들에 그리 신경쓰지 않는다. 이런 사람들은 진리의 영(靈)이 그들에게 어떤 이야기를 하는지 느낀다.
진리의 영(靈)은 그들에게 세상일을 천히 여기고, 하늘의 것을 사모하며, 세상을 버리고 밤낮으로 하늘의 것만을 추구하라고 한다.

chapter **5**

하나님 사랑의 놀라운 효과

The Wonderful Effect of Divine Love

1. 하늘에 계신 아버지 하나님, 우리 주 예수 그리스도 하나님 아버지 당신을 찬양합니다. 비천한 피조물인 저를 기억하여 주시니 감사를 드립니다.

자비하시고 모든 위로의 하나님 아버지, 저를 때때로 새롭게 하여 주시고 쓸모없는 저를 당신의 평안으로 감싸주시니 감사드립니다.
당신의 독생자 예수 그리스도와 성령을 영원히 찬양하고 축복하며 영광을 돌리나이다.
주 나의 하나님, 내 영혼을 사랑하는 거룩한 분, 당신께서 제게 오시면 제 마음은 기쁨이 넘칩니다. 당신은 저의 영광이시며 제 마음의 기쁨입니다. 당신은 저의 희망이요 환난 날에 피난처입니다.

2. 그러나 저는 아직 미약하고 불완전한 존재이기에 당신의 힘과 위로가 필요합니다. 저를 자주 찾아 주시고 당신 거룩한 훈계로 저를 가르치소서.

모든 악(惡)의 유혹에서 벗어나게 하시며, 모든 무절제한 감정에서 제 마음을 치료하여서 내적인 치료와 정화를 통해 제가 사랑할 수 있게 하여 주시고, 고통을 참아내는 힘이 생기게 하시고, 인내하되 지속적으로 하게 하소서.

3. 사랑은 위대하고 또 진실로 위대합니다. 사랑만이 무거운 짐을 가볍게 하며, 거친 곳을 부드럽게 합니다.
사랑은 무거운 짐을 지고 있으나 그것을 느끼지 못하고, 쓴 것도 달고 맛있게 만듭니다.
예수의 고귀한 사랑은 높고 큰 것을 찾게 하고, 우리를 더욱 성숙하게 되도록 자극합니다.
사랑은 위에 것을 찾는 것이며, 아무리 하찮고 비천한 것에 의해 지배당하지 않습니다.
사랑은 모든 세상의 감정에서 벗어나게 함으로서 영혼의 내적 비전이 흐려지거나 없어지게 하지 않으며, 세상의 잘됨에 빠지지 않게 하며 고난 속에서 좌절하지 않도록 하게 합니다

사랑보다 달콤한 것은 없으며,
사랑보다 강한 것은 없으며,
사랑보다 높은 것은 없으며,
사랑보다 넓은 것은 없으며,
사랑보다 더 즐거운 것은 없으며,

이 세상이나 천국에서 사랑보다 더 차고 넘치거나 더 좋은 것은 없습니다. 왜냐하면, 사랑은 하나님이 주신 것이요, 하나님보다 더 낮은 어떤 것에서도 쉴 수가 없기 때문입니다.

4. 사랑하는 사람들은 뛰어가고, 날아가고, 기뻐합니다. 그들은 자유롭고 그 어떤 것에도 얽매이지 않습니다.
   그들은 모든 것을 위하여 모든 것을 주며, 모든 것 안에 모든 것을 가지고 있습니다. 왜냐하면 무엇보다 모든 선한 것으로 흘러가고 진행하시는 그런 지극하신 자에 거하기 때문입니다.
   그들은 누가 무엇을 줄까하고 기다리지 말고, 모든 선한 것 위에 계신 그분 "주는 자"에게 눈을 돌려야 합니다.
   사랑은 가끔 한계를 모르고, 또 그 한계를 뛰어 넘기도 합니다.
   사랑은 어떤 짐을 지더라도 그 무게를 느끼지 못하고, 얼마나 많은 수고가 있더라도 신경쓰지 않으며, 자기 자신의 힘을 넘어서는 것에 대해서도 도전하고, 어떤 것은 할 수 없다고 변명을 늘어놓지도 않습니다. 왜냐하면 사랑은 모든 것을 할 수 있고 가능하다고 생각하기 때문입니다.
   그래서 사랑은 많은 위대한 일을 이루어 내며, 사랑할 줄 모르는 사람이 힘들고 포기한 곳에서 그것을 이루어 냅니다.

5. 사랑은 빈틈이 없으며 숙면을 취하는 것이며, 또한 사랑은 게으르지 않는 것입니다.
   지쳐있지만 탈진한 것이 아니며, 억압을 당하지만 강요된 것이 아니며, 놀랍지만 무서운 것이 아닙니다.

사랑은 활활 타오르는 불꽃처럼 타오르는 횃불처럼 위로 타올라 승리의 나팔을 붑니다.

사랑하는 사람은 누구나 울부짖는 목소리를 잘 알고 있습니다. 그리고 그것을 하나님의 귀에 대고 있는 힘을 다해 말합니다.

"나의 주 하나님! 당신은 나의 사랑과 희망의 전부입니다. 당신은 나의 모든 것이요, 저는 당신의 모든 것입니다."

6. 사랑 속에서 나를 크게 하사

진정으로 사랑한다는 것이,

사랑에 내가 하나 된다는 것이,

사랑의 바다에 목욕한다는 것이 얼마나 달콤한지를 내가 느끼게 하소서.

열정과 동경 속에 내 자신을 높이어, 나를 사랑의 포로가 되게 하소서.

내가 사랑의 노래를 부르게 하소서. 사랑하는 이여, 나는 당신을 따르겠나이다. 내 영혼이 사랑 속에서 즐거워하며 당신을 찬양하게 하소서.

내 자신보다 당신을 사랑하게 하시고, 당신을 위해서만 내가 있게 하소서. 그리고 **당신께서 말하시는 계명, 사랑의 법칙으로 당신을 진실로 사랑하는 자들을 모두 사랑하게 하소서.**

7. 사랑은 신속하고, 성실하며, 경건하고, 기쁘고, 강합니다.

또한 사랑은 오래참고, 믿을 수 있으며, 인내하며, 강하며, 결코 자기의 이익을 구하지 않습니다.

> 무례히 행치 아니하며 자기의 유익을 구치 아니하며 성내지 아니하며 악한 것을 생각하지 아니하며 불의를 기뻐하지 아니하며 진리와 함께 기뻐하고. (고전 13:5)

왜냐하면 자기의 이익을 추구하게 되면 우리는 사랑과 멀리 떨어진 것이기 때문입니다.

나와 같이 모든 일에 모든 사람을 기쁘게 하여 나의 유익을 구치 아니하고 많은 사람의 유익을 구하여 저희로 구원을 얻게 하라. (고전10:33)
저희가 다 자기 일을 구하고 그리스도 예수의 일을 구하지 아니하되. (빌 2:21)

사랑은 신중하고, 겸손하며, 정직하고, 나약하지 않으며, 변덕스럽지 않으며, 헛된 것을 좇지 않습니다.
사랑은 침착하고, 순결하며, 한결 같고, 고요하며, 모든 느낄 수 있는 것 위에 있습니다.
사랑은 순종하고, 어른들에게 복종하는 것입니다. 사랑은 자기 자신을 낮추고 겸손하게 합니다. 하나님의 존재를 인식하지 못한다 할지라도 하나님께 감사하며, 그분만을 경배하고, 항상 그분에게 영원한 믿음과 희망을 둡니다. 왜냐하면 아무도 슬픔과 고통 없이 오로지 사랑 속에서만 사는 사람은 아무도 없습니다.

8. 모든 것을 참아낼 준비가 안 되어 있고 또 사랑하는 그분의 뜻을 따라갈 준비가 안 된 사람들은 누구나 하나님을 사랑하는 사람이라 부를 자격이 없습니다.
사랑하는 사람들은 그들의 사랑하는 사람을 위해 힘들고 마음에 들지 않는 모든 것을 껴안아야 하며, 닥쳐올 고난을 이유로 그에게서 돌아서지 말아야 합니다.

진실한 사랑하는 사람의 증거

The Proof of a True Lover

1. 내 아들아, 너는 아직 강하고 지혜로운 사랑을 모르고 있구나.

주여, 왜 그렇습니까?

왜냐하면 작은 고난과 역경만을 만나도 어찌할 바를 모르고, 어떤 위로를 밖에서만 찾고 있기 때문이다.

하나님을 열렬히 또 충성스럽게 사랑하는 사람은 유혹 앞에 강건하며, 사탄의 교묘한 속임수에 넘어가지 않는다. 나는 그들이 잘 나갈 때도 기뻐하듯 고난 속에서도 슬퍼해서는 안 된다.

2. **사려 깊은 사람은 선물보다는 그 선물을 주신 이의 사랑을 더 먼저 헤아린다.**

그들은 선물의 가치보다는 선물에 담긴 뜻을 더 생각하고, 그들에게 선물을 준 사랑하는 이와 비교하여 선물을 더 생각하는 것은 아니다.

귀한 사람은 선물에 의미를 두지 않고 모든 선물보다는 나에게 더 의미를 둔다.

너희가 가끔 느끼는 선하고 달콤한 감정은 임재하는 하나님의 은총의 결과이며 너희가 영원히 살 천국을 미리 맛보는 것이다.
그러나 그러한 안락한 감정에 너무 기대는 것은 좋지 않다. 왜냐하면 그것들은 바람처럼 가고 오는 것이기 때문이다.
너희 마음속에 일어나는 악한 생각과 싸워야하며, 사탄의 모든 유혹을 물리치는 것만이 덕행과 공로의 징표이다.

3. 이상한 상상이 너희 마음에 구름처럼 일어나는 것으로 인하여 흔들리지 말라.
용기를 가지고 너희의 의지를 지키며 하나님을 향한 반듯한 마음을 지속적으로 가지기 바란다.
너희가 가끔 갑자기 무아경에 빠졌다가 다시 평상의 헛된 생각으로 빨리 돌아오는 것은 환상이 아니다.
너희가 원해서가 아니라 너희의 의지에 반해서 이 하찮은 것들로 인해 고통을 받는 것이기 때문에 그런 것들로 인해 너희의 마음이 편치 않다면 이것은 너희에게 손해가 되기보다는 이익이 될 것이다.

4. 예로부터 원수인 사탄은 갖은 수단을 다 써서 선을 향한 너희의 열망을 방해하려 하며,
또 사탄은 할 수만 있다면

너희의 모든 종교적 수련으로부터,

특히 하나님의 종에 대한 경건한 묵상으로부터,

내 수난의 성스러운 기억으로부터,

너희의 죄 씻김에 도움이 되는 기억으로부터,

너희의 마음을 잘 지켜나가는 것으로부터,

하나님께로 좀 더 나아가려는 확고부동한 목적으로부터,

너희의 시선을 돌리려 한다는 것을 잘 알아야 한다.

사탄은 많은 악의적인 생각을 너희에게 주어 기도와 묵상으로부터 멀어져 너희를 지치게 하고 실망하게 한다.

사탄은 너희가 하나님과의 진솔한 대화를 못하게 하며 할 수만 있다면 너희를 그로부터 차단시키려 한다.

사탄이 너희를 함정에 빠뜨려 아무런 행동을 못하게 할지라도 그를 믿거나 그의 말을 들어서는 안 된다.

사탄이 사악하고 더러운 생각을 일으켜 너희에게 범죄를 저지르게 하려 할 때 이렇게 말하라.

"이 더럽고 사악한 영혼아 내게서 물러가라. 너희가 나를 그 악의 길로 인도하는구나. 이 비열한 놈아!"

"물러가거라. 이 사악한 유혹자야! 용감한 전사인 예수께서 함께 하시리라. 너는 어찌할 바를 모를 것이다."

"내가 너희의 말을 따르기보다는 고문당하고 죽고 말리라."

"평화를 지키고 침묵할 지어다! 너희가 나를 어떤 괴로움을 주더라도 난 너희 말을 듣지 않을 것이다."

'주는 나의 빛이요 구원인데 내가 누구를 두려워 하리요.'

여호와는 나의 빛이요 나의 구원이시니 내가 누구를 두려워 하리요 여호와는 내 생명의 능력이시니 내가 누구를 무서워 하리요. (시 27:1)

'나와 대항하여 군대가 진을 친다하여도 내 마음은 두렵지 않을 것이다.'

군대가 나를 대적하여 진 칠찌라도 내 마음이 두렵지 아니하며 전쟁이 일어나 나를 치려 할찌라도 내가 오히려 안연(晏然 편안하고 안정됨) 하리로다. (시 27:3)

'주는 나의 반석이시오 나의 구속자로다.'

나의 반석이시오 나의 구속자이신 여호와여 내 입의 말과 마음의 묵상이 주의 앞에 열납(悅納 기쁘게 받아들임)되기를 원하나이다. (시 19:14)

5. 충성된 군인처럼 싸울 지어다.

너는 여호와를 바랄찌어다. 강하고 담대하며 여호와를 바랄찌어다. (시 27:14)
믿음의 선한 싸움을 싸우라 영생을 취하라. 이를 위하여 내가 부르심을 입었고 많은 증인 앞에서 선한 증거를 증거하였도다. (딤전 6:12)

비록 너희가 타고난 나약함으로 가끔은 넘어지거든 풍성한 나의 은총에 의지하여 전보다 더 힘차게 일어서거라. 그러나 자만과 교만한 마음을 갖지 않도록 하라!
교만으로 인해 많은 것이 잘못되고 치유하기 어려운 영혼의 장님으로 만든다.

자신의 힘만을 생각하는 교만한 사람들의 실패를 보고 너희들은 겸손한 마음을 갖도록 경고로 삼아라.

겸손한 마음으로 은총 감추기

Hiding Grace in Humility

1. 내 자녀들아, 너희가 받은 신앙의 경건한 은총을 감추고, 그로 인해 자만하지 말고, 너무 말을 많이 하지 않으며, 너무 안주하지 말고, 도리어 너희를 천히 여기고 하나님으로부터 은총의 선물을 받을 자격이 없다고 생각하는 것이 더 좋으며 안전하다.
   우리의 감정은 쉽게 변하는 것이니 그런 감정에 너무 집착하지 않는 것이 좋다.
   너희가 은총 가운데에 있을 때에는 은총이 없을 때 얼마나 비참한가를 생각하라.
   영적생활의 진전은 은총이 있는 곳에서 이루어지는 것이 절대 아닙니다. 그보다는 겸손과 체념과 인내로 한걸음 물러나 참아냄으로 기도생활을 꾸준히 하며 당신의 익숙한 일과의 조그마한 것도 소홀히 하지 않는 것다.
   너희의 능력과 이해력으로 가장 잘할 수 있는 것을 즐겁게 하기 바란다. 그리고 너희가 겪은 열정적인 마음과 메말랐던 마음 때문에 너희 자신을 소홀히 하지 않도록 하기 바란다.

2. 많은 사람들은 일이 잘 되지 않을 때에는 조급해지거나 나태해져 버린다.
"인생의 길이 그대에게 있지 아니하다."

여호와여 내가 알거니와 인생의 길이 자기에게 있지 아니하니 걸음을 지도함이 걷는 자에게 있지 아니하다. (렘 10:23)

그것은 그분이 주고자 하는 만큼만 주고, 그분이 주고사 하는 자에게만 주고, 그분이 기뻐할 만큼 주는 하나님께 속한 것이다.

어떤 현명하지 못한 사람들은 하나님의 은총을 광적으로 사모한 나머지 그들 자신들이 스스로 망가졌다. **왜냐하면 이성의 지시를 따르기보다는 자기의 감정에 이끌리어 자기의 무능력한 것을 생각지도 않고 무모하게 일을 저질렀기 때문이다.**
그들은 하나님에게 기뻐하는 것보다 더 커다란 일을 주제넘게 한다고 하다가 갑자기 하나님의 은총을 잃어버렸다.

하늘에 자신들의 보금자리를 지으려했던 그들은 가난해지고 비참해졌다.

네가 네 마음에 이르기를 내가 하늘에 올라 하나님의 뭇별 위에 나의 보좌를 높이리라. 내가 북극 집회의 산위에 좌정하리라. (사 14:13)

그래서 그들은 자신들의 날개를 가지고 날 수 있는 것이 아니라 오직 주님의 날개로만으로 날 수 있다는 것을 알게 되었던 것이다.

아직도 주의 길이 낯설고 경험이 없는 사람들은 현명한 사람들의 자문이 없이 그들 스스로 행동한다면 남에게 속아넘어가기 쉬우며 인생은 산산조각 날 것이다.

3. 만일 그들이 경험이 많은 사람들의 조언을 구하기보다는 자기의 생각에 따라 행동하게 된다면 또한 자기의 자만을 버리지 않는다면 그 끝은 매우 위험하게 될 것이다.
   자기 자신을 현명하다고 여기는 사람들은 좀처럼 다른 사람의 지도나 지시를 받으려 하지 않는다.
   헛된 자만심으로 지식의 보물을 많이 가졌다고 생각하기보다는 겸손하게 아는 게 없다고 인정하는 것이 낫다.
   지식을 너무 많이 가져 교만해지기보다는 적은 편이 더 낫다.
   이전에 자신의 비참했던 시절을 잊어버리거나, 이미 받았던 은총을 잃지나 않을까 노심초사하시는 주님의 순수하고 참된 근심을 잊어버리고 전적으로 그들만의 쾌락과 즐거움에 빠진 사람들은 신중하지 못한 것이다.
   어렵고 힘든 시절에 마땅히 의지해야 할 주님을 느끼지도 생각지도 않고 절망에 빠지는 사람들은 현명하지 않은 사람들이다.

4. 편안함 속에 너무 빠져있는 사람들은 싸움이 일어나고 유혹에 빠졌을 때 크게 낙담하고 두려움에 쌓인다.

그러므로 우리는 다른 이들과 같이 자지 말고 오직 깨어 근신할찌라.

(살전 5:6)

만일 너희가 겸손할 줄 알고, 자기 자신을 하찮은 자로 여길 줄 알고, 또 영혼의 감정을 잘 통제할 수 있다면 너희는 그렇게 쉽사리 위험에 빠지거나 죄에 빠지지 않을 것이다.

너희의 영혼에 불이 붙어 강렬한 격정이 일었을 때 그 열기가 식고 난 후 어떻게 될지 생각해보아야 한다는 것은 좋은 충고이다.

그리고 그 열기가 너희를 떠나갔을 때 다시 올 수 있다는 것을 기억하라. 그것은 너희에 대한 경고로 하나님의 영광을 위하여 잠시 거두어 가는 것이다.

5. 너희는 너희가 뜻하는 대로 항상 순조롭게 풀리기보다는 시련을 겪는 것이 더 낫다.

너희의 가치는 너희가 받을 지도 모르는 환상의 숫자나 위로로 평가되는 것이 아니고, 성경을 잘 이해하는 기술이나 너희의 높은 직위로 평가받는 것이 아니다.

그보다는 가치가 있는 자들은 전적으로 겸손을 바탕으로 하나님의 사랑이 충만하고, 항상 소박하고 신실하게 하나님의 영광을 구하는 자들이다. 또한 그들은 스스로 아무것도 아닌 멸시 받는 자로 여기고 심지어 남에게 명예를 얻기보다는 경멸받고 천대를 받는 것을 좋아한다.

chapter 8

하나님 앞에서 우리들 자신을 낮추기

Thinking Humbly of Ourselves Before God

1. 제가 비록 먼지와 재와 같을 지라도 감히 주께 아룁니다!

아브라함이 말씀하여 가로되 티끌과 같은 나라도 감히 주께 고하나이다.

(창 18:27)

만일 제가 제 자신을 그 어떤 것보다 낫다고 생각한다면 당신께서는 저를 내리치시고 저의 죄는 부인할 수 없는 증거가 될 것입니다.

그러나 제가 제 자신을 낮추고, **제 자신을 아무것도 아닌 것으로 여기고 제 자신을 오직 먼지와 재로 생각할 때, 당신의 은총은 저에게로 다가올 것이요,** 당신의 빛이 저의 심장에 비추어 저의 모든 교만과 오만은 저의 겸손의 늪에 빠져 영원히 사라질 것입니다.

그리고 당신은 제가 누구이고, 누구였으며, 어디에서 왔는지 밝혀 주실 것입니다. 왜냐하면 저는 아무것도 아니어서 그것을 몰랐기 때문입니다.

만일 주께서 저를 버리신다면, 저는 아무것도 아닌 단지 연약한 존재일 뿐입니다. 그러나 당신이 한 순간만이라도 저를 보아 주신다면 저는 금방 강해지고 새로운 기쁨으로 충만해질 것입니다.

항상 제 자신의 죄의 무게로 눌려있던 저를 한순간에 들어 올려서 당신의 자비로운 품으로 안아 주시니 참으로 놀라운 일입니다.

2. 제가 원하는 무수한 것들을 제 앞에 가져다주시고 도와주시며, 급박한 위험에서 저를 지켜주시고, 수많은 악으로부터 저를 건져주시는 이 모든 것은 다 당신의 사랑입니다.

제 자신은 악의 길에서 나쁜 것을 사랑해서 제 자신을 잃었습니다. 그러나 당신만을 찾고 또한 신실하게 당신만을 사랑하여 당신과 제 자신을 찾았습니다. 그리고 그 사랑으로 저는 제 자신을 아무것도 아닌 것으로 여기게 되었습니다.

오 주여, 당신은 제가 받을 만한 것 이상으로 주셨고 제가 원하고 갈망하는 것 이상으로 주셨습니다.

3. 은총의 주님, 당신이 하시는 모든 일에 찬양을 받으시옵소서.

저는 은혜를 받을 자격이 없으나 당신의 인자하심과 무한한 자비로우심으로 당신에게서 등을 돌렸던 배은망덕한 사람들에게조차 선을 행하십니다.

저희를 당신께 향하게 하시니 감사드리며, 겸손하고 경건하게 하여 주십시오. 당신은 우리의 구원이시고 우리의 용기이시며 우리의 힘이십니다.

chapter 9

모든 일을 주께 위탁함

Referring All Things to God

1. 사랑하는 나의 자녀들아, 너희가 진정으로 행복하려면 내가 너희들의 가장 소중한 것이 되어야하며 궁극적인 목적이 되어야 한다.
그렇게 하면 네 자신과 다른 것들에게 너무 지나치게 기울어진 너의 마음이 정결하게 될 것이다.
너희 자신의 개인적인 일에 그 목적을 두고 너희 자신을 찾는다면 너희는 메말라지고 황량해질 것이다.
너희에게 모든 것을 주는 나를 믿고 나에게 모든 것을 위탁하기 바란다.
너희는 이 모든 것이 지극히 선하신 분으로부터 흘러나오고 또한 이 모든 것이 그 근본인 나로부터 나오는 것을 보게 될 것이다.

2. 지위가 낮은 자나 높은 자나, 부자이거나 가난한 자이거나 살아있는 샘에서 나오는 생명의 물을 마시게 될 것이다.

> 내가 주는 물을 마시는 사람은 영원히 목마르지 않을 것이다. 내가 주는 그 사람 속에서 샘물처럼 솟아올라 영원히 살게 할 것이다. (요 4:14)

진정으로 자유롭게 나를 섬기는 자는 은혜에 은혜를 더하여 받을 것이다.

그러나 나를 떠나 세상에서 영광을 얻으려는 사람들과 나 외에 어떤 것에서 기쁨을 누리려는 자들은 진정한 기쁨을 얻지 못할 것이며 그들의 마음도 더 성장하지 못할 것이다. 그들은 여러 가지로 훼방을 받고 시련 속으로 빠져들 것이다.

어떤 선한 일이 자기 자신에게서 나온 것이 아니며 또한 다른 사람에게서 나온 것이 아니다. 그것은 오로지 인간이 가질 수 없는 하나님만이 가진 것이기에 그 모든 영광을 하나님께 돌릴지어다.

내가 모든 것을 주었으니 나는 다시 나에게 모든 것을 돌려받아야겠다.

진정으로 나는 너희가 감사함으로 되돌려주기를 바란다.

3. 이것이야말로 헛된 과시와 교만을 물리치는 진리이다.

만일 하나님의 은혜와 참다운 사랑이 너희에게 임하면 거기에는 그 어떤 시기(猜忌)도 좁아터진 마음도 없을 것이요, 너희 안에 그 어떤 이기심도 없어질 것이다.

하나님의 사랑은 모든 것을 이기고 모든 영혼의 힘을 팽창시킨다.

너희가 만일 진정으로 지혜롭다면 나를 떠나서 즐거움을 누리지 못할 것이며 오직 나에게만 희망을 둘 것이다.

하나님 한 분 외에는 선함이 없기에 그는 모든 것 위에 홀로 영광을 받아야하며 또 축복받아야 한다.

예수께서 '왜 너는 나에게 와서 선한 일에 대하여 묻느냐? 참으로 선하신 분은 오직 한 분뿐이시다.' (마 19:17)

chapter 10

하나님 섬기는 맛의 달콤함

The Sweetness of God' s Service

1. 주여, 제가 한 말씀드립니다. 침묵하지 않겠습니다.

높은 곳에 거하시는 나의 하나님, 나의 주, 나의 왕이시여 저의 말을 들어 주소서. "당신을 두려워하는 자들을 위해 쌓아두신 그 선하심이 어찌 그리 큰지요!"

주를 두려워하는 자를 위하여 쌓아두신 은혜 곧 인생 앞에서 주께 피하는 자를 위하여 베푸신 은혜가 어찌 그리 큰지요. (시 31:19)

그러나 당신을 사랑하는 사람들에게 당신은 무엇인가요?

온 정성과 마음을 다해 당신을 섬기는 사람들에게 당신은 누구이십니까?

당신을 사랑하시는 이들에게 내려 주시는 당신의 환상은 얼마나 달콤한지 이루 말로 다 할 수 없습니다.

아무것도 아닌 저에게 당신의 사랑의 달콤함을 특별히 맛보게 하시고, **당신을 떠나 있을 때 저를 사람으로 만들어 주시어** 다시 당신을 섬기도록 하여 주셨습니다.

2. 영원토록 흘러넘치는 사랑의 샘이시여, 당신께 무슨 말을 하리요?
저를 기억하시려고 허리를 구부리시는 당신을 제가 어찌 잊을 수 있나요?
제가 탈진하여 길을 잃었을 때 무엇보다도 먼저 제가 바라고 원하는 그 이상의 자비를 베푸셨고 제가 감당할 수 없는 은혜와 사랑을 주셨습니다.
제게 베푸신 은혜를 무엇으로 주님께 갚으리오?
여호와께서 내게 주신 모든 은혜를 무엇으로 보답할꼬. (시 116:12)

세상을 떠나 수도생활을 하는 것은 아무에게나 주어진 것이 아닙니다.
세상 만물이 다 당신을 섬기는데 제가 당신을 섬기는 일이 무슨 그리 대단한 일이겠습니까?
우리는 무익한 종이라. 우리의 하여야 할 일을 한 것 뿐이니라. (눅 17:10)

제가 당신을 섬기는 일이 무슨 대단한 일이겠습니까만, 오히려 저처럼 천하고 가치 없는 사람이 당신을 섬길 수 있다는 것이, 당신의 선택된 종들 중 하나로 삼아 주셨다는 것이 경이롭고 신비할 따름입니다.

3. 보십시오!
제가 가진 모든 것과 당신을 섬기는데 사용하는 모든 것이 다 당신의 것입니다.
누가 너를 구별하였느뇨. 네게 있는 것 중에 받지 아니한 것이 무엇이뇨. 네가 받았은즉 어찌하여 받지 아니한 것 같이 자랑하느뇨. (고전 4:7)

아니 아니지요. 제가 당신을 섬기는 것이 아니라 당신이 저를 섬기고 계십니다.

인간을 섬기라고 당신이 창조하신 하늘과 땅은 당신의 명령에 준비를 하고 당신의 분부를 매일 매일 이행하고 있으니 이 얼마나 놀라운 일인가요?

또한 당신은 천사들에게 인간을 섬기라 하셨습니다.

> 모든 천사들은 부리는 영으로서 구원 얻을 후사들을 위하여 섬기라고 보내심이 아니뇨. (히 1:14)

그러나 무엇보다도 당신은 자신의 허리를 구부려 인간을 섬기고 우리들에게 당신 자신을 주겠다고 약속하셨습니다.

4. 이 모든 헤아릴 수 없는 은혜를 무엇으로 갚으리오? 내 평생 당신을 섬길 수 있을까요?

제가 하루만이라도 당신을 참되게 섬길 수만 있다면 얼마나 좋을까요!

진실로 당신은 모든 영광과 섬김과 찬송을 받으시기에 합당하십니다.

진실로 당신은 나의 주님이요, 저는 불쌍한 종이오니 그 무엇보다 당신을 사랑하고 찬송합니다. 제발 당신을 찬송하는 것을 지겨워하지 말게 하소서.

이것이 제가 원하고 제가 갈망하는 것입니다. 그러므로 자비로우신 주님 저의 부족함을 채워주소서.

5. 당신을 섬기는 일과 당신을 사랑함에 있어 세상적인 것을 멀리하는 것은 커다란 영광과 명예입니다.

당신의 그 거룩한 섬김에 즐거이 참여하는 자들에게 큰 은총이 있을 것입니다.
당신을 위한 사랑으로 모든 육체적인 즐거움을 버리는 사람들에게 성령의 달콤함을 맛보게 하실 것입니다. 당신의 이름을 위하여 좁은 길로 들어서서 세상의 위안을 멀리하는 자들에게는 위대한 영혼의 자유함을 갖게 될 것입니다.

6. 하나님을 섬긴다는 것이 얼마나 유쾌하고 즐겁습니까? 그로 인해 우리는 진정한 자유와 거룩함을 누립니다.
죽을 수밖에 없는 인간을 천사와 같이 되게 하고, 하나님을 기쁘게 하며, 사악한 영혼들에게는 두려움을 주고, 모든 신자들에게 칭찬받을 만한 가치가 있는 예배는 그 얼마나 거룩한가요?
그 얼마나 갈망하고 갖고 싶었던 섬김입니까? 그로인해 고귀한 선은 승리를 얻었고 영원한 기쁨과 즐거움을 얻게 되었습니다.

chapter 11

마음의 장치와 열망

The Devices and Desires of the Heart

1. 사랑하는 나의 자녀야, 너는 아직도 배워야할 것이 많고 또 배웠는데도 잘 모르는 것이 있을 것이다.

2. 그것이 무엇인가요, 주님?

3. 그것은 나의 선한 기쁨과 너의 바라는 모든 것이 일치해야만 하고, 너는 너 자신만을 사랑해서는 아니 되며, 내 뜻이 이루어지도록 하는 간절한 마음이 되어야 한다.
자주 너는 여러 가지 갈망이 불타올라 너를 맹렬하게 이끌어 갈 것이다. 그러면 그것이 나의 영광을 위한 것인지 너희 자신의 이기심에서 발동한 것인지 잘 생각해 보아라.
나로 말미암아 발동한 것이라면, 내가 어떻게 정하던지 그것에 만족해야 할 것이다. 그러나 너의 이기심에서 발동한 것이라면, 그 갈망이 너를 괴롭히고 너를 내리누를 것이다.

4. 이전에는 너희에게 좋아보였고 또 이 세상에서 최고라고 생각했던 것들이 나중에 후회가 되고 불쾌하지 않게 되기 위해서, 나의 충고를 받아들이지 않고 생각하거나 품게 되는 그 어떤 갈망에 대해 너무 깊이 빠져들지 말기 바란다.

좋아 보이는 일시적 감정을 그 즉시 마음에서 버려야 되는 것도 아니고, 반면에 매번 일어나는 그 반대의 감정도 피해야 한다.

좋은 갈망이나 생각조차도 너무 열정이 지나쳐 마음에서 빗나가게 되지 않도록 또는 자기 조절을 못해 다른 사람에게 추한 모습을 보이지 않도록 가끔씩 자신을 점검해 보는 것이 좋다.

그렇지 않으면 다른 사람들의 반대와 저항에 부딪혀 갑자기 난처하게 되어 매우 상심하게 된다.

5. 어떤 경우에 육정(肉情)이 일거든 육체가 원해서 일으킨 것이든 아니든 상관없이 자기 몸을 쳐서라도 강하게 맞서야 한다. 그러나 그 의지에 대한 고통을 갖기 보다는 육체가 정신을 지배하도록 만들어야 할 것이다.

내가 내 몸을 쳐 복종하게 함은 내가 남에게 전파한 후에 자기가 도리어 버림이 될까 두려워 함이로라. (고전 9:27)

우리는 그리스도의 연고로 미련하되 너희는 그리스도 안에서 지혜롭고 우리는 약하되 너희는 강하고 너희는 존귀하되 우리는 비천하여. (고전 4:10)

육신을 좇는 자는 육신의 일을 영을 좇는 자는 영의 일을 생각하나니 육신의 생각은 사망이요 영의 생각은 생명과 평안이니라. (롬 8:5~6)

그러므로 형제들아 우리가 빚진 자로되 육신에게 져서 육신대로 살 것이 아니니라. 너희가 육신대로 살면 반드시 죽을 것이로되 영으로써 몸의 행실을

죽이면 살리니. (롬 8:12~13)

더욱이 육체가 모든 일에 쉽게 복종하고, 평범하고 소박한 일에 기뻐하고, 어떤 불편한 일이 있어도 불평하지 않을 때까지 자기 자신을 견책하고 훈련해야 할 것이다.

육정(肉情)의 욕망에 대한 인내의 싸움

Patient Wrestling Against Desires of the Flesh

1. **주 하나님, 저는 인내가 매우 필요하다는 것을 압니다.**
왜냐하면 살아가면서 우리가 원하는 대로 되는 일이 없기 때문입니다.
저희 자신의 평화를 위해 아무리 많은 계획을 세워도 삶이란 이런저런 다툼과 슬픔이 없을 수 없다는 것을 저희는 압니다.

너희에게 인내가 필요함은 너희가 하나님의 뜻을 행한 후에 약속을 받기 위함이라. (히 10:36)
세상에 있는 인생에게 전쟁이 있지 아니하냐 그 날이 품군의 날과 같지 아니하냐. (욥 7:1)

- 자녀들아 내 말을 들어라.
너희가 유혹도 없고 반대도 없는 그런 평화를 누리는 것이 나의 뜻이 아니다. 그보다는 이 세상에서 많은 역경을 이겨내고 또한 너희를 방해하는 많은 일들을 겪고 난 후에 찾아오는 평화를 생각해 보아라.

2. 너희가 그런 괴로움을 참아내지 못하면 어떻게 정죄(淨罪)의 불을 견뎌 낼 수 있단 말인가?
두 가지 악(惡) 중에서 우리는 항상 좀 더 가벼운 것을 선택해야만 한다. 앞으로 올 세상에서 있을 영원한 고통을 피하기 위하여 하나님을 대신해서 이 세상의 적은 고통을 참아내도록 노력하라.
너희는 이 세상 사람들이 괴로움이 전혀 없거나 적다고 생각하느냐? 이 세상에 만족하고 있다고 생각하는 사람들에게 물어 보거라. **또 다른 무엇이 있는 것을 알게 될 것이다.**

3. 그러나 너희는 그들은 세상을 즐기고 있고 그들이 하고 싶은 대로 하며, 그들이 겪고 있는 시련은 아주 작은 것이라 말할 것이다.

4. **그렇다고 치자.** 그들이 원하는 것을 그들이 가졌다고 하더라도 그것이 얼마나 지속될 것이라 생각하는가?
보아라. 이 세상에서 엄청나게 많이 가졌다하는 사람들이 갑자기 연기처럼 사라지고 그들이 누렸던 기쁨의 기억이 흔적도 없는 것을!

연기가 몰려감 같이 저희를 몰아내소서. 불 앞에서 밀이 녹음같이 악인이 하나님 앞에서 망하게 하소서. (시 68:1)

그렇다. 설사 그들이 살아 있는 동안 즐겁게 산다고 할지라도 아무런 두려움이나 쓰라림이나 짜증이 없었을까?
그들이 즐거워하는 바로 그 일에서 그들은 슬픔과 고통의 벌을 받고 있는 것이다. 그들은 비정상적으로 쾌락을 찾고 따라다녔기에 부끄러움과 쓰라림을 당하여야만 하는 것은 정당한 일인 것이다.

이 모든 쾌락은 그 얼마나 짧으며, 그 얼마나 기만적이고 무절제하며 비열한 것인가!
마음의 귀가 멀고 눈이 멀어 인간들이 깨닫지 못하는구나! 말 못하는 짐승들처럼 썩어 없어질 생명을 위해 아주 적은 쾌락을 위해 영혼을 죽이는구나.
그러므로 나의 자녀들아,
"너희 본성의 욕망을 쫓지 말고 욕심을 절제하라."
"주 안에서 즐거워하라. 그러면 그분께서 너의 마음에 원하는 것을 주실 것이다."
여호와를 기뻐하라. 저가 네 마음의 소원을 이루어 주시리라. (시 37:4)

5. 만일 너희가 진정한 기쁨과 나에게서 풍족한 위로를 받으려 한다면 너희는 모든 세상적인 일을 하찮은 것으로 여기고 모든 비뚤어진 욕망을 잘라 버려야 한다. 그러면 너희는 하나님의 풍성한 위로의 축복을 받을 것이다.
너희는 세상 것에서 받는 위로에서 멀어지면 멀어질수록 나에게서 받는 위안이 더욱 달콤하고 축복이 될 것이다.
그러나 그것을 얻기 위해서는 처음에 너희는 어느 정도의 슬픔과 낙담과 수고를 감내해야 할 것이다.
낡고 오래된 타고난 습성을 버리고 좋은 습성을 들인다면 극복 될 것이다.
육체는 말을 안 들을 것이지만 영혼의 열정으로 이기게 될 것이다.
악랄한 마귀는 할 수만 있다면 너희를 유혹할 것이지만 기도로 그들을 퇴치할 것이고, 마귀가 싫어하는 일들을 하게 되면 그들의 접근을 원천적으로 막아낼 수 있게 될 것이다.

chapter 13

예수의 모범을 따르는 겸손한 복종

Humble Obedience, After the Example of Jesus Christ

1. 자녀들아, 복종을 피하려고 노력하는 사람들은 그로 인해 하나님의 은혜로부터 멀어지게 된다. 자신들만을 위한 사사로운 특권을 구하는 자들은 모든 사람들에게 공통으로 있는 특권을 잃게 된다.

> 아무든지 나를 따라 오려거든 자기를 부인하고 자기 십자가를 지고 나를 좇을 것이니라. (마 16:24)

자기의 윗사람에게 자유롭게 자발적으로 복종하지 않는 자들은 자신들의 몸이 아직 완벽하게 복종할 준비가 부족하여, 반항하거나 불평을 하고 있음을 보여준다.
너희 자신의 몸을 누그러뜨리기를 원한다면 너희 윗사람들에게 너희 자신을 복종하는 것을 배워라.
내부의 자아가 흐트러지지 않았다면 외부의 적은 더 쉽게 이길 것이다.
너희가 성령과 친하지 않으면 바로 너희 자신이 나쁜 적이요 골치 아픈 존재인 것이다.

너희가 너희의 육체를 이기기 원한다면 너희 자신을 하찮은 것으로 여기는 것이 필요하다.

2. 너희는 아직도 너희 자신을 지나치게 사랑하기 때문에 전적으로 다른 사람들의 뜻에 따르는 것을 두려워하는 것이다.

그러나 나는 우주 만물을 창조한 전능자로서, 한없이 높은 자로서 너희를 위하여 죽을 인간에게 기꺼이 내 자신을 주었건만, 먼지나 다름없는 아무것도 아닌 너희가 하나님을 위하여 인간에게 너희 자신을 복종하는 것이 무엇이 그리 대단한 일이란 말인가?

너희가 나의 겸손을 본받아 너희의 교만을 이겨내도록 하기 위하여 나는 모든 만물 가운데 가장 비천하고 낮은 자가 되었다.

먼지와 같은 인간들아! 복종하는 법을 배워라. 너희 자신을 낮추는 법을 배워라. 땅과 진흙과 같은 존재들아! 모든 것들의 발아래에 절하는 법을 배워라.

너희의 의지를 꺾고 모든 것들에 너희 자신을 굴복하는 법을 배워라.

3. 너희들 자신에 대하여 분노하고 분개하라. 그리고 너희 안에 교만이 자리 잡지 못하도록 하라. 너희 자신을 겸손하게 낮추어 모두가 그 위를 밟고 지나가는 길거리의 진흙처럼 되도록 하여라.

이 헛된 인간아! 무슨 불평이 그리도 많은가?

이 못된 죄인아! 그렇게 항상 하나님께 죄를 짓고 그렇게 많이 지옥에 갈 일을 해놓고서도 너를 책망하는 사람들에게 무슨 할 말이 있다는 것인가?

그럼에도 불구하고 내 눈에 너희 영혼이 고귀하여 나는 너를 용서했다.

이는 너희가 나의 사랑을 알게 하기 위하여,

내 은혜에 감사하게 하기 위하여,

진정한 복종과 겸손에 전념하기 위하여,

인내를 가지고 너의 몫의 경멸을 참아내도록 하기 위함이었다. 아멘.

chapter 14

하나님의 비밀과 숨겨진 재판

The Secret and Hidden Judgement of God

1. 주님, 당신은 천둥처럼 저에게 심판을 내리십니다. 두려움과 떨림으로 나의 모든 뼈들은 흔들리고 저는 혼비백산(魂飛魄散)합니다.

당신은 하늘도 순결하지 않다 하시니 저는 놀라서 어쩔 줄을 모르겠습니다.

하나님은 거룩한 자들을 믿지 아니하시나니 하늘이라도 그가 보시기에 부정하거든. (욥 15:15)

당신께서는 천사의 잘못도 찾아내시며, 용서하시지 않았는데 하물며 저야 어떻게 되겠습니까?

하나님은 그의 종이라도 그대로 믿지 아니하시며 그의 천사라도 미련하다 하시나니. (욥 4:18)

하늘의 별들도 떨어뜨리시는 당신이신데 하물며 먼지 같은 제가 무슨 생각을 할 수 있나요?

고상하고 훌륭한 일을 했다는 사람들이 가장 낮은 곳으로 떨어졌고, 천사의 빵을 먹던 사람들도 돼지들이 먹는 껍질을 먹으며 즐거워했습니다.

사람이 권세 있는 자의 떡을 먹음이여 하나님이 식물을 충족히 주셨도다. (시편 78:25)

2. **주님, 당신이 우리를 거두지 않으시면 우리에게는 아무런 신성함이 없습니다.**

당신께서 주관하지 않으신다면 우리의 지혜는 아무런 소용이 없습니다.

당신께서 지지하지 않으시면 아무런 힘도 도움이 되지 않습니다.

당신께서 보호해 주시지 않으시면 어떤 정결과 인격도 지켜지지 못합니다.

주님의 거룩한 지킴이 없다면 우리의 파수의 경계는 아무 소용이 없습니다.

여호와께서 집을 세우지 아니하시면 세우는 자의 수고가 헛되며 여호와께서 성을 지키지 아니하시면 파숫군의 경성(警醒 정신을 차려서 다시는 그릇된 행동을 못하게 타일러 깨우침)함이 허사로다. (시 127:1)

당신이 우리를 버리신다면 우리는 죄에 빠져 파멸할 것입니다.

당신이 우리를 위로해 주신다면 우리는 들어올려져서 살게 될 것입니다.

당신이 우리를 세우지 않으시면 우리는 진정 서서 있을 수 없으며, 당신이 불을 지피지 않으시면 우리는 미적지근하게 됩니다.

3. 제 자신을 얼마나 비참하고 비천하게 생각해야 할까요?

제가 아무리 착하고 거룩하게 보인다 할지라도 제 자신을 얼마나 낮추어야만 할까요?

주님, 저는 진실로 진실로 아무것도 아닌 자입니다. 당신의 그 깊고 헤아릴 수 없는 심판에 얼마나 더 정중한 겸손을 드려야 할지요!

아 측량할 수 없는 무게로다! 건너지 못할 바다로다! 저는 그 어디에서도 제 자신 외에는 그 아무것도, 정말로 아무것도 찾을 수 없습니다.

나의 교만을 어디에 숨길 수 있습니까? 내 본연의 품고 있는 미덕 속에 있는 나의 자신감은 어디에 있을 수 있나요?

저에게 내리는 당신의 심판의 그 깊이 속에 모든 헛된 자존심은 삼켜 버려졌습니다.

4. 당신이 보시기에 모든 피조물은 무엇입니까?

진흙이 그것을 만든 유일한 그분에게 자랑할 것입니까?

그들이 진정으로 하나님께 복종할 마음이 있는 사람들이라면 어떻게 헛된 말로 자신을 높이려 할 수 있습니까?

> 토기장이를 어찌 진흙 같이 여기겠느냐 지음을 받은 물건이 어찌 자기를 지은 자에 대하여 이르기를 그가 나를 짓지 아니하였다 하겠으며 빚음을 받은 물건이 자기를 빚은 자에게 이르기를 그가 총명이 없다 하겠느냐. (사 29:16)

진리에 복종하는 사람들은 온 세상이 떠들어도 교만해 질 수는 없습니다. 모든 희망을 하나님께 굳게 둔 사람들은 모든 사람이 혀로 그를 칭찬한다 해도 움직이지 않을 것입니다.

왜냐하면 칭찬하는 사람들 역시 아무것도 아니라는 것을 그들이 알기 때문이며, 그들은 그 말과 함께 사라져 버릴 사람이라는 것을 알기 때문입니다. 그러나 주님의 진실하심은 영원할 것입니다.

우리에게 향하신 여호와의 인자하심이 크고 진실하심이 영원함이로다.

(시 117:2)

chapter 15

우리의 갈망 조절하기

Dealing with Our Desires

1. 자녀들아, 너희가 원하는 모든 일에 이렇게 말하여라.

"주여, 이것이 당신께 기쁨이 된다면 그렇게 되게 하십시오."
"주여, 이것이 당신께 영광이 된다면 당신의 이름으로 그렇게 되게 하십시오."
"주여, 이것이 저에게 유익하고 좋은 것이라면 당신의 영광을 위해 그것을 사용하는 은총을 주십시오."
"그러나 그것이 저에게 해를 주거나 영적 건강에 유익하지 않다고 생각하시면, 그런 갈망을 저에게서 가져가소서."

아무리 갈망이 좋아 보이고 옳다 할지라도 모든 갈망이 성령으로부터 나오는 것은 아니다.

너희에게 이렇게 저렇게 원하는 것이 성령인지 마귀인지, 아니면 너희 자신의 본연의 마음에 의해서 움직이는지 판단하기란 진실로 어려운 것이다.

처음에는 성령에 의해서 움직인 것처럼 보였던 많은 사람들이 결국에는 속아왔던 것이다.

2. 그러므로 갈망하는 것은 무엇이거나 하나님을 두려워하는 마음으로, 겸손한 마음으로, 하나님께 모든 것을 맡기는 체념하는 마음으로 바라고 기도해야 한다. 그리고 이렇게 기도하여야 한다.

"주님, 당신은 어느 길이 최선인지 아시지요. 이리하든 저리하든 당신이 기뻐하시는 대로 하십시오."

"당신이 원하는 것을, 당신이 주시고 싶은 만큼 주시고, 주시고 싶을 때에 주십시오."

"당신의 영광을 위해 최상으로, 당신을 기쁘게 할 수 있는 가장 최선으로, 당신이 알고 있는 최선으로 제가 행하게 하소서."

"당신의 뜻이 있는 곳에 저를 보내시고 당신이 원하시는 만큼의 모든 일을 제가 행하게 하소서."

"당신의 뜻대로 하소서. 당신이 원하는 곳으로 돌려서 이끌어 주소서."

"주여 저는 당신의 종이요 당신이 명하시면 어떤 일도 하겠나이다. 저는 저의 자신을 위하여 살기를 바라지 않고 오직 주님을 위해 살고 싶기 때문입니다."

"저는 이 일이 가치 있고 또 완벽하게 할 수 있기를 바라고 있습니다."

하나님의 뜻이 이루어지기 위한 기도

3. 자비로우신 주님, 당신의 은총을 허락하소서. 그래서 당신의 은총이 저와 함께하게 하시고, 저와 함께 일하게 하시고, 저와 함께 마지막까지 같이 있게 하소서.

항상 당신이 가장 기뻐하고 가장 마음에 드는 희망과 뜻을 허락하소서. 당신의 뜻이 저의 뜻이 되게 하시고 저의 뜻이 항상 당신의 뜻을 따르도록 하여 완벽하게 일치되도록 하여 주십시오.

항상 저의 뜻이 당신의 뜻과 하나되게 하시고 당신의 뜻이 변하지 않는 한 저의 뜻도 변하지 않게 하여 주십시오.

4. 세상에 있는 모든 것들에 제가 죽어지게 하시고, 당신을 위해서 제가 천히 여김을 받아도 기쁘게 받아들이게 하시고 이 세상에서 잊혀진 사람이 되게 하여 주십시오,

제가 원하는 모든 것 이상의 것을 허락하시고, 당신 안에서 안식을 허락하시고 제 마음이 당신 품안에서 평화를 누리게 하소서.

왜냐하면 당신은 내 마음의 진정한 평화이며, 당신은 유일한 저의 안식처이며, 당신을 떠나서는 휴식도 없고 힘든 일만이 있기 때문입니다. 이 평화 안에서 당신 안에 있는 것만이 유일하고 최고이며 영원한 선(善)입니다. “저는 이 평화 안에서 휴식하며 잠을 잘 것입니다.” 아멘.

내가 평안히 눕고 자기도 하리니 나를 안전히 거하게 하시는 이는 오직 여호와시니이다. (시 4:8)

하나님께만 있는 참다운 위로 찾기

Seeking True Comfort in God Alone

1. 제 자신의 위로를 위하여 바라고 마음에 그리는 것은 무엇이던지, 제가 이 세상에서 찾는 것이 아니라 다가올 세상인 것입니다. 만일 제가 이 세상의 모든 위로를 누리고 모든 기쁨을 누리게 된다면 그것은 오래가지 못할 것임은 확실합니다.

   만일 사람이 온 천하를 얻고도 제 목숨을 잃으면 무엇이 유익하리요 사람이 무엇을 주고 제 목숨을 바꾸겠는가. (마16:26)

그러므로 하나님 외에는 저의 영혼이 충분한 위로와 완전한 회복을 누릴 수 없습니다. 그분은 가난한 자의 위로자이시며, 겸손한 자의 후원자이십니다. 내 영혼아 조금만 기다려라. 하나님의 약속을 기다려라. 그러면 하늘의 많은 복을 가질 것입니다.

만일 너희가 현세에서 어떤 것을 지나치게 원한다면 너는 하늘의 것과 영원한 것을 잃어버리게 될 것입니다.

이 세상의 것을 이용해서 하늘의 것을 구하라.

너희는 그 어떤 세상 것들의 것으로 만족할 수 없을 것입니다. 왜냐하면 너희들은 그러한 것들 속에서 위로를 받게 만들어지지 않았기 때문입니다.

2. 너희가 만일 이 세상의 만물들을 다 소유한다 해도 너희는 그것들로 인해 축복을 받거나 행복해질 수 없습니다. 왜냐하면 오직 만물을 창조하신 하나님 한 분에게만 모든 축복과 행복이 있기 때문입니다.
그 행복이란 이 세상을 사랑하는 어리석은 사람들이 추구하는 그런 것이 아니라, 예수를 기다리는 영적으로 마음이 정결함을 갖고 있는 선하고 충직한 종들이 가끔 이 세상에서 맛보는 **"하늘의 시민"** 그러한 행복을 말하는 것입니다.

> 오직 우리의 시민권은 하늘에 있는지라 거기로서 구원하는 자 곧 주 예수 그리스도를 기다리니. (빌 3:20)

모든 인간적인 위로와 위안은 헛된 것이며 일시적인 것입니다.

진리에서 나오는 내적인 위로와 위안만이 복되고 참된 것입니다.

경건한 자들은 그들의 위로자이신 예수를 늘 항상 같이 모시고 다니면서 말하기를 "주 예수님, 어느 곳에서든지 어느 때든지 늘 함께 하소서."라고 합니다.

"모든 인간적인 편안함과 위안을 사양하는 것으로 저의 위로가 되게 하여 주십시오."

"그리고 만일 당신이 위로를 거둔다하여도 당신의 뜻과 당신의 정당한 시험이 저에게 가장 커다란 위로가 되게 하여 주십시오. 왜냐하면 당신은 항상 용서하시고 당신의 진노를 영원히 가지고 가지 않으시기 때문입니다."

항상 경책치 아니하시며 노(怒)를 영원히 품지 아니 하시리로다. (시 103:9)

chapter 17

모든 걱정을 하나님께 맡김

Resting All Our Cares upon God

1. 자녀들아, 너희를 통해서 나의 뜻을 실현할 것이다. 왜냐하면 너희에게 무엇이 가장 선한 것이며 무엇이 가장 유익한 것인지 나는 알고 있기 때문이다. 너희는 너무 인간적으로 생각한다. 너희는 많은 일을 인간의 정에 기대어 판단한다.

주님, 당신의 말씀이 맞습니다. 저에 대한 당신의 걱정은 제 자신이 할 수 있는 모든 것보다 큽니다.

오늘 있다가 내일 아궁이에 던지우는 들풀도 하나님이 이렇게 입히시거든 하물며 너희일까 보냐 믿음이 적은 자들아. (마 6:30)

자기의 걱정을 당신께 맡기지 않는 자들은 모두가 너무 불안합니다.

주님, 만일 당신을 향한 저의 뜻이 올바르고 확고하다면 당신이 기뻐하는 일을 제가 하도록 하게 하십시오.

왜냐하면 저를 통해서 하려는 것은 무엇이나 좋지 않은 것이 없을 것이기 때문입니다.

2. 만일 제가 어두움 속에 버려진다 할지라도 그것이 당신의 뜻이라면 저는 받아들일 것입니다. 그리고 제가 빛 가운데 있는 것이 당신의 뜻이라면 그것 또한 저는 받아들일 것입니다! 당신이 저를 위로해 주신다면 저는 당신의 축복을 받은 것이고 제가 괴로움을 겪어야 하는 것이 당신의 뜻이라면 그것 또한 당신의 축복입니다.
자녀들아, 너희가 나와 같이 가기를 원한다면 너희의 처한 상황을 모두 받아들여야 한다. 너희는 즐거움도 고난도 겪을 준비가 되어 있어야 한다.
너희는 풍족하고 부유할 때와 같이 궁핍하고 가난한 것도 기꺼이 받아들여야 한다.

3. 주님, 당신을 위해서라면 당신이 허락하여 다가오는 그 어떤 일도 기꺼이 저는 견딜 것입니다.
우리가 하나님께 복을 받았은즉 재앙도 받지 않겠느뇨. (욥 2:10)

당신이 원하시는 것이라면 좋거나 싫거나, 달거나, 쓰거나, 기쁘거나, 슬프거나 기꺼이 받아 드릴 것입니다. 그리고 저에게 일어나는 모든 일을 감사함으로 행할 것입니다.
모든 죄로부터 저를 지켜주시고 죽음이든 지옥이든 두려워하지 않을 것입니다.
내가 사망의 음침한 골짜기를 다닐지라도 해 받음을 두려워하지 않을 것은 주께서 나와 함께 하심이라. (시 23:4)

만일 당신이 당신의 면전에서 영원히 내치지 아니하시고 당신의 생명 책에서 지워버리지 아니하신다면 저에게 닥치는 그 어떤 시련도 저를 해치지는 못할 것입니다.

chapter 18

고통을 인내로 견디기

Bearing Suffering Patiently

1. 자녀들아, **나는 너를 구원하러 하늘에서 왔도다.**

하늘에서 내려온 자 곧 인자(人子). (요 3:13)

내가 필요해서 온 것이 아니라 너희를 너무도 사랑했기에 너희의 고통을 짊어지기 위해서 온 것이다. 그러니 너희도 인내를 배우고, 불평하지 말고 잠깐 있을 고통을 참아내야 한다.

내가 이 세상에 태어날 때부터 십자가에서 죽을 때가지 내게서 한 번이라도 슬픔과 고통이 떠난 적이 있었던가?

나는 세상에서 사는 동안 필요한 것들이 없어서 고통을 당했으며, 나를 향한 불평을 자주 들어야했고, 망신과 욕설을 참아야 했으며, 은혜를 베풀고도 배신을 당해야 했고, 기적을 베풀고도 모욕을 당해야 했으며, 진리를 가르치고도 책망을 들어야 했다.

2. 주여, 당신은 특별히 당신을 보내신 분의 뜻을 이루려고 일생을 참으며

보내셨기에 저 같은 죄인이 당신의 뜻을 따라 모든 일에 인내로 제 자신을 견뎌내야 함은 마땅한 일입니다. 그리고 나의 영혼의 복락을 위해서 당신 자신이 선택한다면, 썩어 없어질 생명의 짐을 질 것입니다.

내가 아무것도 스스로 할 수 없노라. 듣는대로 심판하노니 나는 나의 원대로 하려하지 않고 나를 보내신 이의 원대로 하려고 하는 고로 내 심판은 의(義)로우니라. (요 5:30)

비록 현재 짊어지어야 할 짐이 무거울 지라도 당신의 은총에 의해 그 짐은 의미를 갖게 될 것이며, 당신이 보여준 모범과 성인들의 발자취를 따르므로 인해서 연약한 우리도 좀 더 밝고 깨끗한 곳으로 나아갈 것이며 또한 좀 더 참아 낼 수 있을 것입니다.

천국의 문이 닫히고 하늘로 향하는 길이 어두워서 천국을 찾으려하는 자가 없었던 구약시대보다는 지금은 얼마나 많은 위로가 충만합니까?

생명으로 인도하는 문은 좁고 길이 협착하여 찾는 이가 적음이니라. (마 7:14)

그리고 심지어 의인들과 구원 받았다는 자들조차도 당신이 수난과 죽음을 완수할 때까지는 하나님의 나라에 들어갈 수 없었습니다.

3. 당신께서 저와 모든 신실한 믿는 자들에게 영원한 천국에 이르는 바르고 선한 길을 허리 굽혀 인도하시니 이 얼마나 감사한지요!

당신의 일생이 우리의 삶이오니 거룩한 인내로 당신께로 가면 면류관을 얻을 것입니다.

만일 당신이 우리의 앞에서 그 길을 가지 않았다면, 또 가르침이 없었다면 누가 감히 따르겠습니까?

이 얼마나 통탄할 일입니까? 만일 당신께서 우리의 눈앞에서 영광스러운 모범을 보이지 않았다면 많은 사람들이 멀리서서 구경만 했을 것입니다.

우리는 당신의 많은 기적과 가르침을 보고 듣고도 이렇게 둔하고 움직이지 않습니다.

만일 우리가 당신을 따라갈 그 빛이 없었다면 우리는 어떻게 되었을까요?

chapter 19

진정한 인내로 불의를 참음

Enduring Wrongs with True Patience

1. 나의 자녀들아, 너희들이 이야기하는 것이 무엇이냐? 나의 수난과 다른 성인들의 고난을 생각해서라도 불평불만을 그쳐라.

너희들은 죄와 맞서 싸우면서 피를 흘리며 죽기까지는 아직 이르지 않았다.

너희가 죄와 싸우되 아직 피 흘리기까지는 대항치 아니하고. (히 12:4)

그렇게 많은 고난과 무수한 유혹을 받고, 그렇게 심한 괴로움을 당하고, 여러 가지 방법으로 시험을 당한 사람들에 비하면 너희들의 고난은 아주 사소한 것에 불과하다.

돌로 치는 것과 톱으로 켜는 것과 시험과 칼에 죽는 것을 당하고 양과 염소의 가죽을 입고 유리하여 궁핍과 환난과 학대를 받았으니. (히 11:37)

너희가 다른 사람들의 커다란 고난을 늘 마음에 두기 바란다. 그러면 너희 자신의 아주 작은 고난을 쉽게 견딜 수 있을 것이다.

그래도 너희 고난이 크다고 생각한다면 너희의 성급함이 그것들의 원인이 되지 않도록 경계하시기 바란다.

그러나 고난이 크든 작든 모든 고난을 인내로 참아내야 할 것이다.

2. 너희가 그 고난을 잘 참아내기로 너희 자신이 마음을 결정하면 할수록 너는 더 현명하게 대처하게 될 것이며 너희가 받을 상급이 더 클 것이다. 너희가 너의 마음가짐과 생활 습관으로 부지런히 준비한다면 더 쉽게 견뎌낼 것이다.

"나는 그런 놈 따위의 손에 당하는 이런 고난은 참을 수 없다거나 이런 종류의 고난은 당할 수 없다! 왜냐하면 그 사람이 나에게 해왔던 악행들과 제가 생각지도 못한 수치를 당했지만 아마 내가 마땅히 당해야하는 만큼 다른 사람에게서 당했더라면 기꺼이 견딜 수 있었을 텐데."라는 말은 하지 말기 바란다.

그것은 어리석은 생각이다. 그것은 너희가 인내의 덕을 생각지 않은 것이요, 영광의 면류관을 쓰게 될 것을 잊어버린 것이다.

오히려 관련된 사람에게 너무 확실히 짐이 지여지게 되고 자기 자신에게 상처만 주게 된다.

3. 자기 생각에 그 일은 내가 고난 받아 마땅하다거나 그 사람들 때문에 고난을 받는다고 해서 겪는 고난은 진정한 고난이 아니다.

진정으로 고난을 인내하는 사람은 그것이 자기의 윗사람이거나, 동료 또는 아랫사람이거나를 가리지 않으며, 또한 착한 사람이거나 거룩한 사람이거나, 괴팍한 사람이거나 하찮은 사람인지를 따지지 않는다.

불행이나 잘못된 일이 언제 일어나든지, 무엇 때문에 일어나든지, 누구로 인해서 벌여지든지 모두 다 하나님에 손에 의해 행해진 것으로 감사하게 받아들인다면 그것은 크고 풍성한 하나님의 선물과 축복이 될 것이다.

그것들이 아무리 사소한 일이라도 하나님을 위해서 겪는 것이라면 그에 대한 상급을 못 받을 일은 결코 없을 것이다.

4. 그러므로 승리를 쟁취하려면 전쟁을 준비하시기 바란다.

투쟁이 없이는 인내의 면류관을 쟁취할 수 없을 것이다.

네가 그리스도 예수의 좋은 군사로 나와 함께 고난을 받을찌니. (딤후2:3)

너희가 고난 받기를 꺼린다면 그것은 면류관을 거절하는 것이다.

그러나 너희들이 면류관을 얻기를 원한다면 용감하게 싸우고 인내로 참아라.

수고 없이는 휴식의 달콤함을 알 수 없고 투쟁 없이는 승리를 쟁취할 수 없다.

주님, 타고난 천성으로 제게 불가능했던 일이 당신의 은총으로 가능하게 하여 주십시오. 당신께서 잘 알다시피 저는 잘 참지도 못하고 조금만 힘들어도 쉽게 무너집니다.

이제부터는 당신의 이름을 위하여 어떤 고난과 역경도 기쁨이 되게 하여 주시고 원하는 것이 되게 하여 주십시오. 당신을 위하여 고난을 받고 괴롭힘을 당하는 것이 제 영혼에 매우 유익하게 될 것입니다.

chapter **20**

인간의 약함과 괴로움

Human Weakness and Misery

1. 제가 당신께 지은 죄를 인정합니다. 그리고 저의 약함을 고백합니다. 저는 자주 작은 일에 슬퍼하거나 낙담합니다. 제가 용감하게 처신하려고 결심하지만 조금만 유혹이 닥쳐도 무너지고 맙니다.

   내 허물을 여호와께 자복하리라 하고 주께 내 죄를 아뢰고 내 죄악을 숨기지 아니하였더니 곧 주께서 내 죄의 악을 사하셨나이다. (시 32:5)

   가끔 아주 사소한 일을 가지고서도 끔찍한 유혹이 생겨납니다. 그리고 제가 꽤 안정이 되었다고 생각할 때 또 전혀 예기치 않을 때 아주 작은 훅하고 부는 바람의 유혹에도 무너져 버리는 제 자신을 발견하곤 합니다.

2. 저희 모든 것을 아시는 주님, 저의 비천함과 연약함을 보십시오.

   나의 곤고와 환난을 보시고 내 모든 죄를 사하소서. (시 25:18)

저에게 자비를 베푸사 제 발이 진흙에 빠져들지 말게 하시고 건져주소서. 그래서 제가 영원히 낙심치 않게 하소서.

나를 기가 막힐 웅덩이와 수렁에서 끌어 올리시고 내 발을 반석 위에 두사 내 걸음을 견고케 하셨도다. (시 40:2)

제 감정을 억제치 못하고 당신 앞에서 자주 넘어지는 저를 보면서 당황해집니다.

비록 제가 항상 동의하지는 않지만 그런 끊임없는 공격이 저를 괴롭히고 못살게 굴며 또한 매일 투쟁 속에 산다는 것이 극도로 힘이 드는 일입니다.

결과적으로 제 자신의 연약함을 잘 알기 때문에 그러한 사악한 상상력이 제 마음 속에 일어나 쉽게 떠나지 않기 때문입니다.

3. 이스라엘의 전능하신 하나님, 신실한 영혼을 열렬히 사랑하시는 이시여! 당신의 종의 수고와 눈물을 생각하사 그가 싸우는 모든 일에 당신의 손길이 닿기를 원하나이다.

아직도 정신을 완전히 굴복시키지 못하는 가련한 이 몸, 옛 자아가 저를 지배하거나 이기지 못하도록 하늘의 권세를 저에게 허락하소서. 저는 이 비천한 인생 속에 숨을 쉬는 한 이것들과 싸워야 할 필요가 있습니다.

이 얼마나 비참한 일인가요! 고통과 비참함을 피할 수 없고 어디를 가나 올가미와 마귀가 있는 이 인생이 말이지요?

하나의 근심과 유혹이 물러가면 또 다른 유혹이 오고, 첫 번째 싸움을 하고 있는 와중에 또 다른 예기치 않는 일이 오고 또 다른 일이 밀려옵

니다!

4. 괴로움이 밀려오고 비참함과 재앙으로 점철된 이 인생을 어찌 우리가 사랑할 수 있나요?
그렇게 많은 죽음과 전염병을 생산해 내는 인생을 어찌 인생이라 부를 수 있습니까?
그러나 많은 사람이 그 인생을 사랑하고 그것에서 즐거움을 찾으려 합니다.
세상은 기만적이고 헛된 것이라는 비난을 받습니다만 그런 세상을 우리는 쉽사리 떠나지 못합니다. 왜냐하면 아직도 우리의 육체의 욕망이 우리를 지배하고 있기 때문입니다.
세상을 사랑하도록 충동질하는 것도 있고 세상을 멸시하도록 충동질하는 것도 있습니다.
"육체의 욕망과 견물생심의 마음, 가진 것에 대한 자랑" 이 모든 것이 세상을 사랑하게 충동질 하는 것들입니다.
이는 세상에 있는 모든 것이 육신의 정욕과 안목의 정욕과 이생의 자랑이니다 아버지께로 좇아 온 것이 아니라 세상으로 좇아 온 것이니라. (요1 2:16)

그러나 이런 일들을 쫓으려는 수고와 비참함은 그에 대한 증오와 혐오만을 낳습니다.

5. 부도덕하고 불순한 쾌락 때문에 영혼이 세상에 굴복하고, 그리하여 영혼이 가시덤불 속에서 사는 것조차 즐거움이라고 생각하게 되었으니 이 얼마나 슬픈 일인가요? 왜냐하면 하나님 나라의 달콤함과 선을 행함

으로 인한 내적인 기쁨을 맛보지 못했기 때문입니다.

떨기나무 가운데서 나귀처럼 부르짖으며 가시나무 아래 모여 있느니라.

(욥 30:7)

그러나 세상을 완전히 등지고 거룩한 규율 아래서 하나님을 위해 살겠다고 목표를 정한 사람들은 진실로 모든 것을 버린 자들에게 약속한 하늘의 비밀을 경험하게 될 것입니다. 또한 그들은 여러 가지로 얼마나 심히 세상이 잘못되었는지 얼마나 심히 기만적인 것인지를 알게 될 것입니다.

하나님 안에서 온전한 휴식

Resting Entirely in God

1. 무엇보다도 모든 것 중에서, 내 영혼은 주님 안에서의 휴식을 원합니다. 왜냐하면 당신은 모든 성인들의 영원한 안식처이기 때문입니다.

지극히 감미롭고 사랑하는 주 예수여,

모든 피조물 위에
모든 건강과 아름다움 위에
모든 영광과 영예 위에
모든 위엄과 권세 위에
모든 지식과 신비 위에
모든 재물과 재능 위에
모든 환희와 기쁨 위에
모든 명성과 칭찬 위에

모든 달콤함과 위안 위에
모든 희망과 약속 위에
모든 공로와 열망 위에 거하시는
당신 안에서 쉬게 하소서.

또한 당신이 주시는 모든 선물과 상급 위에,
모든 기쁨과 환희 위에서만
마음과 심장이 받아주고 느낄 수 있습니다.
한 마디로 천사들과 천사장들 위에
모든 하늘의 주인들 위에
당신이 아닌 모든 것 위에
당신에게서만 쉬게 하소서.

2. 내 주 하나님,
당신은 모든 것 중에서 가장 선하시고
홀로 가장 높으시며,
홀로 가장 전능하시며,
홀로 가장 풍족하시며,
홀로 가장 충만하시며,
홀로 가장 감미로우시며,
홀로 가장 위안을 주시는 분이십니다.

당신은 홀로 가장 사랑스럽고 사랑스러우며

홀로 가장 고귀하시며
모든 것 위에 홀로 가장 영광스러우시며
당신의 완벽함 속에 있는 모든 선한 것들은 지금까지 있어 왔으며 또한 앞으로 있을 것입니다.

그러므로 당신 자신이 아닌 것을 저에게 주거나 나타내거나 약속한 것 그 어떤 것이라도 내가 당신을 보지 못하거나 충분히 당신 안에 있지 않는 한 저에게는 아무것도 아니며 만족하지 못할 것입니다.
제 마음이 당신 안에서 쉬지 못하고 또한 모든 세상적인 선물과 모든 다른 피조물 위에 있지 않으면, 진정한 휴식을 취할 수 없으며 만족스럽지 못할 것입니다.

3. 제가 가장 사랑하는 신랑 예수시여, 모든 창조물의 지배자이시여, 가장 순수한 연인이시여, 제가 당신 안에서 쉬며 날아다닐 수 있는 진정한 자유의 날개를 주실 분이시여!
   내가 비둘기 같이 날개가 있으면 날아가서 편히 쉬리이다. (시 55:6)

주 하나님, 언제 저에게 마음의 고요함 속에서 완전하게 당신의 달콤함을 알게 하려는지요?
당신을 사랑한다는 이유 때문에 그 누구도 모르는 방법으로, 모든 감정과 한계를 초월하여, 제 자신은 느끼지 못하고 당신만을 느낄 수 있도록 언제 당신 안에서 제 자신을 다시 거두어 줄 것인지요?(다니엘10장)

그러나 지금 저는 자주 슬픔 가운데 한숨 쉬며 저의 불행을 견디고 있습니다. 왜냐하면 비참한 이 세상에서 많은 악들을 만나기 때문입니다. 이것들은 저를 괴롭히고 슬프게 하여 어두움으로 몰아갑니다. 또한 이것들은 저를 훼방 놓고 마음을 산란하게 하며 감언이설로 속이고 덫을 쳐서 제가 당신께로 자유롭게 가지 못하도록 합니다. 그리고 복된 영혼들에게 이미 허락하신 환영의 포옹을 막으므로 당신의 달콤함을 즐길 수 없습니다. 이 세상의 많은 적막함 속에 저의 탄식과 제 마음의 내적 갈망을 당신 앞에 가게 하소서.

4. 예수여, 영원한 영광의 빛과 밝음이시여! 방랑하는 영혼의 위로자이시여! 당신 앞에서 무슨 말을 하리요. 침묵으로 당신께 고합니다.
내 주여 언제 저에게 오시렵니까?
당신의 비천한 종인 저에게로 오시여 저를 기쁘게 해주소서.
당신의 손을 저에게로 펴시어 모든 고뇌에서 이 비참한 벌레 같은 저를 구해 주소서.
오세요, 오십시오! 당신이 없으면 하루도 한시도 기쁜 날이 없습니다. 왜냐하면 당신은 저의 기쁨이기 때문입니다. 당신이 없으면 제 식탁은 메마르고 먹을 것이 없습니다.
저는 비천한 존재입니다. 당신의 살아계심의 밝은 빛을 비출 때까지, 자유를 주어 저를 회복시키기 전까지, 당신의 다정다감하고 사랑스런 얼굴을 보여주기 전까지는 저는 감옥에 갇혀 족쇄에 묶여 있는 몸인 것입니다.

5. 다른 사람들이 당신을 버리고 그들이 좋아하는 것을 찾게 놔두세요. 제가 찾으려고 했던 그 어떤 것도 당신 외에는 저를 기쁘게 한 것이 하나도 없습니다. 정말입니다. 나의 주여, 나의 희망이시여 나의 영원한 구원자시여!
당신의 은혜가 다시 돌아와 당신이 내게 은밀히 이야기를 하기 전까지는 저의 입을 다물지 못하고 당신께 저의 간구를 계속할 것입니다.

- 보라. 내가 여기 있도다. 보라, 네가 나를 부르니 내가 네게로 간다. 너의 눈물과 너의 영혼의 갈망, 너의 굴욕 그리고 너의 가슴의 뉘우침이 나를 너에게로 오게 하였도다.

주님 제가 불렀습니다. 그리고 당신을 위하여 모든 것을 버리고 당신의 즐거움을 누리고 싶었습니다.
왜냐하면 애초에 당신께서 먼저 제게 당신을 찾도록 충동했기 때문입니다.
그러므로 주님, 당신께서 저에게 한량없는 자비로 당신의 선함을 보여주셨으니 축복받으옵소서.

6. 제 자신 불법과 죄악의 생각으로 가득 차 있는, 당신 앞에서 가장 비천할 수밖에 없는 이 못난 종이 더 무슨 말씀을 드리겠습니까?
주님, 하늘과 땅의 기적 가운데 당신과 같은 이가 없기에 당신의 일은 선하시고, 당신의 판단은 공평하시며, 당신의 섭리로 모든 만물을 다스리시고 계십니다.

그러므로 지혜의 아버지 하나님! 당신께 영원한 찬송과 영광을 돌리옵나이다. 제 입과 영혼과 당신의 모든 피조물의 찬송을 받으시고 함께 복 내려 주소서.

chapter 22

수많은 하나님 은혜를 기억함

The Remembrance of God's Many Benefits

1. 주님, 제 마음을 열어 당신의 율법을 지키게 하시고 당신의 명령에 따라 살게 가르쳐 주십시오.

흠 없이 여호와의 법대로 사는 자는 복이 있도다. 여호와의 명령에 순종하고 그를 진심으로 찾는 자는 복이 있도다. (시 119:1~2)

제가 지금부터 당신에게 마땅히 감사한 마음을 가질 수 있게 당신의 뜻을 이해하게 하시고, 깊이 공경하는 마음과 생각을 추스르고 당신이 저에게 베풀었던 수많은 축복을 기억하게 하여 주소서.
당신이 저에게 베풀었던 가장 작은 사랑마저도 제가 마땅히 감사를 드릴 수 없었음을 잘 알며 또한 그것을 고백합니다.
저는 당신이 베풀어 준 축복 중에서 가장 작은 것보다도 못한 그런 인간입니다. 제가 당신의 존엄을 생각할 때, 저의 영혼은 그 위대함으로 인해 두려움과 경외로 떨립니다.

2. 우리가 우리의 영혼이나 육신에 가진 모든 것이, 우리가 내적이나 외적으로나, 본성적이나 초월적으로 소유한 모든 무엇이나 다 당신의 은혜이며 당신의 선하심으로부터 나오는 보상이며 자비입니다.

어떤 이는 많이 받고 어떤 이는 적게 받게 될지라도 다 당신의 것이요, 당신이 없다면 어느 것 하나 소유할 수 없는 것입니다.

좀 더 많이 받은 사람(부자)**들은 자기가 잘나서 받은 줄로 영광을 삼을 수 없으며, 또는 다른 사람들보다 뛰어나서 그렇다고 자랑 할 수 없으며 적게 받은 사람**(가난한 자)**을 멸시해서는 안 됩니다.**

왜냐하면 그들은 감사함으로, 자기들 자신의 탓으로 돌리지 않으며 더 겸손하고 더 믿음이 깊은 사람들이기에, 그들은 훌륭하고 위대한 자들이기 때문입니다.

자신들을 모든 사람들 중에서 가장 천히 여기고, 자신들을 모든 사람들 중에서 가장 쓸모가 없다고 여기는 사람들이야말로 가장 하늘의 축복을 받을 준비가 되어 있는 자들입니다.

3. 은혜를 적게 받았다고 생각하는 사람들은 낙담하거나 실망해서 안 되며 또한 은혜를 많이 받은 자들을 시기해서는 안 됩니다. 그보다는 오히려 그들의 마음을 당신께로 돌리게 하시고 당신의 선함을 높이 찬양하게 하소서. 왜냐하면 당신은 아무런 차별 없이 누구에게나 자유롭게 아낌없이 기꺼이 주시는 분이시기 때문입니다.

모든 것은 당신께로부터 오며 그렇기에 당신은 찬양받아 마땅하며 축복받으셔야 합니다.

당신은 우리가 무엇이 필요한지 아시고 왜 어떤 사람은 적게 주어야하고 또 어떤 사람은 그렇지 않은지 아십니다. 그 이유를 따지고 이렇다 저렇다 하는 것은 우리의 일이 아니고, 무엇이 옳고 그른지를 다 아시는 당신이 판단하실 일입니다.

4. 주 하나님, 이런 이유로 다른 사람이 겉으로 보기에 많이 가져 그것을 영광과 찬양으로 여기는 것을 저는 적게 가져도 그것을 커다란 은혜로 여기겠습니다.

자신을 불쌍하고 쓸모없다 생각하는 사람들은 애통해 하거나 슬퍼해서는 안 되며 그보다는 오히려 큰 위로와 기쁨으로 여겨야 합니다.

당신은 가난한 사람들, 겸손한 사람들, 이 세상으로부터 멸시 당하는 사람들을(당신을 믿었기에) 당신의 친구와 종으로 택하셨습니다.

당신이 이 땅의 왕의 아들로 삼으신 당신의 사도들이 그 증인들입니다.

왕의 아들들이 왕의 조상들을 대신 할 것이며 왕은 저들을 온 세계의 통치자로 삼으실 것입니다. (시 45:16)

그들은 불평 없이 악의를 품지 않고 두 마음도 가지지 않고 당신의 이름으로 비난을 감수하는 기쁨을 가지고 겸손하고 소박하게 살아왔습니다.

우리가 너희 믿는 자들을 향하여 어떻게 거룩하고 옳고 흠없이 행한 것에 대하여 너희가 증인이요 하나님도 그러하시도다. (살전 2:10)

사도들은 그 이름을 위하여 능욕 받는 일에 합당한 자로 여기심을 기뻐하면서 공회 앞을 떠나니라. (행 5:41)

그리고 이 세상이 극도의 혐오스러운 것을 그들은 애틋한 정으로 품었습니다.

5. 우리가 당신을 사랑하고 당신의 축복을 알았을 때 우리 안에서 당신의 뜻처럼 그런 기쁨을 주진 않았습니다. 또한 우리에게 일어날 당신의 영원한 약속의 즐거움도 얻을 수 없었습니다.

이처럼 비록 다른 사람들은 큰 자가 되기를 바랄지라도 우리는 기꺼이 작은 자가 되어서 만족하고 위로를 받을 것입니다.

우리가 높은 직위에 있거나, 이 세상에서 아무런 명성이 없어 멸시 당하거나, 남들 앞에 명예롭게 선택 받았거나, 그들보다 세상에서 더 크게 되었거나 상관없이 우리는 낮은 자세로 순응하고 만족해야 합니다.

왜냐하면 당신의 뜻과 당신의 영광을 사랑하는 것이 무엇보다 우선되어야 하고, 당신이 이미 지금까지 주신 축복과 앞으로 주실 축복보다도 더 우리가 위로 받고 기쁨을 누릴 것이기 때문입니다.

chapter 23

평화를 가져오는 네 가지 것들

Four Things that Bring Peace

1. 자녀들아, **내가 너희에게 참 자유와 평화의 길을 가르쳐 주겠다.**

2. 주님 기도합니다. 제가 듣고 기뻐하겠습니다. 당신의 말씀이 이루어지소서.

3. **자녀들아, 너희가 원하는 대로 하지 말고 다른 사람이 원하는 대로 하도록 너의 목표를 삼아라.**

내 아버지여 만일 할 만하시거든 이 잔을 내게서 지나가게 하옵소서. 그러나 나의 원대로 마옵시고 아버지의 원대로 하옵소서. (마 26:41)
내가 아무것도 스스로 할 수 없노라 듣는 대로 심판하노니 나는 나의 원대로 하려하지 않고 나를 보내신 이의 원대로 하려는 고로 내 심판은 의로우니라. (요 5:30)

항상 자기가 더 많이 가지려고 하지 말고 더 적게 가지려고 하라.

누구든지 자기의 유익을 구치 말고 남의 유익을 구하라. (고전 10:24)

항상 모든 권위 아래에 있는 낮은 곳을 찾으라.

청함을 받았을 때 차라리 가서 말석에 앉아라. 그러면 너희를 청한 자가 너더러 벗이여 올라앉으라 하리니 그 때에야 함께 앉은 모든 사람 앞에 영광이 있으리라. (눅 14:10)

항상 하나님의 뜻이 너희 안에 충만하도록 간구하고 기도하라.

뜻이 하늘에서 이루어진 것 같이 땅에서도 이루어지이다. (마 6:10)

이것을 행하는 자들은 하나님의 평화와 안식을 얻게 될 것입니다.

4. 주님, 당신의 이 짧은 말씀에 당신의 뜻이 모두 담겨 있습니다.

그러므로 하늘에 계신 너희 아버지의 온전하심과 같이 너희도 온전하라. (마 5:48)

말씀은 간단하나 그 안에 있는 의미는 가득하고 결과는 풍성합니다. 만일 내가 이것을 충실히 지킬 수 있다면, 저는 쉽게 어려움에 빠지지 않을 것입니다.
제가 만일 자주 내 자신이 혼란스럽고 만족하지 못한다면 제가 이 가르침에서 벗어나 있다는 것입니다.
그러나 당신은 이 모든 것을 할 수 있으며 제 영혼의 향상을 바라고 계십니다. 제게 은혜 주시사 제가 당신의 말씀에 충실하게 하여 주시고 제 구원을 완성시킬 수 있게 하여 주소서.

악한 생각을 떨쳐 버리는 기도

5. 오 주님 저에게서 멀어지지 마시며, 오 하나님 저를 속히 도우소서.

하나님이여 나를 멀리 마소서 나의 하나님이여 속히 나를 도우소서. (시 71:12)

헛된 생각이 저를 거슬러 일어나고, 커다란 두려움이 내 영혼을 괴롭게 합니다.

어떻게 해야 제가 그들에게서 아무런 상처 없이 헤쳐 나오며 어떻게 해야 내가 그들을 무너뜨릴 수 있을까요?

6. 주님께서 말씀하십니다. 제가 당신 앞에 나아갈 것이고 세상에서 크다 하는 자들을 비천하게 하리라. 그리하여 감옥의 문을 열고 은밀한 장소에 감춰진 것들을 보여 주겠다.

이스라엘 족속이 여호와의 땅에서 그들을 얻어 노비를 삼겠고 전에 자기를 사로잡던 자를 사로잡고 자기를 압제하던 자를 주관하리라. (사 14:2)

7. 주님, 당신의 말씀대로 이루어지소서. 당신의 면전에서 모든 악한 생각을 몰아내어 주소서.

근심이 생길 때마다 당신께로 기대고, 당신께 신뢰하며, 안으로 당신을 찾으며, 인내로 당신의 위안을 기다리는 것만이 진실로 저의 희망이요 유일한 위로입니다.

정신을 차리는 기도

8. 선하신 예수여, 당신 안의 불을 밝혀 저를 비쳐 주십시오. 그리고 제 마음속의 어두움을 거두어 주소서.

   저의 방황하는 수많은 생각을 떨쳐 버리게 하시고 격렬하게 저를 엄습해 오는 이 모든 유혹들을 부수어 주십시오.

   저를 위해 힘 있게 싸워 주시고, 육신을 유혹하는 욕망의 덩어리인 악마의 야수를 몰아내어 주십시오. 그리하여 당신의 권위를 힘입어 평화를 말하게 하여 주십시오. 그러면 당신을 찬양하는 소리가 정결한 양심으로 이루어진 거룩한 성전에 울려 퍼질 것입니다.

   바람과 폭풍에게 명하십시오. 바다를 향해 명하십시오. "파도야 잠잠하라." 그리고 북풍에게 명하십시오. "멈추어라." 그러면 파도가 잠잠해지고 바람이 멈추어 고요가 찾아올 것입니다.

9. 당신의 빛과 진실을 보내어 주시면 이 세상에 빛이 비칠 것입니다. 당신의 빛이 비칠 때까지는 저는 아무것도 없고 텅 빈 대지에 불과할 뿐입니다.

   > 주의 빛과 주의 진리를 보내어 나를 인도하사 주의 성산과 장막에 이르게 하소서. (시 43:3)

   당신의 은총을 부어 주시고 하늘의 이슬로 제 마음을 적셔 주십시오.

   자기를 바치는 사랑의 물로 이 대지를 적시어 선하고 완전한 열매를 맺을 수 있게 하소서.

   죄의 무게로 짓눌린 저의 마음을 들어 올리어 주시고 저의 모든 갈망과 열망이 당신만을 바라게 하소서. 그래서 하늘의 달콤함을 맛보게 하시고 이 세상의 것들은 정말 진저리나는 것인 것을 깨닫게 하십시오.

10. 저를 붙들어 이 세상의 한낱 지나가는 순간의 쾌락에서 건져내소서. 왜냐하면 이 세상에서는 그 어떤 것도 저의 갈망을 채울 수 없으며 저를 만족 시킬 수 없기 때문입니다. 끊을 수 없는 당신의 사랑으로 저를 묶어 주십시오. 왜냐하면 당신을 사랑하는 자에게는 당신만이 홀로 그 사랑을 충족시켜 주며, 당신이 없는 이 세상은 그저 하찮고 부질없는 것이기 때문입니다.

chapter 24

지나친 호기심

Inordinate Curiosity

1. 자녀들아, 너희와 상관없는 일에 호기심을 가지지 말고 그것에 휩쓸리지 말아라.

그것들이 너와 무슨 상관이 있는가? 너는 나를 따르라.

내가 올 때까지 그를 머물게 하고자 할찌라도 네게 무슨 상관이냐 너는 나를 따르라. (요 21:22)

그 사람이 선하든지 악하든지, 혹은 이 말을 하건 저 말을 하건 그것이 너와 무슨 상관이 있는가?

다른 사람의 일에 너희가 대답할 필요가 없다. 다만 너희 자신의 일에나 제대로 대답하라. 왜 너희는 쓸데없이 그런 데 말려들려 하느냐?

보아라, 나는 모든 사람을 알고 있으며 이 세상에서 되어진 모든 일을 알고 있다. 그리고 그 일이 어떻게 각 사람들에게 영향을 미칠지도 알고 있다. 그들이 생각하는 것, 그들이 바라는 것, 그들의 의도가 무엇인지도 다 알고 있다.

그러니 이런 모든 관심사는 나에게 맡겨라. 그리고 너를 위해서 말하노니 너희 자신을 평화로운 상태를 유지하고 참견하는 자들이 있거든 그대로 내버려 두어라.

그들이 무슨 짓을 하든지 무슨 말을 하든지 그들 자신에게 돌아 갈 것이다. 왜냐하면 그들은 나를 속일 수는 없기 때문이다.

2. **유명하다고 하는 사람들의 뒤꽁무니를 좇아다니지 말고, 누구와 친하게 지내려고 하지 말고, 어떤 사람에 대해 특별하거나 애틋한 정도 주지마라.**

왜냐하면 이것들은 너희 마음이 산란해지고, 너희 영혼에 어두운 그림자만 드리우게 할 뿐이기 때문이다.

만일 너희가 너희 마음의 문을 나에게 열고, 부지런히 깨어 나를 맞아드린다면 나는 기쁨으로 너희에게 나의 비밀을 너에게 알려줄 것이다.

주의 깊고 신중하게 기도하며 모든 것에 너희 자신을 겸손히 하라.

만물의 마지막이 가까웠으니 그러므로 너희는 정신을 차리고 근신하여 기도하라. (벧전 4:7)

마음의 평화와 영적 진보

Peace of Heart and True Spiritual Progress

1. 자녀들아, 내가 말하기를 "나의 평화를 남기고 간다. 그 평화를 너에게 주노라. **내가 주는 것은 세상에서 주는 것과 같은 것이 아니다.**"라고 했다.

   평안을 너희에게 끼치노니 곧 나의 평안을 너희에게 주노라 내가 너희에게 주는 것은 세상이 주는 것과 같지 아니하노라. 너희는 마음에 근심도 말고 두려워하지도 말라. (요 14:27)

모든 사람들이 평화를 원하지만 진정한 평화를 위해서 무엇을 해야 할지는 신경 쓰지 않는다.

나의 평화는 겸손한 것이며 마음이 온유해지는 것이다. 너희 평화는 많은 인내가 필요할 것이다.

만일 나의 말을 듣고 나를 따른다면 너희는 많은 평화를 누릴 것이다.

- 그렇다면 제가 무엇을 해야 하나요?

너희가 말하고 행동하는 모든 일에 있어서 너희 자신을 잘 살펴야 한다. 나 이외에는 그 어느 것도 바라거나 찾지를 말고 오로지 내가 기뻐하는 일이 무엇인지를 생각하라.
다른 사람의 말이나 행동에 대해서 어느 것이나 성급하게 판단하지 말고, 너희가 상관하지 않아도 될 일에 너희가 오지랖을 떨지 마라. 너희가 이렇게 한다면 너희의 마음이 조금 덜 혼란스러울 것이다.

2. 그러나 전혀 마음이 혼란해지는 일이 없고 마음이나 육체가 어떤 슬픔을 겪지 않는다는 것은 살아있는 동안은 있을 수 없는 일이다.
만일 너희가 아무런 중압감을 느끼지 않는다고 해서,
아무런 역경 없이 모든 일이 다 잘된다고 해서,
너희가 원하는 일이 모두 완벽하게 된다고 해서,
진정한 평화를 찾았다고 생각하지 말라.
만일 너희가 신앙심이 깊어지고 그 맛의 달콤함을 느낀다고 해서 너희 자신이 무슨 대단한 사람이 되었다고 생각하지도 말고, 또 너희가 특별히 하나님으로부터 사랑을 받는다고 생각하지 말라. 왜냐하면 진정한 신앙인은 그런 일로 알려지는 것이 아니며 또한 이런 것들을 진정으로 진보 향상시켜 완벽하게 된 사람도 아닌 것이기 때문이다.

- 주님, 그렇다면 진정한 정진이 무엇이란 말인가요?

하나님의 뜻에 너희 온 몸을 드려서 크거나 작은 일이나 지금부터 영원토록 자기의 사적인 이익을 구하지 않는 것이다.

이렇게 하면 너희는 일이 잘 되거나 안 되거나 감사한 마음을 가지고 모든 일에 좌나 우로 치우치지 않는 한결같은 태도를 취하게 될 것이다. 만일 너희 마음속의 위안을 빼어 가더라도 너희가 더 큰 고난을 참아낼 마음의 준비를 할 수 있는 희망 속에서 참아낼 용기가 있다면, 너희 자신이 그런 큰 고난을 참아낼 수 없는 것처럼 판단하지 말고 나의 약속을 믿고 내 이름 찬양하기를 멈추지 말라.
그렇게 되면 너희는 진실하고 올바른 평화의 길을 걷고 있을 것이며 틀림없이 커다란 기쁨을 안고 나를 볼 수 있을 것이다.
너희가 너희 자신을 가장 낮은 곳으로 가서 머물게 할 때 너희는 잠시 머무르는 이 세상에서 누릴 수 있는 충만한 평화 속에서 즐거움을 만끽할 것이다.

겸손을 통하여 마음의 평화를 얻음

Gaining Freedom of Mind Through Humility

1. 주님, 주님 안에서 온전해지기를 바라는 자들이 해야 할 일은 이러한 것입니다.
   하늘의 것들에 대한 마음을 붙잡고 늦추지 말아야 하며 많은 근심이 있더라도 전혀 없는 것처럼 지내야 합니다. 그것도 마지못해 하는 것처럼 하는 것이 아니라 그 어떤 것이나 어떤 사람에게도 한쪽으로 치우친 정에 이끌리지 않도록 확실하고도 자연스럽게 하여야 합니다.

2. 지극히 자비로우신 하나님, 간절히 원하오니 이 세상의 근심에 휘말리지 않도록 지켜주시고, 육신의 쾌락의 올가미에 빠지지 않도록 이 몸의 욕정에서 저를 지켜 주시옵소서. 또한 낙심해서 용기를 잃을까 두려우니 영적으로 방해하는 모든 것들로부터 지켜 주십시오.
   저는 세상 사람들이 애타게 갈망하는 그런 세속적이고 헛된 것을 말하는 것이 아닙니다. 제가 말하는 것은 인간이 공통적으로 갖고 있는 많은 슬픔과 당신의 종들의 영혼을 슬프게 하는 그런 슬픔입니다. 그러한 것들이 영혼의 자유 속으로 들어올 때마다 못 들어오게 하시고 그것들로부터 지켜 주시옵소서.

3. 말로 형언키 어려운 달콤함의 하나님!

   영원한 하늘의 사랑에서 멀어지게 하고, 잠시의 쾌락의 맛에 빠져 그것에 탐닉하여 저를 사악한 죄로 유인하는 육신의 모든 쾌락의 맛이 쓰게 하여 주십시오.

   오 주여,

   살과 피가 저를 이기지 못하게 하소서!

   그것들이 저를 이기지 못하게 하소서!

   이 세속적인 것과 잠깐의 영광이 저를 속이지 말게 하소서!

   마귀와 그 올무가 나를 잡지 못하게 하소서!

   저에게 대항할 힘을 주시고, 참아낼 인내를 주시고, 지속적으로 참아내게 하여 주십시오.

   이 세상의 모든 위안 대신에 당신의 달콤한 성령의 기름을 부어 주시고, 육체적인 사랑 대신에 당신이라는 이름의 사랑을 제 영혼 깊숙이 보내 주십시오.

4. 보고, 먹고, 마시고, 입고, 그리고 육체가 필요로 하는 그 모든 것은 불붙은 영적 생활에는 짐만 됩니다.

   육체의 필요한 것을 조화롭게 사용하게 하여 주시고 그것들을 지나치게 탐하여 혼란스럽지 않게 하여 주십시오.

그런 것들은 우리가 인간으로서 생명을 부지하는 한 완전히 버릴 수는 없습니다. 단지 쾌락을 위해 지나치게 탐하지 못하도록 당신의 거룩한 법으로 통제하는 것입니다. 왜냐하면 완전히 금하면 육신이 영혼을 거스르기 때문입니다. 간구 하옵나니 당신께서 이것들 사이에서 적절히 조절하시고 감독하시어 정도를 넘지 않게 하여 주십시오.

chapter 27

이기적 사랑의 사악함

The Evil of Self-Love

1. 자녀들아, 너희가 모든 것을 얻기 위해서는 모든 것을 주어야 하고, 나를 사랑한다면 너희는 너희 자신을 송두리째 내놓아야 한다.
이기적인 사랑은 이 세상의 그 어떤 것보다 더 해롭다는 것을 알아라.
너희가 그것들을 애착하는 정도에 따라, 크든 작든 너희에게 집착하고 또 너희를 붙잡는다.
너희의 사랑이 순수하고, 소박하고, 절제된 것이라면, 너희는 세상의 그 어떤 굴레에서 해방될 것이다.

눈은 몸의 등불이니 그러므로 네 눈이 성하면 온 몸이 밝을 것이요. (마 6:22)

너희는 불법적인 그 어떤 것도 가지려는 욕망을 버려라. 너희를 숨기려하거나 내면의 자유를 빼앗아 가는 그 어떤 것도 구하지 말라.
너희가 가지려고 하고 바라는 모든 것을 너희 온 마음을 다해 전적으로 나에게 맡기지 않다니 참으로 이상한 일이다.

2. 왜 너희는 헛된 슬픔으로 너희 자신을 망가뜨리고 있는가?
어찌하여 너희는 쓸데없는 걱정으로 너희 자신을 지쳐버리게 하는가?
나의 선한 기쁨을 따르면 어떤 손해도 없을 것이다.
너희 자신의 유익과 쾌락을 즐기기 위해 이것저것을 찾아 헤매고, 이곳저곳을 기웃거리면 결코 휴식이 없을 것이며 근심만이 있을 것이다. 왜냐하면 너희가 찾는 그 어떤 것이든지 너희를 만족시킬 수 없으며 어디를 가든지 너희를 반대하는 자를 만날 것이기 때문이다.

3. 너희에게 유익한 것은 세상 것을 얻어서 그것을 부풀리는 것이 아니라 너희 마음에서 그것들을 멀리하고 뿌리 뽑는 것이다.
이것은 단지 돈과 재산만을 말하는 것이 아니라 세상과 함께 순식간에 사라지고 없어질 명예욕과 헛된 칭찬을 말하는 것이다.
열정이 없다면 어느 장소도 만족스럽지 않다. 세상 것으로부터 오는 어떤 평화도 마음의 진실한 기초가 없다면 오래가지 못한다. 그렇다고 너희가 장소를 바꾼다 할지라도 너 자신에게 더 좋아질 것은 없다.
새로운 상황이 일어난다 할지라도 너희가 전에 싫어서 피했던 그와 같은 것을 또 만나게 될 것이다. 아니 그보다 더 한 것을 만나게 될 것이다.

정결한 마음과 지혜를 구하는 기도

4. 성령의 은총을 내려 저를 강건하게 하소서.

주의 구원의 즐거움을 내게 회복시키시고 지원하는 심령을 주사 나를 붙드소서. (시 51:12)

저에게 내적 자아를 강건하게 하는 은총을 내려 주시고 모든 쓸데없는 근심과 고뇌를 버리게 하십시오.

그 영광의 풍성을 따라 그의 성령으로 말미암아 너희 속사람을 능력으로 강건하게 하옵시며. (엡 3:16)
그러므로 내일 일을 위하여 염려하지 말라 내일 일은 내일 염려할 것이요 한 날 괴로움은 그날에 족하니라. (마 6:34)

그래서 저에게 그것이 가치가 있거나 없거나, 무엇에든지 흔들리지 말게 하시고 모든 것을 한낱 지나가는 것으로 여기고 또한 그것들과 함께 저 자신도 사라져갈 것이라는 것을 가르쳐 주십시오.
해 아래 영원한 것은 없으며 모든 것은 헛되고 속상한 일뿐입니다. 이러한 생각을 하는 사람들은 얼마나 지혜로운 사람들인가요?

5. 주님, 하늘의 지혜를 주시어 하늘의 것을 찾고 또 만나는 법을 배우게 하시며, 하늘의 것을 사랑하고 맛보아 즐기게 하시며, 당신의 지혜 안에서 정하고 실질적으로 존재하는 다른 모든 것들을 이해하는 법을 배우게 하십시오.

내가 해 아래서 행하는 모든 일을 본즉 다 헛되어 바람을 잡으려는 것이로다. (전 1:14)
나는 내 마음에 이르기를 자, 내가 시험적으로 너를 즐겁게 하리니 너는 낙을 누리라 하였으나 본즉 이것도 헛되도다. (전 2:1)

저에게 아첨하는 사람들을 슬기롭게 피할 수 있는 은총을 주시고, 저를 반대하는 자들을 인내로서 참게 하여 주시옵소서. 어떤 간사한 말에도 넘어가지 않는 것과 거짓 아첨 소리에 귀 기울이지 않는 것은 큰 지혜입니다. 이렇게 하여야 저는 제가 시작했던 이 고난의 길을 무사히 갈 수 있을 것입니다.

chapter 28

중상모략 무시하기

Disregarding Slander

1. 자녀들아, 만일 누군가가 너희에게 비호의적으로 대하더라도 슬퍼하지 말고 너희가 아무것도 듣지 못했던 것처럼 말하라.

비방을 들은즉 권면하니 우리가 지금까지 세상의 더러운 것과 만물의 찌끼 같이 되었도다. (고전 4:13)

너희는 너희 자신이 더 나쁘다는 것으로 여기고 또한 너희 자신보다 더 나쁜 사람이 없다는 것을 생각하기 바란다.

너희가 성령 안에 거하면 그런 지나가는 말에는 신경이 쓰이지 않는다. 비난의 소리가 들려올 때 침묵하고, 너희 자신만을 바라보며, 인간의 판단에 휘둘리지 않는 것이 매우 중요하다.

보라 네게 노하던 자들이 수치와 욕을 당할 것이요 너와 다투는 자들이 아무 것도 아닌 것 같이 될 것이며 멸망할 것이라. 네가 찾아도 너와 싸우던 자들을 만나지 못할 것이요 너를 치는 자들은 아무것도 아닌 것 같이 허무한 것 같이 되리니. (사 41:11~12)

2. 다른 사람이 말하는 것에 너희의 마음이 흔들리지 않기 바란다. 너희가 하는 일에 대해 그 사람들이 좋게 생각하든지 나쁘게 생각하든지 너희는 그로 인해 너희 자신이 바뀌는 것이 아니기 때문이다.

너는 원래 너이기 때문이다.

어디에 진정한 평화와 영광이 있는가? 그것들이 내 안에 있지 않은가?

> 이것을 너희에게 이름은 너희로 내 안에서 평안을 누리게 하려함이라 세상에서는 너희가 환난을 당하나 담대하라. 네가 세상을 이기었노라 하시니라. (요 16:33)

다른 사람들을 기쁘게 하려 하지도 않고 그들이 불쾌하게 여기는 것을 신경쓰지 않는 사람들은 많은 평화를 누릴 것이다.

모든 마음의 불안과 정신적 고뇌는 지나친 애정과 쓸데없는 두려움 때문에 일어나는 것이다.

chapter 29

고통의 시기에 하나님을 찾음

Seeking God in Time of Distress

1. 주님, 영원히 당신의 이름을 축복합니다. 세상의 유혹과 고통은 제가 어차피 겪어야 할 것이라는 것이며, 그것은 당신의 뜻이기에 저는 그 고통을 피하지 않을 것이며 오히려 당신께로 달려 갈 것입니다. 그래서 당신의 도움을 받을 것이고 그것은 좋은 것으로 바꾸어지게 될 것입니다.

주님, 저는 지금 곤란을 겪고 있으며 제 마음은 불안합니다. 왜냐하면 저는 지금 현재 저의 정욕으로 인해 크게 지쳐있습니다.

사랑하시는 아버지! 제가 무슨 말씀을 하오리까?

제가 궁지에 몰렸으니 여기서 저를 구하여 주옵소서.

> 지금 내 마음이 민망하오니 무슨 말을 하리요 아버지여 나를 구원하여 이 때를 면하게 하여 주옵소서. 그러나 내가 이를 위하여 이 때에 왔나이다.
>
> (요 12:27)

그러나 이런 이유로 제가 지금 이때에 여기에 있는 것이고 그래서 저의 가장 비천한 상태에서 구원하시고 당신에 의해 구원받음으로 당신은 영광을 받기 위함인 것입니다.
주님, 저를 구원하여 당신의 기쁨이 되게 하소서. 가련하고 불쌍한 제가 당신 없이 무엇을 할 수 있으며 당신 없이 어디로 간단 말 입니까?

나는 가난하고 궁핍하오나 주께서는 나를 생각하시오니 주는 나의 도움이시오 건지시는 자시라 나의 하나님이여 지체하지 마소서. (시 40:17)

주님, 다시 한 번 인내를 주십시오. 하나님, 저를 도와주소서. 어떠한 어려움이 다가와도 두렵거나 겁내지 않겠습니다.

2. 제 상황이 이럴진대 무슨 말을 하오리까?

주님, 당신의 뜻이 이루어지이다. 제가 괴로움을 당하거나 슬퍼하는 것은 마땅한 일입니다.
나는 반드시 괴로움을 참아낼 것이고 폭풍이 지나가고 상황이 좋아질 때까지 인내를 가지고 버티어 낼 것입니다!
그러나 당신의 손만이 이 시련에서 저를 건져낼 수 있으며 폭력에서 구하여 줄 수 있습니다. 그래서 저는 당신이 전에도 그렇게 저에게 했듯이 그 시련의 늪에 빠지지 않을 것입니다.
오, 하나님 자비를 베푸소서!
저에게 시련이 심하면 심할수록 당신은 그 시련을 더 쉽게 이기게 해주십니다. 제가 구원되었을 때 이렇게 말하렵니다.
"지극히 높으신 분의 정의로운 손이 저를 구원하였도다!"

chapter **30**

회복된 은총의 신뢰

Confidence of Grace Restored

1. 자녀들아, 나는 환난 날의 피난처를 보내주는 주로다.

여호와는 선하시며 환난 날의 산성이시라 그는 자기에게 의뢰하는 자들을 아시니라. (나훔 1:7)

너희에게 무슨 일이 잘 안 되거든 나에게 오라.

수고하고 무거운 짐진 자들아 다 내게로 오라 내가 너희를 쉬게 하리라. (마11:28)

무엇보다도 너희가 하늘의 위로를 받지 못하는 것은 너무 늦게 기도하기 때문이다.
너희는 나에게 진심으로 기도하기 전에 세상 속에서 여러 가지 다른 위안과 새로운 것을 찾으려 하기 때문이다.
너희가 진정으로 그 어려움에서 구출해 줄 수 있는 유일한 존재가 나라는 생각이 들 때까지는 너희가 하는 무슨 일을 해도 다 소용이 없을 것

이다. 나를 떠나서는 효과적인 도움도 없을 것이고 유익한 자문도 없고, 영구적인 처방도 없을 것이다.

이제 시련의 폭풍우가 지나갔으니 내 은총의 빛으로 다시 강건해지거라. 나는 너를 도우는 손이요, 모든 것을 회복시켜 주는 손이다. 그것도 전에 주었던 것보다 훨씬 더 많이 너에게 채워줄 것이다.

2. 내가 못할 일이 있겠는가? 내가 약속만 하고 실행은 안 할 것 같으냐?

여호와께서 능치 못한 일이 있겠느냐 기한이 이를 때에 내가 네게로 돌아오리니 사라에게 아들이 있으리라. (창 18:14)

너희의 믿음이 어디 있는가?

인내를 가지고 굳세게 견뎌라.

용기를 가지고 용기 있는 사람이 되어라.

때가 되면 위로가 찾아올 것이다.

나를 기다려라. 기다려라! 내가 와서 너를 치료해 주겠다.

너희를 근심되게 하는 것은 단지 유혹뿐이고 너희를 떨게 하는 것은 헛된 두려움일 뿐이다.

장차 무슨 일이 일어날지 왜 그리 걱정이 많은가? 슬픔에 슬픔만을 더할 뿐이다. "그 날 괴로움은 그 날로 충분하다."

그러므로 내일 일을 위하여 염려하지 말라. 내일 일은 내일 염려할 것이요 한 날 괴로움은 그 날에 족하니라. (마 6:34)

향후 무슨 일이 일어날지 모르는 장래의 일을 가지고 마음이 심란해지거나 호들갑을 떠는 것은 헛되고 쓸데없는 일이다.

3. 그런 상상력에 현혹되는 것이 인간의 본성이기는 하지만 사탄들의 순간적인 제안에 그리 쉽게 넘어간다는 것은 아직 우리의 영혼이 나약하다는 증거이다.

사탄이 사실을 가지고 너희를 속이든, 거짓을 가지고 속이든 사탄은 상관하지 않는다. 현재 너희가 좋아하는 것으로 속이든 장차 닥칠 공포로 속이든 상관하지 않는다.

너희는 마음에 근심 하지 말라. 하나님을 믿으니 또 나를 믿으라. (요 14:1)

나를 믿고 나의 자비를 신뢰하여라.

너희가 나를 멀리 떠나 있다고 생각할 때에 나는 항상 너희와 가까이 있을 것이다.

너희가 모든 것을 잃어버렸다 생각할 때에 가장 커다란 성공이 너희를 기다리고 있을 것이다.

너희 뜻대로 되지 않는다고 모든 것이 망한 것이 아니다.

그 원인이 어디에서 왔는지 잘 따져보지도 않고 마치 모든 희망이 사라져버린 것처럼 그때그때의 감정대로 판단해 거기에 빠져 고민해서는 안 된다.

4. 내가 잠시 동안 너희를 어떤 어려움에 처하게 했다고 해서 또 너희가 그토록 좋아하는 것을 거두어갔다고 해서 너희가 나로부터 버림받았다고 생각하지 말라. 왜냐하면 이것이 하늘나라로 가는 방법이기 때문이다.

의심의 여지가 없이 너희가 바라는 대로 모든 것이 이루어지기보다는 시련으로 단련 받는 것이 너희와 너희 종들에게 유익한 것이다.

나는 너희가 무엇을 생각하는지 잘 안다. 너희가 가끔 영적 즐거움이 없이 내버려두는 것이 너희 구원에 도움이 된다는 것을 나는 안다. 그래야 너희가 성공했다고 우쭐되거나 너희 본연의 자신보다 더 대단한 존재로 여기지 않을 것이기 때문이다.

내가 준 것을 나는 거두어 오게 할 수도 있고 마음먹으면 다시 돌려 줄 수도 있다.

5. 내가 준 것은 아직도 내 것이며, 내가 가져간다고 해도 너희가 소유한 모든 것을 가져간다는 것은 아니다. 왜냐하면 모든 선하고 완전한 선물은 아버지께로부터 내려오기 때문이다.

> 각양 좋은 은사와 온전한 선물이 다 위로부터 빛들의 아버지께로서 내려오나니 그는 변함도 없으시고 회전하는 그림자도 없으시니라. (약 1:17)

내가 근심거리나 걱정거리를 준다 해도 두려워하거나 낙심하지 말라.

나는 다시 너희를 그것들로부터 해방시킬 것이며 모든 너희 걱정거리를 즐거움으로 바뀌게 할 수 있기 때문이다.

내가 이런 식으로 너희들을 다룬다 하더라도 나는 의로우며 찬송 받아 마땅한 자이다.

6. 만일 너희가 이것이 올바르고 현명하다고 생각한다면 어떤 시련이 닥쳐도 슬퍼하거나 낙심하지 말고 오히려 기뻐하고 감사하게 생각하여야 한다.

그렇다. 내가 너희를 슬퍼하도록 놔두고 너희를 아끼지 않는다 해도 너희는 이것을 너희의 특별한 즐거움으로 여겨야 한다.

"아버지가 나를 사랑하신 것처럼 나도 너희를 사랑하노라." 나는 내 제자들에게 말하였다.

> 아버지께서 나를 사랑하신 것 같이 나도 너희를 사랑하였으니 나의 사랑 안에 거하라. (요 15:9)

내가 제자들을 보낸 것은
잠시의 즐거움을 위해서가 아니라 커다란 싸움을 위해서이고
명예를 위해서가 아니라 멸시 받게 하려고
편하게 지내기보다는 고생하게 하려고
휴식을 취하기보다는 인내로 많은 열매를 얻게 하려함이었던 것이다.
나의 자녀들아, 이 말을 명심하여라.

chapter 31

창조주를 위하여 세상 것을 버림

Leaving the Creature for the Creator

1. 주님, 만일 다른 사람이나 그 외 어떤 것들로 인해 내가 방해받는다고 생각 안 하는 경지에 들어서려면 저는 당신의 큰 은총이 필요합니다. 무엇인가 등 뒤에서 저를 잡아당기는 것이 있는 한 저는 자유롭게 당신께 달려갈 수가 없습니다.

"아, 내가 새처럼 날개가 있었으면 당신께로 날아가 쉬렵니다."하고 말하면서 당신께 달려가고 싶었던 사람은 바로 접니다.

맑은 눈을 가진 사람보다 더 건강한 사람이 누구입니까? 이 세상에서 아무것도 소유하지 않으려는 사람보다 더 자유로운 사람이 누구입니까?

눈은 몸의 등불이니 그러므로 네 눈이 성하면 온 몸이 밝을 것이요. (마 6:22)

우리는 모든 창조물 위에 서야 하며 또한 우리 자아를 버려야만 합니다. 모든 만물의 창조주이신 당신, 피조물 가운데 비교할 만한 대상이 없는 당신을 그저 무아지경으로 바라보아야 합니다.

우리가 피조물이라는 것에서 벗어나지 않는 한 우리의 목표를 당신이 원하는 것에 자유롭게 둘 수가 없습니다.

이것이 묵상 생활을 하는 사람이 적은 이유입니다. 왜냐하면 사라져 없어질 피조물에서 자신이 온전히 벗어날 방법을 아는 사람이 적기 때문입니다.

2. **영혼을 이 세상에 두지 않고 하늘에 두고 그것을 계속 유지하는 것은 하늘의 은총이 필요합니다.**

우리의 정신을 하늘에 두고 피조물에 의지하는 육욕의 욕심에서 자유로워져서 전적으로 하나님과 하나가 되지 않는 한, 우리가 안다고 하는 것이나, 우리가 가진 것이 아무리 많다 해도 아무 가치가 없는 것입니다.

무한하시고 영원하신 선한 당신 외에 다른 그 어떤 것을 존중한다고 따르는 사람들은 비천하게 되고 낙심만이 계속될 것입니다.

하나님이 아닌 그 무엇이나 아무것도 아니며 사상누각에 불과한 것으로 여겨야 합니다.

식견을 가졌다는 자의 지혜와 믿음이 신실한 자의 지혜는 커다란 차이가 있습니다. 학교에서 배웠다는 지식과 성직자의 지식과는 커다란 차이가 있습니다.

인간적인 생각으로 얻어낸 지식보다 신의 영감을 받아 하늘의 법에 의해 운행되는 지식이 훨씬 더 가치가 있습니다.

3. 많은 사람들이 묵상기도를 원하나 그것을 실천하기는 어렵습니다.
우리는 우리가 느끼는 어떤 표적이나 사물에만 의존하고, 완전한 고행을 꺼리는 것이 커다란 장해물인 것입니다.
우리는 기도를 어떻게 하는지 모르고 있으며, 우리가 어떤 영에 의해 인도되는지도 모르며, 우리가 무엇을 추구하는지도 모릅니다. 우리는 그저 영적이며 영험스럽다고 불리기를 바라는데 우리는 덧없고 하찮은 것에 대한 걱정거리로 가득하고 그것들에 의한 고통에 시달리고 있습니다. 또한 우리의 본연의 내적 생활에 대한 것을 생각하기 위해서 충분히 우리의 감각을 모으는 일은 좀처럼 하지 않습니다.

4. 이 얼마나 슬픈 일입니까? **우리의 마음 안에서 잠시 하나님께로 향하는 듯 하다가 우리는 다시 세상으로 달려가며** 우리가 하는 일을 엄격한 잣대로 재는 것에 실패를 합니다.
우리는 우리의 사랑이 어디에 있는지 관심도 없고, 동기의 불순함에 대하여서도 깊은 반성의 빛을 나타내지 않습니다.
"세상이 부패하고 타락하였도다. 모든 육신이 세상 위에 부패하고 타락하였구나." 그래서 대홍수가 일어난 것입니다.

하나님이 보신즉 땅이 패괴(悖壞 부서지고 무너짐)하였으니 이는 땅에서 모든 혈육 있는 자의 행위가 패괴함이었더라. (창 6:12)

우리의 내적 사랑이 부패되면 그것으로 나오는 우리의 행동도 부패되는 것은 피할 수 없는 것이며 이것은 우리 내적 정신적 빈곤함의 증거가 되는 것입니다.
정결한 마음에서 선한 생활의 열매가 열립니다.

경계의 목적은 청결한 마음과 선한 양심과 거짓이 없는 믿음으로 나는 사랑이거늘. (딤전 1:5)

5. 우리는 사람들에게 무엇을 했냐고 묻는 경향이 있는데 무슨 동기에서 그것을 했는지에 대해서는 주의 깊게 고려하지 않습니다.

   우리는 그들이 힘이 세고, 재산이 많은지, 얼마나 잘 생겼는지, 글은 잘 쓰는지, 노래는 잘하는지, 일은 잘하는지를 묻습니다. 그러나 영적으로 얼마나 가난한지, 얼마나 인내심이 있는지, 얼마나 신실한지, 얼마나 헌신적인지, 얼마나 영적인지는 좀처럼 묻지 않습니다.

   본성은 사람의 외적인 것을 중시하고 은총은 사람의 내적인 것에 주의를 기울입니다.

   본성은 자주 착각하여 속지만 은총은 전적으로 하나님을 믿으니 속는 일이 없습니다.

chapter 32

우리 자신을 포기함

Renouncing Ourselves

1. 자녀들아, **너희가 너희 자신을 완전히 포기하기 않으면 진정한 자유를 누릴 수 없느니라.**

이기심과 자기애에 의해 지배되는 모든 사람들은 자신의 욕망에 사로잡힌 자들이다. 그들은 소유를 갈망하고, 호기심이 많으며, 불안정하다. 또한 항상 자기의 편함을 구하고 예수 그리스도가 원하는 것을 구하지 않는다. 그들은 오래가지 못할 것들을 계획하고 궁리한다.

하나님의 것이 아닌 모든 것들은 다 없어질 것들이다.

다음의 짧고도 완벽한 말을 명심하라.

"**모든 것을 버리면 모든 것을 얻으리라.** 모든 육적인 욕망을 버려라. 그러면 너희는 안식을 얻을 것이다."

생즉사 사즉생 (生卽死 死卽生)

멸집(滅執, 집착을 없애는 것)

집착을 버려라. 놓아라. 비워라.

비우면 채워지고, 놓으면 잡히며, 버렸을 때 전체를 잡을 수 있다.

텅 비면 충만하다.

내가 한 말을 마음에 새겨라. 너희가 그것을 실천하면 그것이 무슨 의미인지 충분히 이해하게 될 것이다.
주님, 이런 일들이 하루아침에 될 수 있는 일도 아니요, 애들 장난도 아니잖습니까! 그보다는 이 짧은 말에 신앙의 모든 완벽함이 포함되어 있는 것입니다.

2. 자녀들아, 너희가 하나님께로 가는 완전한 이 말을 듣고서 낙담하거나 하나님에게서 멀어져서는 안 된다. 그보다는 마음을 다시 부여잡고 하나님께로 가야 하며 최소한의 진정한 갈망으로 그것들을 간절히 바라야 한다.
너희가 더 이상 사사로운 감정에 이끌리지 않는 경지에 들어서게 될 때 비로써 나의 말과 너희 아버지로서 내가 보낸 그 사람의 말을 받을 준비가 되어 있는 것이다. 그러면 너희는 나를 크게 반길 것이요 너희의 삶이 즐겁고 평안하게 될 것이다.
너희는 아직 버려야 할 것이 많은데 그것들을 전부 버리지 않는다면 너희가 원하는 것을 얻을 수가 없다.
"너희가 부자가 되기 위해서는 내게서 불로 연단된 금을 사기를 권하노라." 이 말은 곧 세상의 모든 낮은 것들을 천하게 여기라는 하늘의 지혜의 말인 것이다.

내가 너를 권한노니 내게서 불로 연단된 금을 사서 부요하게 하고. (계 3:18)

세상의 지혜를 좇지 말고, 다른 사람들이나 너 자신을 즐겁게 하려고

애쓰지 말라.

3. 내가 말하노니 인간의 눈으로 보기에 값어치 있어 보이고 귀하게 여기는 것들을, 쓸모없고 무가치하다고 마음이 바뀌어야 한다.
많은 사람들은 하늘의 진정한 지혜가 가치가 없고 한심하다고 여긴다. 그 자체의 높은 뜻을 가지려고도 안 하고 세상에서 넓게 찾으려고도 하지 않는다. 그래서 그것은 인간들 사이에서 거의 잊혀졌다. 많은 사람들은 입술로는 그 지혜를 찬송하나 그들의 삶 속에서 그것을 멀리한다. 그러나 그 지혜는 많은 사람들에게서 감춰진 보석 같은 것이다.

chapter 33

변덕스런 마음

Inconstancy of Heart

1. 자녀들아, **너희의 감정대로 행동하지 말라**(너희 성질대로 살지 말라). 왜냐하면 지금의 감정은 금방 바뀌어 질 것이다.

   너희가 살아가는 동안 너희 뜻에 반해서 일어나는 어쩔 수 없는 다음과 같은 변화를 겪게 될 것이다.

   어떤 때에는 영적으로 충만 되어 있기도 하고 슬프기도 하며, 지금은 평안하지만 어떤 때는 고통스럽고, 지금은 헌신적이지만 또 어떤 때는 냉담해지고, 지금은 부지런하지만 또 게을러지고, 지금은 심각해지기도 하고 또 명랑해지기도 한다.

   그 발생함이 꽃과 같아서 쇠하여지고 그림자같이 신속하여서 머물지 아니하거늘. (욥 14:2)

   현명하거나 영적인 훈련이 잘된 사람들은 그들이 느끼는 감정이 무엇이든지 바람이 어디서 불어와서 어디로 가는지 개의치 않고 그들의 영혼이 지향하는 바 그 목적에 집중하여 이러한 변화 속에서도 흔들리지 않는다.
나를 향한 일편단심만이 그 많은 변화 속에서도 흔들리지 않고 계속해서 갈 수 있는 것이다.

2. 너희가 지향하는 눈이 맑으면 맑을수록 너희가 통과해야할 많은 여러 가지 풍파 속에서 더욱 지속될 수 있을 것이다.

눈은 몸의 등불이니 그러므로 네 눈이 성하면 온 몸이 밝을 것이요. (마 6:22)

그러나 많은 경우 순수했던 지향의 눈이 어두워지며 어떤 새뜻한 것을 만나면 눈을 그리로 돌리고 만다.
자기본위(이기적인 자기만의 주장)의 흠이 없는 사람을 찾아내기란 좀처럼 쉬운 일어 아니다.
옛날 유대 사람들이 베다니의 마르다와 마리아를 찾아왔던 것은 - 예수만을 위한 것이 아니라 나사로를 보려는 것이었다.

유대인의 큰 무리가 예수께서 여긴 계신 것을 알고 오니 예수만 위함이 아니요 죽은 자 가운데서 살리신 나사로도 보려함이로다. (요 12:9)

그러므로 지향하는 눈이 맑아야만 한다. 그래서 오로지 나만을 향해서 모든 변화하는 것들을 초월하여 바라보아야 할 것이다.

chapter 34

하나님 사랑의 달콤함

The Sweetness of God' s Love

1. 자 보라, **나의 하나님 나의 모든 것이여!** (My God and my all!)

   만물을 저에게 복종하게 하신 때에는 아들 자신도 그때에 만물을 자기에게 복종케 하신 이에게 복종케 되리니 이는 하나님이 만유의 주로서 만유 안에 계시려 함이라. (고전 15:28)

이 말씀보다 무엇을 더 구하며 그 어떤 커다란 행복을 더 추구한단 말입니까?

이 얼마나 달콤하고 기쁜 말씀인가요! 그러나 그 말씀은 하나님을 사랑하는 사람들의 것이지, 세상 것들을 사랑하는 사람들에게는 해당되지 않는 말입니다.

"My God and my all!" 이 말씀을 알아듣는 자에게는 이 말씀은 모든 것을 품는 것이요 이 말씀을 되뇌고 또 되뇌는 것은 당신을 사랑하는 자에게 즐거운 일입니다.

당신이 계시면 모든 것이 즐겁습니다. 그러나 당신이 없으시면 모든 것은 슬픔과 짜증으로 변합니다.

당신은 제 마음의 고요와 평안을 주시고 참 평화와 기쁨을 주십니다. 당신으로 인하여 우리는 모든 일에 즐거워하며, 당신을 찬송합니다. 당신이 없으면 영원한 기쁨을 가져다 줄 수 있는 것은 없습니다. 만일 어떤 일이 즐겁고 고맙고 은혜가 넘쳐흐른다면 그것은 당신의 은총이 내려진 것이요 또한 당신의 지혜가 함께하는 것입니다.

2. 당신의 진정한 기쁨을 가진 자들에게 어떤 것이 즐겁지 않은 것이 있겠습니까?

당신을 희망으로 삼지 않는 자들에게 어떤 즐거움이 있을 수 있겠습니까?

세상에 대해 지혜롭다는 자들과 육신의 것을 탐하는 자들에게는 당신의 지혜가 없습니다. 세상의 지혜라는 것은 허무하고 공허한 것입니다. 또한 육신을 탐하는 것은 죽음 그 자체입니다.

육신을 좇는 자는 육신의 일을 영을 좇는 자는 영의 일을 생각하노니.

(롬 8:5)

그러나 세상 것을 천히 여기고 육신의 행위를 사망으로 여기고 당신을 따르려는 사람들은 참으로 현명하고 지혜로운 자들입니다. 왜냐하면 그들은 헛된 것에서 참으로, 육신에서 영으로 구원되었기 때문입니다. 이런 사람들은 하나님의 맛을 아는 사람들이며, 피조물에서 찾아낸 모든 좋은 것들은 그것을 만드신 이를 찬양하려는 것일 뿐입니다.

또한 창조주가 만든 맛의 달콤함과 피조물의 달콤함은 크게 다릅니다. 전자는 영원의 맛이요 후자는 일시적인 맛이며, 전자는 광명이요 후자는 어둡입니다.

3. 영원한 빛, 모든 세상의 빛보다 더 밝은 빛이여! 내 심장의 가장 깊숙한 곳을 관통하도록 당신의 빛줄기를 비추소서!

여호와는 나의 빛이여 나의 구원이시니 내가 누구를 두려워하리오. 여호와는 내 생명의 능력이시니 내가 누구를 무서워하리오. (시 27:1)

당신의 능력으로 제 영혼을 정결케 하시고, 기쁘게 하시고, 일깨워 주시고, 자극을 줘 새롭게 하여 주소서. 그래서 충만한 기쁨으로 당신께 빨리 달려가게 하소서!

언제 그런 은혜롭고 바라던 날이 오겠습니까? 언제 당신이 제 안에 들어와 저를 충만케 하시고, 당신이 저의 모든 것이 될 때가 오겠습니까? 이런 일이 저에게 허락되지 않는 한 저에게는 완전한 기쁨이란 없습니다. 아직도 제가 옛 모습으로 살고 있다는 것이 얼마나 슬픈 일입니까? 옛사람을 십자가에 못 박게 하시고 완전히 저에게서 떠나가게 하소서!

우리가 알거니와 우리 옛사람이 예수와 함께 십자가에 못 박힌 것은 죄의 몸이 멸하여 다시는 우리가 죄에게 종노릇 하지 아니하려 함이니. (롬 6:6)

옛사람은 아직도 당신이 주신 정결한 정신을 거슬러 맹렬히 저를 유혹하고, 내 마음 속에 분란을 일으키며, 내 영혼의 평화를 허락하지 않고 있습니다.

육체의 소욕은 성령을 거스리고 성령의 소욕은 육체를 거스리나니 이 둘이 서로 대적함으로 너희의 원하는 것을 하지 못하게 하려 함이니라. (갈 5:17)

4. 그러나 바다의 파도를 일으키시며 그 파도를 잠재우시는 당신이시여 일어나 저를 도우소서!

저를 괴롭히는 자들을 흩어지게 하시고, 당신의 힘으로 그들이 박살나게 하여 주십시오.

당신의 위대함을 보여주소서! 간구 하옵나니 당신의 오른손이 영광 받으소서. 주 하나님 당신만이 저의 희망이요 피난처이십니다.

유혹의 확신

The Certainty of Temptation

1. 자녀들아, 너희는 결코 이 세상에 사는 동안 평안히 살 수 없다. 그래서 너희가 세상에서 살 동안 너희에게는 항상 영적 무기가 필요한 것이다. 너희는 적들과 함께 살고 있고 그들의 공격은 여기저기 사방에서 들어온다.

만일 너희가 인내의 방패로 여기저기서 들어오는 공격을 방어하지 않는다면 너희 몸에 상처가 마를 날이 없을 것이다.

더구나 만일 너희가 나를 위해서 모든 것을 인내로 참아내겠다는 확고한 의지로 너희 마음을 강하게 잡아두지 않으면 너희는 이 전쟁의 화마에서 견뎌낼 수 없고 승리의 면류관도 얻지 못할 것이다.

그러므로 너희는 모든 것을 용감하게 헤쳐 나가고, 너희에게 저항하는 것은 무엇이나 강한 손으로 무찔러야 한다.

극복하는 자에게는 하나님의 만나를 줄 것이요, 그렇지 않은 천성적으로 게으른 자에게는 많은 슬픔이 있을 것이다.

2. 만일 너희가 이 세상에서 안식을 찾으려고 한다면, 어떻게 너희가 영원한 안식에 이를 수 있겠는가?
너희는 이곳에서 많은 안식을 구하려하지 말고, 그보다는 인내를 구하여야 한다.
진정한 평화를 이 땅이 아닌 하늘에서 구하라. 진정한 평화란 죽어 없어질 인간이나 다른 피조물에 있는 것이 아니라 오직 하나님에게만 있는 것이다.
하나님의 사랑을 위해서는 모든 것을 즐겁게 받아들이기 바란다.
- 즉 **수고와 슬픔, 시련, 유혹, 원통함, 화남, 궁핍함, 질병, 모욕감, 중상, 비난, 굴욕, 수치, 징계와 멸시** 등이다.
이런 것들은 다 덕을 이루는 것이다. 또한 예수의 젊은 군병들이 겪어야 할 시험들인 것이다. 이런 것들이 하늘의 면류관을 만드는 것이다.
나는 너희의 작은 수고에도 영원한 상급을 줄 것이며, 잠시 동안의 모멸감에도 무한한 영광으로 보답할 것이다.

3. **너희는 너희가 구할 때마다 항상 영적 위안을 받는다고 생각하느냐?**
내가 알고 있는 성인들도 늘 그렇게 위안을 받지는 못했다. 오히려 그들은 많은 유혹과 괴로움과 혹독한 시련을 당하였던 것이다.
그러나 그들은 장차 우리에게 보여줄 영광에 비하면 지금 우리가 겪고 있는 고난은 아무것도 아니라는 것을 아는 고로 자신을 믿기보다는 하나님께 의지하면서 자신들은 참아왔던 것이다.

현재의 고난은 장차 우리에게 나타날 영광과 족히 비교할 수 없도다.

(롬 8:18)

많은 사람들의 눈물과 수고로 겨우 얻어낸 것을 너희는 한 번에 얻으려 하는가?

주님을 기다리라. 너희 자신을 강건하게 하고 용기를 가지기 바란다. 믿음을 잃지 말고 너희 자리를 지키고 뒤로 돌아가지 말라. 하나님의 영광을 위하여 너희 몸과 마음을 확실하게 내려놓으라.

내가 주체할 수 없는 복을 줄 것이요, 나는 항상 너희가 겪는 모든 시련 중에 항상 함께 있을 것이다.

chapter **36**

다른 사람들의 헛된 판단에 대하여

Against the Vain Judgements of Others

1. 자녀들아, **너희 마음을 단단히 주님께 기대고 쉬어라. 너의 양심이 본분을 지키었고 아무 거리낌이 없다면 다른 사람들의 판단에 대하여 두려워하지 말라.**

다른 사람들의 그런 말들을 참아낸다는 것은 잘하는 일이며 축복받은 것이다. 그 자체보다 하나님을 더 믿는다는 겸손한 마음에 더 이상의 슬픔은 없을 것이다.

사람들은 너무 많은 말을 하고 이 때문에 그들의 말에 신뢰도가 떨어지는 것이다.

모든 사람들을 다 만족시킬 수는 없다.

비록 사도 바울이 주안에서 모든 사람들을 기쁘게 하려 하고 모든 사람들에게 그 자신이 모든 것이 되었지만, 사람들에게 심판받아야만 했던 것은 그에게는 하나도 문제가 되지 않았던 것이다.

2. 그는 다른 사람에게 복음을 전하고 구원을 위해 할 수 있는 일은 다했지만 가끔은 다른 사람들의 심판이나 멸시를 피할 수는 없었다.
그러므로 그는 모든 것을 아시는 하나님께 모든 것을 맡기고 부당한 고소와 근거 없는 거짓말을 말하고 생각하는 자들에 대항하여 인내와 겸손으로 자신을 방어했던 것이다.
그렇지만 때로는 자신을 변론하였고 때로는 침묵함으로 약자들이 상처받고 넘어지지 않도록 하였던 것이다.

3. **어차피 죽을 인생을 두려워하는 너는 누구냐? 오늘 있다가 내일 없어질 것들아!**
하나님을 두려워하라. 그러면 다른 사람들이 두렵지 않을 것이다.
다른 사람의 말과 모욕으로 인한 상처가 너희에게 얼마나 해를 입히겠는가? 그들은 너희보다는 그들 자신들이 더 상처를 받을 것이요 그가 누구이던지 하나님의 심판을 피할 수 없을 것이다.
너의 눈은 하나님을 바라보고 원망하는 말들로 싸우지 말라.
지금은 너희가 패배하고 수치를 당하는 것처럼 보일지라도, 그에 대해 불평하지 말라. 너의 조급함으로 인하여 너의 상급이 줄어들 것이다.
그보다는 눈을 들어 하늘에 있는 나를 바라보아라. 내가 모든 수치와 억울한 일에서 너를 구원하리니, 그들의 행실에 따라 모든 사람들에게 보상을 줄 것이다.

chapter 37

마음의 자유를 얻음

Obtaining Freedom of Heart

1. 자녀들아, **너희 자신을 버리면 너희는 나를 만나게 될 것이다.**
너희의 잘못된 가고자 하는 길과 자기의 아집을 포기한다면 너희는 항상 승자가 될 것이다.
너희가 너희 자신을 포기하면 할수록, 다시는 자신의 옛사람으로 돌아가지 않으면 않을수록, 더욱더 큰 은총이 있을 것이다.

"그렇다면 주님, 얼마나 자주 내 자신을 포기해야 되며 또한 제 자신을 버리는 방법이 무엇이 있을까요?"

항상 언제나 시시각각, 작은 것이나 큰 것이나 포기해라. 나는 아무것도 원하지 않는다. 단지 너 자신이 너의 모든 것에서 벗어나기만을 바랄 뿐이다.
너희가 내적이나 외적으로 너희 자신의 자아를 벗어던지지 아니하면 어떻게 너희가 나의 것이 되며 내가 너희 것이 되겠는가?

너희가 이 일을 빨리 성취하면 할수록 너희를 위해서 더욱 유익할 것이다.

너희가 더욱 충실하고 신실하게 그 일을 하게 되면 나는 너희로 인해 더욱 기뻐할 것이며, 더욱 큰 상이 주어지게 될 것이다.

2. 어떤 사람들은 자기 자신을 포기하면서 어떤 조건을 단다. 그것은 하나님을 전적으로 신뢰하지 않는다는 것을 의미한다. 그래서 자신들을 위해서 다른 대비책을 만드느라 분주하다.

처음에는 모든 것을 다 바친다는 사람도 있다. 그러나 나중에는 유혹에 빠져 이전 길로 돌아간다. 이래서는 가치 있는 길을 갈 수가 없는 것이다.

자신들을 완전히 포기하지 않고 매일 매일 자신을 나에게 제물로 바치지 아니하고는 그들은 순수한 마음의 진정한 자유를 얻을 수 없으며 나의 기쁨을 나눠 가질 수 있는 우정의 은총을 나눌 수 없을 것이다.

이러한 것이 없이는 그 어떤 열매 있는 일치된 것이 있을 수 없으며 또한 그 어떤 것도 없을 것이다.

3. 내가 너희에게 여러 번 이야기했고 지금도 같은 이야기를 하는데

너희 자신을 버려라.

너희 자신을 포기하라.

그러면 너희는 너희 마음의 평화를 누릴 것이다.

모든 것을 위해 모든 것을 주어라.

아무것도 찾지 말라.

아무것도 구하지 말라.

정결하게 살고 나에게 의지하라.

그러면 나를 소유하게 될 것이요 어두움이 너희를 이기지 못하리니 너희 마음에 평화를 갖게 될 것이다.

이것이 너의 온전한 목표가 되어라.

이것이 너의 기도가 되어라.

이것이 너의 간절함이 되어라.

너희의 모든 이기심을 벗어버린다면 너희는 숨김과 속임에서 자유로울 것이다. 그리고 분명하게 계시된 예수를 따를 수 있을 것이며 너희 자신을 죽이고 나를 위해서 영원히 살 수 있을 것이다.

그러면 모든 헛된 상상과 악한 환상과 쓸데없는 걱정 근심이 사라질 것이다. 또한 너를 억누르던 지나친 두려움도 너를 떠날 것이요, 무절제한 사랑도 없어 질 것이다.

chapter 38

우리의 일상생활의 현명한 처신

The Wise Conduct of Our Affairs

1. 자녀들아, 너희가 너희 내적 자유를 갖고 너희 자신의 주인이 되려면, 어느 장소에서나 너희의 어떤 모든 일에서나 어떤 행동을 하든지 근면과 성실함을 보여야한다. 이 모든 일이 주인이 너희라는 것을 명심하라.

너희는 너희 행동의 주체이자 주인이지 노예나 하인이 아니라는 것을 알아야 한다.

오직 하나님의 자녀로서 장자권과 자유를 얻은 자유인이자 진정한 히브리인이어야만 한다.
왜냐하면 그들은 이 세상을 뛰어 넘어 영원한 것을 생각하는 사람들이기 때문이다.
그들은 왼쪽 눈으로는 지상의 것을 바라보고 오른쪽 눈으로는 천상, 하늘의 것을 바라본다.
잠시 있다가 없어질 것에 집착하지 않고 오히려 그들은 지존하신 창조주 하나님에 의해 정하여지고 약속된 훌륭한 섬김에 대해 잠시 있다가 없어질 것을 이용해야 한다.

2. 만일 너희가 모든 것에 확고히 서서, 세상의 눈으로 또는 바깥에서 보고 들리는 것으로 판단하지 않는다면(무슨 일이 있으면 하나님의 음성을 듣기 위해 성막으로 들어갔던 모세처럼), 너희는 하나님의 말씀을 듣게 되고 현재와 미래에 대한 계시를 알게 될 것이다.

왜냐하면 모세는 항상 무슨 의심나는 일이 있거나 하나님의 물음에 대답할 일이 있으면 성막에 들어가 닥친 위험이나 사람들의 악행에 대해 도와달라고 호소하였기 때문이다.

그와 같이 너희도 너희의 은밀한 성막에 들어가 하나님의 도움을 진정으로 마음을 다하여 빌어야 한다.

여호수아와 이스라엘 자손들이 기브온 사람들에게 속은 이유는 그들이 먼저 하나님과 상의하지 않고 세간에 떠도는 감언이설을 믿고 거짓 신앙심에 미혹되었기 때문이라는 것을 너희는 성경에서 읽었다.

chapter 39

지나친 걱정 근심을 말자

We Should Not be Over-Anxious

1. 자녀들아, **무슨 부탁할 일 있거든 항상 나에게 말하라. 그러면 적당한 시기에 그 일을 잘 처리해 줄 것이다. 내가 말을 할 때까지 기다려라. 그러면 좋은 일이 있을 것이다.**

주님, 저는 당신께 모든 것을 기꺼이 맡길 것입니다. 왜냐하면 내가 뭘 한다고 해봐야 별 유익한 것이 없을 것이기 때문입니다.

원 하옵나니 미래에 대한 저의 욕망에 집착하지 않게 하여 주시고 항상 당신이 바라고 원하는 것만을 온전히 당신께 부탁하게 하소서!

2. 자녀들아, 죽어 없어질 인간들은 그들이 원하는 것을 갖기 위해 맹렬히 싸우다가도 일단 목적을 달성하면 생각이 달라진다. 왜냐하면 인간의 감정이란 같은 일에 지속적으로 유지하기가 어렵고 오히려 변덕스럽기

때문이다.

지극히 작은 일에서조차 너희 자신을 버린다는 것은 쉬운 일이 아니다.

3. 진정한 영적 성장은 너희 자신을 부정하는 데 있다. 자신을 부정하는 사람들은 자유롭고 걱정이 없는 사람들이다.

그러나 선한 모든 것에 대적해온 오래된 적들은 유혹을 멈추지 않고 낮이나 밤이나 방심한 사람들을 잡으려고 어둠의 덫을 놓고 있다.

"유혹에 빠지지 않도록 깨어 기도하라."

인간에게서는 영광 삼을 것이 없다.

We Have No Good Thing in Which to Glory

1. "주님, 인간이 무엇이기에 이토록 기억해 주십니까? 죽어 없어질 저희가 무엇이기에 그리 돌보아 주십니까?"

사람이 무엇이관대 주께서 저를 생각하시며 인자가 무엇이관대 주께서 저를 권고하시나이까? (시 8:4)

우리가 당신을 위해 무슨 일을 했기에 우리에게 은총을 베푸시나이까? 주님, 당신이 저를 버린다 해도 어찌 제가 원망하겠습니까? 혹 제가 요청한 것을 당신이 허락해 주시지 않는다 해도 어찌 감히 따지겠습니까? 당연히 저는 이렇게 생각하고 말하렵니다. "주님, 저는 아무것도 아닙니다. 저는 아무것도 할 수 없습니다." 제 자신이 선하다는 것은 하나도 없습니다.

모든 것은 부족하고 항상 허무를 향해 달려갑니다.

당신께서 저를 도와주지 않고 엄격하게 가르치고 깨우쳐주지 않으신다면 저는 게을러지고 타락할 것입니다.

2. 주님, 당신께서는 항상 한결 같으시고 영원히 인내하십니다.

여호와여 주는 영원히 계시고 주의 기념 명칭은 대대에 이르리이다.

(시 102:12)

당신은 항상 선하시고, 의로우시며, 거룩하시고, 모든 일을 슬기롭게, 의롭게 그리고 성령의 감동하심으로 행하십니다. 또한 당신은 항상 지혜로 모든 것을 처리하십니다.

그러나 저는 항상 전진하기보다는 뒤로 물러나고, 한결같지 않고 무슨 일을 해도 일곱 번씩 변합니다.

또 그 마음은 변하여 인생의 마음 같지 아니하고 짐승의 마음을 받아 일곱 때를 지나니라. (단 4:16)

그러나 당신이 마음먹고 당신의 손을 뻗어 저를 도우시면 저는 모든 일이 금방 잘 될 것입니다. 왜냐하면 인간적인 도움 없이 당신은 홀로 저를 도울 수 있는 분이기 때문입니다. 또한 저를 강건하게 하사 제 마음은 더 이상 다른 어떤 것을 쫓지 않을 것이며 당신을 향해 돌아설 것이고 당신 안에서만 홀로 안식을 얻을 것이기 때문입니다.

3. 당신께 헌신하기 위해서나 또는 인간들에게서 어떤 위안도 발견하지 못해서 당신을 찾을 수밖에 없어 모든 인간의 위로를 벗어던진다면, 저는 저를 다시 찾아주시고 신선한 위안을 주시는 당신의 은총을 믿게 될 것입니다.

4. 저에게 만사형통 할 때마다 모든 것으로 찾아 보내어 주시는 당신께 감사드립니다.

그러나 당신 안에서 저는 헛되며 아무것도 아니며 불안정하고 나약한 존재입니다. 그러면 제가 무엇으로 영광을 돌리겠습니까? 제가 존경받기 위해서는 무엇을 원해야 합니까? 아무것도 아닌 이것입니까? 이것은 생각보다 헛된 것입니다.

진실로 헛된 과시욕은 심각한 질병이며 최악의 헛된 자만심입니다. 왜냐하면 우리를 참된 영광에서 멀어지게 하고 하늘의 은총을 빼앗아 가기 때문입니다.

우리가 우리 스스로 기뻐하면 우리는 당신을 불쾌하게 하는 것이기 때문이고, 우리가 지속적으로 다른 사람들의 칭찬을 기다리게 되면 우리는 진정한 신앙심을 잃고 말기 때문입니다.

5. 그러나 진정한 영광과 거룩한 기쁨은 제 자신의 안에서가 아니라 당신 안에서의 기쁨을 말하는 것입니다.

나는 여호와를 인하여 즐거워하며 나의 구원의 하나님을 인하여 기뻐하리로다. (합 3:18)

우리들 자신의 신앙심으로 인한 것이 아닌 당신의 이름으로 기뻐하는 것입니다. 당신을 빼 놓고는 어느 피조물로 인하여도 기뻐하지 않을 것입니다.

제가 아닌 당신의 이름을 찬양하게 하소서. 제가 아닌 당신의 업적을 찬미하게 하소서. 당신의 거룩한 이름이 축복 받게 하시고 저에게 향한 다른 사람들의 칭찬은 없는 것으로 하소서.

여호와여 영광을 우리에게 돌리지 마옵소서. 우리에게 돌리지 마옵소서. 오직 주의 인자하심과 진실하심을 인하여 주의 이름에 돌리소서. (시 115:1)

당신은 저의 영광이요 제 마음의 속의 기쁨입니다.

저는 당신 안에서 영광 받으며 즐거워하리니, 제 자신으로서는 가장 약하고 못난 것 외에는 아무것도 자랑할 것이 없습니다.

내가 이런 사람을 위하여 자랑하겠으나 나를 위하여는 약한 것들 외에 자랑치 아니하리라. (고후 12:5)

6. 다른 사람들은 서로 자기들끼리의 영광을 찾으려고 하나 저는 하나님에게서만 오는 영광을 찾을 것입니다.

너희가 서로의 영광을 취하고 유일하신 하나님께로부터 오는 영광은 구하지 아니하니 어찌 나를 믿을 수 있느냐. (요 5:44)

왜냐하면 모든 인간적 영광, 잠시 동안 있다가 없어질 명예, 모든 세상적인 위업은 당신의 영원한 영광에 비하면 헛되고 어리석은 것입니다.

진리이시여! 자비로우신 이여! 복되신 삼위일체이시여! 당신에게서만이 홀로 영예와 환호와 찬송과 영광이 영원무궁하시기를 빕니다.

만세의 왕 곧 썩지 아니하고 보이지 아니하고 홀로 하나이신 하나님께 존귀와 영광이 세세토록 있을지어다. 아멘. (딤 1:17)

모든 잠시 있다가 없어질 명예를 혐오함

Despising All Temporal Honor

1. 자녀들아, 다른 사람들은 명예를 얻고 지위도 오르는데 너희 자신들은 멸시받고 천대받는다 하더라도 근심하지 말라. 너희 마음을 하늘로 향하라. 그러면 다른 사람들이 너를 멸시한다 하더라도 너는 슬퍼하지 않을 것이다.

주님, 우리는 깊은 어두움에 있어서 헛된 것에 유혹을 받습니다.
제 자신을 잘 살펴 보건데 어떤 피조물이 저에게 잘못을 저지른 적은 없습니다. 그러므로 당신에게 당당하게 불평할 수가 없습니다.

2. 저는 자주 아주 못된 죄를 당신께 범하였기에 모든 피조물이 저를 향하여 무기를 든다 해도 마땅하고 달리 저지할 당위성은 없습니다.
그러므로 수치를 당함과 원한을 사는 것은 당연한 것이며 당신은 찬송과 명예와 영광을 받으심이 마땅합니다.

제가 모든 피조물로부터 버림받고 멸시받을 준비가 되어 있지 않는다면 또한 아무것도 아닌 것으로 여겨지는 준비를 하지 않는다면 저는 내적 평화와 안정을 누릴 수 없으며, 영적으로 빛을 발할 수 없으며, 당신과 완전히 하나가 될 수 없을 것입니다.

우리의 평화는 다른 사람에게 두지 않습니다.

Our Peace Is Not to Rely on Other Persons

1. 자녀들아, 너희가 어떤 친구와 우정을 쌓아 너희 혼자만의 기쁨을 가지고 그 사람에게 너희의 마음의 평안을 둔다면 너희는 항상 불안하고 결코 만족하지 못할 것이다.

그러나 만일 너희가 항상 영원한 삶과 변치 않는 진리를 믿는다면 친구가 떠나거나 죽는다 하더라도 그리 큰 슬픔이 되지는 않을 것이다.

친구에 대한 너희의 관심은 항상 나에게 뿌리를 두어야 하며, 그 친구가 어떤 친구이든지 혹 이 세상에서 가장 좋아하는 친구일지라도, 나를 위해서(나의 사상을 기초로 해서/예수의 믿음 안에서) 그 친구를 좋아해야 한다.

나를 떠나서는 그 어떤 우정도 확고하지 못하고 오래가지 않을 것이다.

또한 그러한 우정은 나로 인하여 결속된 진실하고 순수한 사랑과 같지 않을 것이다.

너희 친구들을 향한 그러한 마음을 없애야만 하고 그것이 너희 안에 있는 까닭에 너희는 모든 인간적 교제 없이 지내는 것에 전적으로 동의해야 할 것이다.

죽을 인간들은 모든 세상의 위로를 멀리함에 따라 더 가까이 하나님께로 가게 되는 것이다.

그리고 자신을 낮추면 낮출수록 또 자신을 더 작은 자로 여기고 세상 사람들이 싫어하면 할수록 더 높이 하나님께로 가게 되는 것이다.

2. 어떤 선한 일을 자신의 행위로 돌리는 것은 하나님의 은총의 간섭을 방해하고 자신 안에 인생을 망치는 것이다. 왜냐하면 성령의 은총은 항상 겸손하고 온유한 마음을 가진 자들을 찾아가기 때문이다.

만일 너희가 자기 자신의 삶이 아무것도 아닌 것으로 여기고 또 너희 마음에서 모든 인간적인 것과 세상의 사랑을 몰아낸다면 나는 너희에게 상상할 수 없는 은총을 쏟아 부을 것이다.

하나님이 교만한 자를 대적하시되 겸손한 자들에게는 은혜를 주시느니라.

(벧전 5:5)

그러나 너희가 피조물을 즉 세상적인 것을 바라 볼 때 창조주를 보지 못할 것이다.

창조주를 사랑하기 위해서 모든 일에 너희 자신을 이기는 법을 배우기 바랍니다. 그러면 너희는 영적 지식을 얻을 수 있을 것이다.

아무리 작은 것이라도 너희가 지나치게 사랑하게 되면 지극히 높은 곳에서 멀어지게 되고 너희를 부패 시킬 것이다.

헛된 세상적 지식을 배척함

Against Vain and Wordly Learning

1. 자녀들아, 다른 사람들의 말이 듣기 좋고 미묘하다 해도 너희 마음이 움직여서는 안 된다. 왜냐하면 **하나님의 나라는 말이 아니라 권능이기 때문이다.**

하나님의 나라는 말에 있지 아니하고 오직 능력에 있음이라. (고전 4:20)

내 말에 귀를 기울여라. 내 말은 너희의 가슴에 불을 지펴 마음을 밝혀 주기 때문이다. 또한 내 말은 죄를 알려주고 많은 것을 위로해 준다.
다른 사람들에게 지식을 자랑하려고, 또 지혜롭게 보이려고 성경을 읽지 말라.
그보다는 너희의 죄를 억제하는 것에 대하여 공부하라. 왜냐하면 너희가 이렇게 해야 해결이 곤란한 문제를 푸는 지식보다 더 도움이 될 것이다.

2. 너희가 많은 것들을 배우고 공부할 때에는 너희는 항상 하나의 원칙으로 돌아가야만 한다.

나는 인간들에게 지식을 가르치는 유일한 존재이며 사람들이 가르치는 것보다 훨씬 더 이해하기 쉽고 명쾌하게 무엇인가를 준다.

나에게 배우는 사람들은 현명해지고 영적으로 많은 진전을 이루게 될 것이다.

사람에게서 호기심을 찾는 자들과 나를 섬기는 방법에 대하여 소홀히 하는 자들에게는 화가 있을 것이다.

스승 중에 스승이시고, 천사들의 주인이신 그리스도가 세상의 모든 강의를 듣기 위해 나타나실 때가 있을 것이다. - 그때에 모든 사람들의 양심을 시험하게 될 것이다.

그때에 그는 등불을 들고 예루살렘을 비추리니 어두움에 감춰졌던 것들이 빛으로 드러나고, 논쟁을 벌이던 모든 인간들의 혀들이 잠잠하게 될 것이다.

> 그러므로 때가 이르기 전 곧 주께서 오시기까지 아무것도 판단치 말라. 그가 어두움에 감추인 것들을 드러내고 마음에 뜻을 나타내시리니 그때에 각 사람에게 하나님께로부터 칭찬이 있으리라. (고전 4:5)

3. 나는 겸손한 마음을 가진 자를 순식간에 들어올릴 수 있는 유일한 존재이다. 그래서 만일 누가 학교에서 십년 동안 공부를 한 사람들이 있을지라도 그들보다 영원한 진리를 더 잘 깨우치게 할 것이다.

나는 시끄럽지도 않고, 의견이 혼란스럽지도 않고, 명예를 바라지도 않고, 그리고 뜨거운 논쟁 없이 가르친다.

나는 세상 것을 천히 여기고, 잠시 있다가 없어질 것을 업신여기고, 영원한 것을 구하고, 명예를 피하고, 불명예를 참아 견디고, 나에게만 모든 희망을 두고, 나 외에는 아무것도 바라지 아니하고, 모든 것 위에 있는 나를 열렬히 사랑하도록 가르치는 유일한 존재인 것이다.

4. 자기의 모든 것을 다 바쳐 나를 사랑했던 어떤 사람은 영적으로 잘 가르침을 받았고 놀라운 것을 말하였다.
   그는 기묘한 것을 공부한 것이 아니라 모든 것을 버림으로 더 많은 이득을 얻었다.
   나는 일상적이고 평범한 이야기를 했는데 다른 사람들에게는 특별한 것으로 여겨진 것이다. 나는 제 스스로 자연스럽게 표적과 모습을 보여주었는데 다른 사람들에게는 빛 가운데 신비스런 기적으로 나타났다.
   책은 하나의 말씀만 가지고 있지만 그것은 모든 사람이 똑같이 받아들이지는 않는다.

왜냐하면 나는 진리의 스승이요,
마음을 살피는 자요,
생각을 식별하는 자요,
행동하는 자요,
내가 적합하다고 생각하는 모든 사람들에게 나눠주는 자이기 때문이다.

이 모든 일은 같은 한 성령이 행하사 그 뜻대로 각 사람에게 나눠 주시느니라. (고전 12:11)

chapter 44

외적 혼란 피하기

Avoiding Outward Distraction

1. 자녀들아, 많은 일에 있어서 모르는 것이 좋을 때가 있다. 온 세상이 십자가에 못 박힌 예수처럼 너희 자신을 이 세상에서 죽은 것으로 여기는 것이 좋다.

형제들아 사람이 만일 무슨 범죄 한 일이 드러나거든 신령한 너희는 온유한 심령으로 그러한 자를 바로잡고 네 자신을 돌아보아 너도 시험을 받을까 두려워하라. (갈 6:1)

또한 너희는 많은 것들을 들을 때 귀머거리처럼 못들은 체하고 오히려 너희 안에 평화와 관련된 것을 생각하기 바란다.

너희를 불편하게 하는 것들에서 너희의 영혼의 눈을 돌리며, 쓸데없는 논쟁에 뛰어들기보다는 그들이 주장하는 생각대로 말하게 놔두는 것이 너희에게 더욱 유익할 것이다.

너희와 하나님의 사이가 좋고, 너희 마음속에 그분이 갖고 있는 판단력을 갖고 있다면 너희는 비록 패배를 했더라도 더욱 더 쉽게 이겨낼 것이다.

2. 주님, 우리는 무엇을 가지고 있습니까? 보십시오. 우리는 조금만 손해를 봐도 몹시 슬퍼합니다. 매우 작은 것을 얻으려고 동분서주하고 영적인 손해는 곧 잊어버리고 다시 기억하지를 못합니다.
별 것도 아니고 아무것도 아닌 것에 생각을 빼앗기고, 그 무엇보다도 필요로 하는 것에는 무관심하게 간과해 버립니다. 모든 사람들이 외적인 일에 정신을 빼앗깁니다. 거기서 빨리 빠져나오지 않는다면 우리는 그 일에 빠져 나오지 않고 계속 즐기게 됩니다.

chapter 45

듣는 것을 경계함

Being Wary of What We hear

1. 곤경에 처한 저를 도와주소서, 주님! 인간들의 도움은 아무 소용이 없기 때문입니다.

우리를 도와 대적을 치게 하소서. 사람의 구원은 헛됨이니이다. (시 60:11)

제 자신이 신뢰한다고 확신했던 것에서 너무나 자주 신의가 없는 것을 발견합니다.
또한 제가 전혀 기대하지 않았던 것에서 너무나 가끔 충실했던 것을 발견합니다. 그러므로 썩어 없어질 인간을 믿는 것은 헛된 것입니다. 오직 당신만이 정의의 안전장치인 것입니다. 주님!
주 하나님, 우리에게 일어나는 모든 일로 인해서 당신을 축복합니다.
우리는 연약하고, 불안정하고, 쉽게 속임을 당하며, 자주 변합니다.

2. 모든 일에 있어서 자기 자신을 조심스럽고 신중하게 처신해서 결코 속

임을 당하지 않거나 난처한 경우를 당하지 않는 사람이 누구입니까? 그러나 주님, 당신을 믿거나 두 마음을 품지 않고 당신을 찾아 나서는 사람들은 그렇게 쉽게 넘어지지 않습니다.

만일 그들에게 시련이 닥친다면, 아무리 그들이 많은 문제가 있더라도 빨리 풀릴 것이요 또한 당신으로 인해 위안을 받을 것입니다. 왜냐하면 당신은 당신을 신뢰하는 사람을 끝까지 버리지 않을 것이기 때문입니다. 곤궁에 처한 친구에게 신뢰를 계속해서 보여주는 신실한 친구는 그리 많지 않습니다.

주님, 당신은 언제나 가장 신실한 유일한 친구이며 당신 같은 분은 없습니다.

3. "제 마음은 예수 안에 견고하게 뿌리를 두었습니다."라고 말한 거룩한 영혼이 있다니 얼마나 현명한 자입니까?

만일 저도 그 사람과 같다면, 다른 사람들로 인한 공포에 흔들리지 않으며 다른 사람들의 말에 그리 쉽게 신경 쓰지도 않을 것입니다.

누가 모든 일을 예견할 수 있으며, 미래의 재앙을 피할 수 있겠습니까?

우리가 예견한 일조차도 우리의 마음에 상처를 입히는데, 우리가 예기치 못한 일이 심각한 상처를 남긴다는 것은 말할 필요조차도 없지 않습니까?

불쌍한 내 자신이여! 어찌 내 자신은 그런 것을 좀 더 대비하지 않았단 말입니까? 왜 그리 쉽게 다른 사람들을 믿었단 말입니까?

그러나 많은 사람들이 마치 자기가 천사로서 칭송받을 수 있다고 생각하지만 우리는 죽을 인간, 나약한 인간 이외 아무것도 아닌 것입니다.

주님, 당신 말고 누구를 믿는단 말입니까? 당신 말고 누구를?

당신은 속이지도 않고 속지도 않을 수 있는 진리 그 자체이십니다.

그런가하면 "모든 사람은 거짓말쟁이입니다.(시116:11)" 우리는 연약하고, 불안정하며, 특히 감언이설에 잘 속아 넘어갑니다. 그래서 듣기에 그럴듯한 말이라도 곧바로 믿어서는 안 됩니다.

그럴 수 없느니라. 사람은 다 거짓되되 오직 하나님은 참되시다. (롬 3:4)

4. "집안 식구가 원수가 된다.(마10:36)"라고 한 당신의 경계의 말씀이 얼마나 현명하신지요? 또한 "보아라, 여기에 메시아가 있다. 아니 저기에 메시아가 있다.(마24:23)" 하니 우리 보고 믿지 말라하신 당신의 경고가 얼마나 슬기로우신가요?(마10:17)

사람의 원수가 자기 집안 식구리라. (마 10:36)

그때에 사람이 너희에게 말하되 보라 그리스도가 여기 있다. 보라 저기 있다 하여도 믿지 말라. (막 13:21)

저의 상처가 저의 가르침이 되었고 **저의 소망은 제가 좀 더 조심하고 어리석은 짓을 반복하지 않는 것입니다.**

한 사람이 저에게 "조심하시오. 조심하시오! 너에게만 말하는 거니까." 하고 말합니다. 그래서 저는 입을 다물고 비밀을 지켰습니다만 그는 저에게 한 말을 여기저기 떠들고 다니다가 지금은 저와 그 자신을 배신하고 길을 떠나 어디론가 가버렸습니다.

주님, 이런 분별없고 이간질하는 사람들로부터 지켜 주십시오!

그들의 손에서 벗어나게 하시고 제 자신이 그러한 일에 빠지지 않게 하소서.

저의 입에서 진실과 믿음의 말만을 말하게 하시고 저에게서 교언영색(巧言令色)은 멀리하게 해 주십시오.

저는 반드시 다른 사람들을 힘들게 하거나 괴롭히지 않게 하는 제 자신이어야만 합니다.

5. 다른 사람들에 대해 침묵을 지키고 떠돌아다니는 말을 분별없이 믿지 않으며, 들은 것을 다른 사람에게 퍼뜨리지 않는 것이 얼마나 좋은 일이며 화평한 일입니까!

   자기 자신을 몇 사람에게만 드러내고 항상 자기 자신의 마음을 쫓는 구도자로서 자신을 단련하는 일이 얼마나 좋은 일입니까!

   우리는 바람처럼 떠도는 말을 옮기는 것이 아니라 내적이나 외적으로나 모든 일들이 당신이 기뻐하는 것으로 이루어지도록 소망해야 합니다.

   사람들 앞에서 드러내는 것을 피하고, 다른 사람들에게 자랑이 될 만한 것들을 구하지 아니하고, 좀 더 나은 우리의 삶의 변화를 꾀하는 열정과 부지런함을 추구하는 것이 하늘의 은총을 보존하는 최상의 안전한 일이 아닙니까!

6. 자신이 선행이라고 했던 것이 너무 일찍 사람들에게 드러나 칭찬이 자자하다가 도리어 커다란 상처가 되었던 사람들이 얼마나 많습니까!

   타락과 전쟁 밖에 없는 이 유혹에 빠지기 쉬운 인생 속에서 침묵함으로 당신의 은총을 보호받는다면 이 얼마나 유익한 일입니까!

chapter 46

하나님을 전적으로 신뢰함

Putting Our Whole Trust in God

1. 자녀들아 굳게 서서 나를 믿어라.

여호와를 의뢰하여 선을 행하라. 땅에 거하여 그의 성실로 식물을 삼을 지어다. (시 37:3)

말은 말 뿐이지 않는가? 말은 공중에 날아다닐 뿐이지 바위를 깨지는 못한다. 만일 너희가 죄를 진다면 너희의 자신이 개과천선하여 변한 모습을 보여주어라. 만일 너희 자신이 지은 죄를 모른다면 하나님을 위하여 기꺼이 이 고통을 참아내겠다고 결심을 하라.

만일 너희가 큰 고통이 닥쳐 견딜 용기가 없다면 지금부터 가끔씩 몇 마디 가벼운 말에 견디는 습관을 들이는 것이 좋다.

너희가 아직도 세속적이고 너희가 다른 사람의 의견을 대수롭지 않게 생각한다면, 그런 작은 말들이 어찌 너희의 가슴에 상처가 되겠는가?

그것은 너희가 멸시받는 것을 두려워하기 때문이고, 너희 잘못에 대해 비난받기를 싫어하기 때문이다. 그러고 또 변명거리를 찾기도 하기 때문이다.

2. 그러나 너희 자신을 좀 더 주의 깊게 살펴보라. 그러면 다른 사람들 마음에 들어야겠다는 헛된 소망과 더불어 아직도 너희의 안에 세상적인 것이 살아 있다는 것을 알게 될 것이다.
너희가 너의 잘못으로 인하여 창피를 당하고 굴욕을 당하는 것을 참지 못하는 것을 보니, 너희가 진실로 겸손하지 못하고, 세상에 죽지도 않았고, 세상 십자가에 못 박히지도 못했음이 분명하다.
너희가 나의 말을 부지런히 들으면 세상 사람들 천 마디 말에 신경을 쓰지 않아도 될 것이다.
생각해 보라! 상상할 수 없는 최악의 험담이 너희에게 모두 쏟아진다 할지라도 너희가 그것을 흘러가는 이야기로 넘기거나 날아다니는 지푸라기로 여긴다면 무엇이 너희 마음에 상처가 되겠는가? 누가 너희 머리에서 머리카락 하나라도 뽑을 수 있단 말인가?
또 너희가 내 이름을 인하여 모든 사람에게 미움을 받을 것이나 너희 머리털 하나도 상치 아니 하리라. (눅 21:17~18)

3. 그러나 자기들 내적인 마음을 지키지 못하고 눈앞의 하나님도 보지 못하는 자들은 예리한 비판의 말 한마디에 쉽게 흔들린다.
그러나 나를 신뢰하고 자신들의 판단을 내세우지 않는 사람들은 다른 사람들에 대한 두려움에서 자유로울 것이다.
나는 재판관이며 모든 비밀을 다 분별하는 자이다. 나는 일이 어떻게 되어 가는지도 알고, 모욕을 받은 자도 알고 모욕을 참아내는 자도 안다.

이 모든 것은 내가 진행시켰고 많은 사람들의 생각이 드러난 것은 나의 허락을 받아 일어난 것이다.

또 칼이 내 마음을 찌르듯 하리라. 이는 여러 사람의 마음의 생각을 드러내려 함이니라. (룩 2:35)

나는 죄를 지은 자와 죄가 없는 자를 심판할 것이다. 그러나 나는 너희들 모르게 이미 그것들을 시행하였다.

4. 가끔 사람의 증언은 속이기도 하지만 **나의 심판은 진실해서 그것은 그대로 실행될 것이며 뒤집을 수가 없다.**

여호와를 경외하는 도는 정결하여 영원까지 이르고 여호와의 규례는 확실하여 다 의로우니. (시 19:9)

나의 심판은 보통 감추어져 있어서 몇 사람을 제외하고는 알지 못한다. 비록 어리석은 사람들 눈에는 그렇게 보이지 않을지라도 나의 심판은 결코 실수가 없고 실수가 있을 수도 없다.
그러므로 죽을 인간들은 모든 심판을 나에게 받아야 하며 너희들이 스스로 해서는 안 된다.
의로운 사람은 하나님으로부터 어떤 심판이 내리든지 흔들리지 않을 것이며, 만일 잘못된 심판이 내렸을지라도 그들은 크게 신경 쓰지 않을 것이다.

의인에게는 아무 재앙도 임하지 아니하려니와 악인에게는 앙화(殃禍 어떤 일로 인하여 생기는 재난)가 가득 하리라. (잠 12:21)

만일 다른 사람들이 합리적으로 용서해 준다 해도 그들은 그런 어리석은 기쁨을 좋아하지 않을 것이다.

그들은 내가 사람의 속과 마음을 시험하는 유일한 존재라는 것과 인간의 겉으로 보이는 외관에 따라 심판하지 않는 존재라는 것을 알고 있다.

악인의 악을 끊고 의인을 세우소서. 의로우신 하나님이 사람의 심장을 감찰하시나이다. (시 7:9)

인간의 판단으로는 칭찬을 받을 만한 것도 나의 관점에서 볼 때는 비난받을 일이 종종 있다.

주 하나님, 의로우시고 강하시고 인내심이 많으신 재판관이시여! 당신은 인간의 나약함과 사악함을 잘 아십니다. 저를 강건하게 하여 주시고 저의 온전한 믿음을 허락하소서. 제 양심만으로는 이것을 감당할 수 없습니다.

제가 알지 못하는 것을 당신은 아십니다. 그러므로 제가 무슨 책망을 듣던지 저는 저 자신을 낮추고 반항하지 말고 인내를 가지고 견뎌내야 합니다.

그러므로 당신은 자비를 베푸시어 제가 이런 것들을 하지 못했을 때 용서하여 주시고, 좀 더 큰 인내를 위해 당신의 자비를 다시 한 번 베풀어 주시옵소서.

제 변명을 위해 꾸며낸 정의보다는 당신의 풍성한 자비로 용서받는 것이 더 나은 것입니다

비록 제 양심에 아무런 거리낌이 없다하더라도 그 때문에 의로운 사람이라 할 수는 없습니다. 당신의 자비가 없다면 살아 있는 그 어떤 사람도 의로울 수 없습니다.

내가 자책할 아무것도 깨닫지 못하나 그러나 이를 인하여 의롭다 함을 얻지 못하노라. 다만 나를 판단하실 이는 주시니라. (고전 4:4)
주의 종에게 심판을 행치마소서. 주의 목전에는 의로운 인생이 하나도 없나이다. (시 143:2)

영생을 얻기 위해 시련을 참음

Enduring Hard Things for the Sake of Eternal Life

1. 자녀들아, 나를 위해 너에게 짊어진 수고에 대해 놀라지 말며, 너희에게 오는 시련으로 인해 낙담도 하지 말라. 무슨 일을 만나던지 나의 약속은 너를 강건하게 하며 너를 위로해 줄 것이다.

나는 너희가 상상하지 못하는 것으로 너희에게 상급을 내릴 것이다.

아브람아 두려워 말라. 나는 너의 방패요 너의 지극히 큰 상급(賞給)이니라. (창 15:1)

너희는 그리 오래 여기서 수고하지 않을 것이며 항상 슬픔 속에 잠기지도 않을 것이다.

잠시만 기다려라. 그러면 너희는 모든 시련의 끝을 곧 맞이하게 될 것이다.

모든 수고와 걱정들이 그칠 날이 올 것이다. 시간과 함께 흘러가는 것은 모두가 허무하고 덧없는 것이다.

2. 너희는 너희가 해야 할 일은 있는 힘을 다해 하여라. 나의 포도밭에서 충실하게 일을 하여라. 나는 너희에게 보답을 내릴 것이다.

무릇 네 손이 일을 당하는 대로 힘을 다하여 할찌어다. 네가 장차 들어갈 음부에는 일도 없고 계획도 없고 지식도 없고 지혜도 없음이라. (전 9:10)

가로되 너희는 어찌하여 종일토록 놀고 여기 섰느뇨. 가로되 우리를 품꾼으로 쓰는 이가 없음이니이다. 가로되 너희도 포도원에 들어가라 하니라. (마 20:7)

쓰고, 읽고, 노래하고, 숨 한 번 쉬고, 침묵하고, 기도하라. 역경을 과감하게 참아내어라. 영원한 생명을 위해서는 이러한 투쟁은 가치가 있는 것이고 모든 것들보다 제일 큰 것이다.

평화는 주님만이 아시는 그날에 온다. 그때는 지금과 같은 세상처럼 낮과 밤이 있는 것이 아니요, 무한한 빛과 변치 않는 평화, 끝없는 휴식이 있는 영원한 날이 될 것이다.

그때는 너는 이렇게 말하지 않아도 될 것이다.

"누가 사망의 몸에서 나를 구해 줄 것입니까?"

오호라 나는 곤고한 사람이로다. 누가 사망의 몸에서 나를 건져내랴. (롬 7:24)

또한 이렇게 울부짖지 않아도 된다.

"불행이 나에게는 왜 이리도 오래가는가?"

그 날에는 사망은 사라지고, 결코 죽지 않은 몸이 될 것이다. 더 이상의 분노의 생각은 없을 것이며, 대신에 기쁘고 달콤하며 축복된 우정이 있을 것이다.

3. 이 세상에 사는 동안 그렇게 멸시 당하고, 삶 자체가 가치조차 없다고

여겨졌던 믿는 자들이 하늘의 영원한 면류관을 쓰고 있는 것을 보았더라면 또한 그들이 영광을 누리며 기뻐하는 것을 보았더라면 즉시 너희는 너 자신을 더욱 납작 낮추어야 할 것이다. 그리고 다른 사람들 위에서 명령하기보다는 모든 사람들의 밑에서 자기를 찾아야 할 것이다.

너희는 더 이상 이 세상의 잠시 동안의 기쁨에 기대하지 말고 하나님을 위하여 시련을 견디는 것을 더 즐겨야 할 것이다. 그리고 사람들로부터 멸시 받거나 아무것도 아닌 자로 여겨지는 것이 하늘이 준 큰 상인 것을 알아야 한다.

4. 만일 너희가 이런 일을 즐긴다면, 그런 일로 인해 너의 마음이 깊이 침울해지고 비록 한 번이라고 해도 너희가 불평을 해서는 안 된다.
영원한 기쁨을 위해서는 그러한 수고쯤은 기쁘게 견뎌야하지 않을까?
그것은 하나님의 나라를 잃느냐 얻느냐 하는 문제이다.
그러므로 눈을 들어 하늘을 보라. 이 세상에서 커다란 싸움을 했던 나의 믿는 자들이 이제는 나와 더불어 기뻐하고 위로받고 평안하게 쉬고 있다. 그들은 내 아버지 나라에서 나와 함께 영원히 머물게 될 것이다.

chapter 48

영생과 현세의 어려움

Eternity and the Difficulties of This Life

1. 저 하늘 위의 성(城) 중에 가장 복된 집이여! 밤이 되어도 어둡지 않고 최고의 진리로 영원히 불 밝혀진 구름이 없는 날들이여! 항상 즐겁고 항상 평안하고 결코 변하지 않는구나!

또 내가 보매 거룩한 성 새 예루살렘이 하나님께로부터 하늘에서 내려오니 그 예비한 것이 신부가 남편을 위하여 단장(丹粧)한 것 같더라. (계 21:2)

그 날의 새벽이 동 터 오르고 모든 지금의 시간이 끝나는 날이여! 그날에는 진정 믿는 자들에게 영원한 밝음의 빛이 찬란하게 비출 것입니다만 지상의 방랑자들은 저 멀리 있는 희미한 거울에 비춘 것 같이 보일 것입니다.

우리가 이제는 거울로 보는 것같이 희미하나 그 때에는 얼굴과 얼굴을 대하여 볼 것이요, 이제는 내가 부분적으로 아나 그 때에는 주께서 나를 아신 것 같이 내가 온전히 알리라. (고전 13:12)

2. 하늘나라의 시민들은 그날이 얼마나 기쁜 날인지를 압니다만 추방된 이브(Eve)의 자손들은 우리가 좋아하는 그날에 쓰라린 마음에 이를 갈며 서러워 할 것입니다.

우리가 사는 이 세상은 금방 지나가고 악과 슬픔과 번뇌로 가득 찬 날들입니다.

이 세상에서 우리는 죄로 더럽혀져 있고,
많은 욕망으로 올가미에 걸려들고,
두려움의 노예가 되고,
많은 근심으로 고통 받고,
못된 호기심으로 우리를 빗나가게 하고,
헛된 허영심에 얽매어 있고,
많은 실수로 점철되어 있으며,
과도한 일로 초췌해져 있고, 유혹으로 인해 짓눌려 있고,
쾌락 앞에서는 나약해지고,
가난으로 괴로움을 겪습니다.

3. 이 모든 시련의 끝은 언제란 말입니까? 언제 저는 이 비참한 죄의 굴레에서 구원받을 수 있습니까? 주님, 당신만을 마음에 두고 살 수 있는 날은 언제입니까? 언제 저는 당신 안에서 온전히 기뻐할 수 있나요?

오호라. 나는 곤고한 사람이로다. **이 사망의 몸에서 누가 나를 건져 내랴?**

(롬 7:24)

저는 언제 지속적이고 방해도 받지 않으며 안전한 평화를 가질 것입니까? 평화 안에서나 평화 밖에서나 그 어떤 것으로부터 보장받는 그런 평화는 언제 입니까?

선하신 예수여, 언제 당신을 볼 수 있습니까?

언제 당신의 나라의 영광을 맛 볼 수 있습니까?

언제 당신은 저의 모든 것이 될 수 있습니까?

언제 제가 당신이 만세 전부터 준비해 온 당신의 나라에서 함께 있을 수 있습니까?

그 때에 임금이 그 오른편에 있는 자들에게 이르시되 내 아버지께 복 받을 자들이여, 나아와 창세로부터 예비 된 나라를 상속하라. (마 25:24)

저는 원수의 나라에서 추방되어 비참하게 버려졌으며, 그곳은 매일 전쟁이 있고 큰 불운이 가득합니다.

4. 저의 귀양살이를 위로해 주시고, 저의 슬픔의 강도를 줄여주소서. 저의 모든 소망은 당신을 따라다니면서 한숨을 짓는 것입니다.

왜냐하면 세상이 저에게 위안이 된다 하는데 저에게는 짐만 될 뿐이기 때문입니다.

저는 저의 깊은 영혼 속에서 당신의 기쁨을 즐기려고 기다렸으나 당신을 붙잡을 수 없습니다.

저는 하늘의 것을 붙잡고 싶지만 세상의 것과 억제할 수 없는 정욕이 저를 짓누릅니다.

마음은 이 모든 것을 이기려고 하나 육체는 제 뜻에 반하여 저를 이 모든 것에서 굴복시키고 맙니다.

결과적으로 정신은 위에 것을 추구하고 육체는 아래 것을 추구하니 제 자신에게 짐만 되고 제 자신과 싸워야하는 저를 보니 비참함을 느낍니다.

5. 저는 마음속으로 하늘의 것을 생각하지만 내적으로는 얼마나 힘든지 모릅니다. 그리고 제가 기도하는 동안 곧바로 수많은 세상적인 생각으로 번뇌합니다. 내 주여, 저를 떠나지 마시고 화를 내며 당신의 종에게서 돌아서지 마소서.

하나님이여 나를 멀리 마소서. 나의 하나님이여 속히 나를 도우소서. (시 71:12)
주여 나는 외롭고 괴롭사오니 내게 돌이키사 나를 긍휼히 여기소서. (시 25:16)

당신의 번개와 같은 빛으로 그것들을 흩어지게 하시고 당신의 화살로 사탄의 헛된 망상들을 좌절시켜 주십시오.

번개를 번득이사 대적을 흩으시고 주의 살을 발하사 저희를 파하소서. (시 144:6)

저의 모든 감각들을 불러 당신께로 모으게 하시고, 모든 세상적인 것을 잊게 하시며, 모든 사악한 생각들을 속히 제게서 떨쳐버리게 하시고 그런 것들을 비웃게 하여 주십시오.

영원 진리이시여, 저를 도와주사 어떤 허영도 저를 움직이게 하지 마십시오.

하늘의 만나여, 저에게 오십시오. 당신의 면전에서 모든 불결한 것들을 물러가게 하십시오.

기도할 때마다 당신 외에 다른 생각을 하는 저를 용서하시고 당신의 자비를 베푸소서.

진실로 제가 고백하건데 많은 정신적 혼란으로 한쪽으로 기울어져 있습니다.

제가 서 있거나 앉아 있는 곳에 그대로 있지 못하고, 자주 제 생각이 다른 곳을 헤매고 있습니다.
가끔은 제 생각이 있는 곳에 제가 있고, 제가 사랑하고 좋아하는 것에 있습니다.
자연스럽게 저를 기쁘게 하거나 습관적으로 가장 기쁘게 하는 일이 너무 쉽게 저에게 일어납니다.

6. 그 때문에 진리이신 당신은 분명하게 말씀하셨습니다. "너의 보물이, 너의 재물이 있는 곳에 너의 마음도 있다."

네 보물 있는 그곳에는 네 마음도 있느니라. (마 6:21)

제가 하늘의 것을 사랑한다면 저는 기꺼이 하늘의 것을 생각할 것입니다.
제가 세상의 것을 사랑한다면 세상의 부귀를 즐기고 세상에서 힘든 일이 있을 때는 괴로워 할 것입니다.
제가 육신을 사랑한다면 가끔 육적인 것을 제 마음 속에 그려 볼 것입니다.
제가 영적인 것을 사랑한다면 영적인 것을 생각하며 기뻐할 것입니다.
왜냐하면 제가 좋아하는 어떤 것이든지 저는 기꺼이 말하고 듣고 또 그것의 정신적 이미지를 가지고 집으로 돌아오기 때문입니다.
그러나 주님, 당신을 위해서 모든 세상 것들을 버리는 사람들은 축복받은 자들입니다. 자기의 본성을 누르려 하는 자들은 축복받은 자들입니다.
육체의 욕망을 정신의 열정으로 십자가에 못 박는 사람들은 축복받은 자들입니다. 그래서 세상의 모든 것들과 문을 닫고 당신께 고요한 마음으로 정결한 기도를 드리며 천사의 합창 속으로 들어가게 되는 것입니다.

죄와 싸우는 자들에게 약속한 상급

The Rewards Promised to Those Who Fight Against Sin

1. 자녀들아, 너희가 변화에 따른 어떤 그림자도 없는 영광을 보기 위해서 영원을 갈망하고, 하늘로부터 너희에게 주어진 완벽한 행복을 갈망하고 또한 이 육체의 장막으로부터 탈출하고 싶은 너희 자신을 발견하려거든, 너희 마음의 문을 활짝 열고 너희 영혼의 모든 갈망을 담아 이 거룩한 성령의 감응, 영감을 받아 마셔라.

각양 좋은 은사와 온전한 선물이 다 위로부터 빛들의 아버지께로서 내려오나니 그는 변함도 없으시고 회전하는 그림자도 없으시니라. (약 1:17)
주께서 내 마음을 넓히시오면 내가 주의 계명의 길로 달려 가리이다. (시 119:32)

지극히 높은 곳에서 스스로 내려오셔서 너희를 돌봐주시고, 사랑으로 너희를 찾으시며, 너희를 뜨겁게 격려해 주시는 하늘의 어지신 이에게 온 마음을 다하여 감사하라. 또한 너희 자신의 무게로 인하여 세상 것들에 넘어지지 않도록 너희를 강력하게 들어올려 주시는 이에게 감사하라.

이러한 것들은 너희 자신의 생각이나 노력만으로 얻을 수 있는 것이 아니라 하나님의 은혜와 열정이 강림하여야만 가능하다. 그리하여 너희는 믿음의 단계가 더 성숙해지고, 더욱 겸손해지며, 다가올 고난에 대한 준비를 할 수 있는 것이다. 그래서 너희 마음의 모든 열정을 나에게 쏟아서 뜨거운 의지로 나를 섬기게 될 것이다.

2. 자녀들아, 가끔 불은 타오를 수 있지만 불꽃은 연기가 없이는 위로 타오르지 못한다.
이와 같이 어떤 사람들은 하늘로 향한 열망이 있지만 그들은 세상적인 욕정의 유혹으로부터 벗어나지 않는다.
그러므로 하나님께 애타는 기도를 드리지만 하나님의 영광만을 위해서 하는 것만은 아니다.
너희의 갈망들이 아무리 애절하고 진지하다고 주장해도 가끔은 이와 같은 갈망들인 것이다.
사사로운 자기의 욕망으로 더러워진 것은 순수하지 못하고 또 완전하지도 않다.

3. 너희에게 즐겁고 유익한 것만을 구하지 말고 내가 받아들일 수 있는 것과 나의 영광을 구하라. 만일 너희가 옳은 판단을 한다면 너희 자신의 욕망이나 너희가 바라는 바 그 어떤 것보다 나의 뜻을 따르는 것이다.
나는 너희의 욕망과 잦은 슬픔의 탄식을 듣고 있다.
너희는 지금 하나님의 자녀로 영광스러운 자유를 누리고 싶어 한다. 또 너희는 우리의 본향, 즐거움이 가득한 그곳인 영원한 처소에서 기쁨을 누리고 싶어 한다. 그러나 아직 때가 이르지 않았다.

아직도 싸움의 시간이고, 수고해야 할 시간이며, 시련을 겪어야 할 시간이 남아 있다.

세상에 있는 인생에게 전쟁이 있지 아니하냐. 그날이 품군의 날과 같지 아니하냐. (욥 7:1)

너희는 지금 지극한 선으로 충만 되기를 갈망하나 너희는 그것을 얻을 수 없다.

선의 주관자는 나이기에 하나님의 나라가 오기까지 기다려야 한다.

4. 너희는 아직 이 세상에서 시련을 더 받아야 하고 또 많은 일들 겪어야 한다.

때때로 너희가 위로를 받겠지만 흡족하지는 않을 것이다.

용기를 내라. 선천적으로 싫어하는 것들을 잘 참아내듯이 그런 일들에 담대하기 바란다.

오직 너희는 마음을 강하게 하고 극히 담대히 하여 나의 종 모세가 네게 명한 율법을 다 지켜 행하고 좌로나 우로나 치우치지 말라. 그리하면 어디로 가든지 형통하리라. (수 1:7)

너희는 새 사람을 입어서 또 다른 사람으로 변화되어야 한다.

하나님을 따라 의와 진리의 거룩함으로 지으심을 받은 새 사람을 입으라. (엡 4:24)

너희는 때때로 너희가 원하지 않는 일을 해야 하고 해보고 싶은 일들을 하지 못한 채 놔두어야 한다.

다른 사람들이 선택한 일들은 잘 되어 나가는 반면 내가 선택한 일은 성공하지 않을 것이다.
다른 사람들이 하는 말은 잘 들을 것이고, 너희가 하는 말은 무시될 것이다. 다른 사람들이 구하는 것은 받아들여지고, 너희가 구하는 것은 얻지 못할 것이다.

5. 다른 사람들은 커다란 환호를 받을 것이고 너희는 주목받지 못할 것이다. 다른 사람들에게는 이런 일 저런 일들이 맡겨지겠으나 너희는 아무런 일도 맡지 못할 것이다.
이런 일에 너희는 본능적으로 때때로 불평하고 원망할 것이다. 그리고 너희가 침묵으로 그것을 참아낸다는 것은 결코 쉬운 일이 아니다.

주님의 신실한 많은 종들은 그와 같은 일들로 이렇게 저렇게 많은 단련을 받아왔다. 자기 자신을 어디까지 부정해야 되고 모든 일에 있어서 자기 자신을 완전히 절제하여 자신의 통제 아래 둘 것인가에 대하여 말이다.
너희의 의지에 반하여 어떤 일을 허락하고 또 보아야 한다는 것, 특히 너희에게 맡겨진 일이 부조리하고 거의 쓸모없다고 여겨질 때도 너희 자신을 죽여야 한다는 것은 정말 어려운 일이다.
그리고 다른 사람의 수하에 있기 때문에, 너희는 그 권위에 감히 저항하지 못하고 너희의 뜻을 완전히 포기하고 다른 사람의 명령을 따라야

하는 것만큼 힘든 것은 없다.

6. 그러나 자녀들아, **그것들은 순식간에 지나갈 것이며** 그 수고의 열매는 상상할 수 없을 정도로 크다는 것을 생각하라. 그러면 너희는 그것들을 참는 것이 싫어지지 않을 것이고 오히려 너희의 인내를 강건하게 하여 위안을 받게 될 것이다.

너희가 여기서 포기하는 그런 작은 의지에 대한 상급으로 너희는 하늘에서 영원히 너희 뜻대로 될 것이며 너희가 바라거나 혹은 바랄 수 있을까 하는 모든 것을 소유하게 될 것이다.

그곳에서 너희는 너희가 원하는 모든 선을 가지게 될 것이며 그리고 그것을 잃을 염려는 없다.

그곳에서는 너희 뜻이 나의 뜻과 항상 같으며 어떤 외적인 것이나 내적인 것을 탐하는 일이 없을 것이다.

거기에서는 아무도 너희를 거부하지 않을 것이요, 아무도 너희를 원망하지 않을 것이요, 아무도 너희를 방해하지 않을 것이요, 또한 너희가 가는 길에는 어떤 장애물도 없을 것이다. 너희가 원하는 모든 것들이 너희 사랑을 다시 채우고 또 차고 넘치는 일이 생길 것이다.

거기에서는 너희가 여기서 참아낸 상급으로 책망 대신 영광을, 슬픔 대신 찬양의 망토를, 지극히 낮은 곳에서 영원한 하늘의 왕관을 씌워 줄 것이다.

무릇 시온에서 슬퍼하는 자에게 화관을 주어 그 재를 대신하며 희락의 기름으로 그 슬픔을 대신하며 찬송의 옷으로 그 근심을 대신하시고 그들로 의의 나무 곧 여호와의 심으신 바 그 영광을 나타낼 자라 일컬음을 얻게 하려 하심이라. (사 61:3)

거기에서는 복종의 열매가 나타날 것이요, 참회의 수고는 기쁨으로 나타날 것이요, 겸손한 복종은 영광스러운 면류관을 받게 될 것이다.

7. 그러므로 지금은 모든 그러한 것에서 너희 자신이 겸손히 머리를 숙이고 누가 이런 말을 한다거나 누가 그것을 지시한 것인지를 따지지 말라. 너희의 윗사람이나, 아랫사람이나, 혹은 동료들이 너희에게 어떤 일을 부탁하거든 너희는 특별히 신경을 써 주기 바라고, 또한 단순히 무엇을 원하는 것이라 하더라도 그것을 좋은 뜻으로 받아들이고 성심성의껏 그들의 원하는 것을 채워주도록 노력하라.

한 사람은 이것을 구하고 다른 사람은 저것을 구하게 하라. 이 사람에게는 이런 영광을 드러내게 하시고 다른 사람에게는 저런 영광을 드러내게 하여 천번만번 칭찬을 받게 하라.

다만 너희는 이 일에서나 저 일에서나 기뻐하지 말고 오직 너희 자신을 겸손히 하고 홀로 자기만의 기쁨과 흡족함을 누리라.

너희의 간절한 소망은 살든지 죽든지 하나님이 너희 안에서 항상 영광을 받는 것이 되어야 한다.

나의 간절한 기대와 소망을 따라 아무 일에든지 부끄럽지 아니하고 오직 전과 같이 이제도 온전히 담대하여 살든지 죽든지 내 몸에서 그리스도가 존귀히 되게 하려 하나니. (빌 1:20)

황량함 속의 위로

Comfort in Desolation

1. 거룩한 아버지 주 하나님, 당신은 이제로부터 영원까지 축복을 받으옵소서. 당신의 뜻대로 모든 일이 이루어졌고 당신께서 하시는 일은 선하시기 때문입니다.

당신의 종은 자기 자신이 아닌 또한 그 어떤 일에서도 아닌 오직 당신 안에서만 기쁨을 누리게 하소서. 당신은 저의 희망이요 저의 면류관이여 저의 기쁨이고 저의 영광입니다.

당신의 종이 가진 것 가운데 당신으로부터 받지 않은 것이 없으며 그것도 제가 무엇을 잘했다고 주신 것도 아닙니다.

모든 것은 당신의 것이며 그것은 당신이 주신 것이며 당신께서 만드신 것입니다.

누가 너를 구별하였느뇨. 내게 있는 것 중에 받지 아니한 것이 무엇이뇨. 네가 받았은즉 어찌하여 받지 아니한 것같이 자랑하느뇨? (고전 4:7)

저는 어려서부터 가난하고 곤란한 역경 속에서 살아왔고 가끔은 내 영혼이 슬프고 서러워 눈물을 흘립니다. 때로는 그런 시달림에 견디는 것이 힘들어서 마음이 심란해지기도 합니다.

내가 소시(少時, 젊었을때)부터 곤란을 당하여 죽게 되었사오며 주의 두렵게 하심을 당할 때에 황망하였나이다. (시 88:15)

2. 저는 평화의 기쁨을 원합니다. 저는 당신의 위로를 먹고사는 당신의 자녀들에게 다시 한 번 평화를 주시기를 간구합니다.
당신이 평화를 주시고 저의 마음에 거룩한 기쁨을 부어 주신다면 당신의 종은 당신을 찬양하는 신실한 마음과 찬양의 선율로 가득 차 있을 것입니다.
그러나 당신께서 늘 그러하듯이 당신 자신이 저에게서 눈을 돌리신다면 저는 당신이 주신 계명 안에서 제대로 걸어갈 수 없을 것입니다.

나로 주의 계명의 첩경으로 행케 하소서. 내가 이를 즐거워 함 이니이다. (시 119:35)

오히려 저는 무릎을 꿇고 저의 가슴을 치렵니다. 왜냐하면 당신의 빛을 저의 머리 위에 비추었을 때와 저를 엄습하는 유혹으로부터 당신의 날개의 그늘 아래에서 피했을 때에 같이 계셨던 것처럼 저와 같이 있지 않기 때문입니다.

그 때는 그의 등불이 내 머리에 비취었고 내가 그 광명을 힘입어 흑암에 행하였었느니라. (욥 29:3)
나를 눈동자같이 지키시고 주의 날개 그늘 아래 감추사. (시 17:8)

3. 의로우시며 영원히 찬양 받으실 아버지, 당신의 종이 시련 받을 때가 왔

습니다.

사랑하는 아버지, 당신의 종이 당신을 위하여 어떤 고통을 당하는 이 시간은 합당하고 옳은 일입니다.

영원히 영광 받으실 아버지, 당신의 종이 잠깐 동안 외적으로 억압을 받으나 내적으로는 항상 당신과 함께 살고 있는, 당신이 예비하신 영원한 곳으로 갈 시간이 왔습니다.

> 보라 너희가 다 각각 제 곳으로 흩어지고 나를 혼자 둘 때가 오나니 벌써 왔도다. 그러나 내가 혼자 있는 것이 아니라 아버지께서 나와 함께 계시느니라. (요 16:32)

동트는 새벽에 당신과 함께 일어나 하늘의 영광을 보기 위해서는, 제가 일시적으로 멸시받고 천대 받으며 다른 사람 눈에는 실패한 것처럼 보이고, 고통과 연약함으로 제 마음이 부서져야만 합니다.

거룩한 아버지, 당신께서는 그렇게 약속하셨고 그리고 그렇게 이루어질 것입니다. 또한 당신이 정하시고 명령하신 것 모두가 이루어졌습니다.

4. 제가 당신의 사랑으로 인해서 고통을 겪고, 세상에 시달리고 심지어 가끔 어느 누구를 통하여 또 자주 시련을 주시더라도 그것은 당신의 친구 곧 저를 위한 사랑입니다.

세상에서 일어나는 일 가운데 어느 것 하나 당신의 간섭, 섭리 그리고 원인 없이 일어나는 일은 하나도 없습니다.

주님, 제가 고통을 겪고 창피를 당하는 것은 당신의 의로운 판단을 배우기 위함이기에 저에게는 좋은 일입니다. 또한 속이 뻔히 들여다보이고 가치가 없는 교만과 모든 가식을 버리기 위함이기에 저에게는 좋은 일입니다.

고난당한 것이 내게 유익이라 이로 인하여 내가 주의 율례를 배우게 되었나이다. (시 119:71)

수치가 제 얼굴을 덮고 있는 것은 좋은 일이니 제가 다른 사람들에게서보다 당신에게서 위안을 구하기 위함입니다.

내가 주를 위하여 훼방을 받았사오니 수치가 내 얼굴에 덮였나이다. (시 69:7)

저는 두려움으로 당신의 불가사의한 심판에 대한 것을 배워왔습니다. 왜냐하면 당신은 공정과 정의가 없어서가 아니라 사악한 무리들과 함께 그 불가사의한 심판으로 의인들도 단련시키려한 것이기 때문입니다.

5. 당신은 저의 죄를 용서하지 않으시고 쓰라린 질타로 저의 죄를 벌하시고, 또한 안팎으로 슬픔과 고뇌를 주시니 감사합니다.
하늘 아래 저를 위로하고 위안을 주실 이는 오직 나의 하나님이시며 영혼을 치유하시는 주님 당신, 당신뿐이옵니다. 당신은 저를 예리하게 치시고 치유하시며, 지옥에 내려 보내기도 하시고 다시 올려 보내기도 하십니다.

저가 위에서 보내사 나를 취하심이여 많은 물에서 나를 건져 내셨도다. (시 18:16)

당신의 훈계로 저를 다스리시고 당신의 지팡이가 저를 가르칠 것입니다.

주께서 또 주의 구원하는 방패를 내게 주시며 주의 오른손이 나를 붙들고 주의 온유함이 나를 크게 하셨나이다. (시 18:35)

6. 사랑하는 아버지, 저는 당신의 손바닥 위에 있고 당신이 저를 올바른 길로 인도하는 지팡이 아래에 허리를 굽힙니다.

저의 등과 목을 치시어 당신의 뜻에 반하는 비뚤어진 마음을 펴게 하여 주십시오.

저를 당신의 신실하고 겸손한 제자로 삼아 주소서. 그래서 당신의 팔꿈치가 조금만 스쳐도 제가 올바른 길로 가도록 하게 하여 주십시오.

저 자신과 저에 속한 모든 것은 당신의 징계를 받는 것을 피하지 않겠습니다. 지금 당신의 징계를 받는 것이 나중에 징계를 받는 것보다 더 낫습니다.

당신은 모든 사람과 모든 것을 다 알고 계십니다. 당신으로부터 숨길 수 있는 인간의 양심은 하나도 없습니다.

어떤 일이 일어나기 전에 당신은 그것을 알고 계십니다. 세상에서 일어나고 있는 일에 대해서 누구도 당신을 가르치거나 상기시켜 드릴 필요가 없습니다.

당신은 저의 영적 성장에 무엇이 도움이 되는지 알고 계십니다. 또한 저의 시련의 경험이 저의 죄의 쓰레기를 씻어내는데 얼마나 도움이 큰지를 알고 계십니다.

당신이 원하시는 대로 저에게 행하십시오. 당신이 그 누구보다도 잘 알고 있는 저의 죄 많은 인생 때문에 저를 버리지 마십시오.

7. 주님 제가 알아야 할 것을 알게 하시고, 사랑해야 할 것을 사랑하게 하시고, 당신이 가장 기뻐하시는 것을 찬양하게 하시고, 당신이 귀하게 여기는 것을 중히 여기게 하시고, 당신이 보시기에 불결하고 추악한 것

을 싫어하게 하여 주십시오.
저의 눈으로 보이는 것만으로 판단하게 하지 말게 하시고 무지한 사람들이 하는 것처럼 평가하지 말게 해 주십시오. 대신에 진실에 근거를 둔 판단으로 보이는 육적인 것과 보이지 않는 영적인 것을 분간하게 하시고 무엇보다도 당신의 선한 뜻을 항상 알아내게 하여 주십시오.

8. 인간의 마음은 때때로 자신의 판단을 착각하여 속아 넘어갑니다. 이 세상을 사랑하는 사람들은 보이는 것에 집착하다가 속아 넘어갑니다.
다른 사람이 대단하다고 여기는 것을 우리는 어떻게 더 좋은 것이라고 할 수 있겠습니까?
사기꾼이 사기꾼을 속입니다. 아무것도 없는 사람이 또 그런 사람을 속입니다. 장님이 장님을 속이고 약자가 약자를 속입니다. 사람들이 헛된 칭찬을 하는 것은 사실 사람들을 수치스럽게 하는 것입니다.

성 프란치스코의 말입니다.
"누구나 당신의 눈에 비치는 그대로가 그 사람인 것입니다. 그 이상도 그 이하도 아닙니다."

chapter 51

보잘 것 없는 일의 위로

The Comfort of Humble Tasks

1. 자녀들아, **너희가 항상 뜨거운 열정으로 신앙심을 유지하기는 어렵다.** 또한 항상 고도의 묵상 상태에 머물러 있을 수는 없다. 그보다는 너희는 본능적으로 타락을 선호하기 때문에 때때로 더욱 타락의 길로 떨어지고 심지어 너희의 뜻에 반해서 타락한 인생의 짐과 지루함을 견뎌야 한다.
너희가 썩을 육체를 지니고 있는 한, 너희는 이 시련과 마음의 중압감을 느낄 것이다.
너희가 육신 속에 있는 한, 너희는 육신의 짐으로 인해 자주 통곡하며 울부짖어야만 한다. **왜냐하면 너희는 끊임없이 영적 훈련과 묵상으로 시간을 보낼 수 없기 때문이다.**

2. 이 시간에 내가 다시 너희를 찾아와서 모든 근심걱정에서 해방시킬 때까지 너희는 보잘 것 없고 헌신적인 일에 충실하고, 선한 행동으로 너

희 자신을 새롭게 하고, 확고한 희망을 가지고 내가 돌아올 것과 하늘의 방문을 기다리며, 너의 마음의 황량함과 너의 방황을 견디어 내는 것이 너에게는 유익하다.
왜냐하면 내가 너희의 수고를 잊게 해 줄 것이며, 내적인 휴식을 즐길 수 있게 해줄 것이기 때문이다.
나는 너희에게 성경을 읽는 즐거움의 장을 펼쳐 보일 것이고 그래서 넓어진 마음으로 너희는 나의 계명의 길을 마음껏 달릴 수 있을 것이다.

주께서 내 마음을 넓히시오면 내가 주의 계명의 길로 달려 가리이다. (시 119:32)

너희는 이렇게 말할 것입니다. "장차 우리에게 나타날 영광에 비하면 이 시대의 고통과 시련은 비교할 바가 아닙니다."

생각건대 현재의 고난은 장차 우리에게 나타날 영광과 족히 비교할 수 없도다. (롬 8:18)

chapter **52**

회개하는 마음의 위로

The Comfort of a Contrite Heart

1. 주님, 저는 당신의 위로를 받을 자격이 없으며 당신의 영적 찾아오심 또한 그럴 자격이 없습니다. 그러므로 제가 비천하고 황량하게 되었을 때 그렇게 버려두심은 저를 정당하게 대하여 주신 것입니다.

비록 제가 눈물을 바닷물만큼 흘린다 해도 저는 여전히 당신의 위로를 받을 자격이 없습니다.

저는 처벌을 받아 마땅한 자입니다. 왜냐하면 당신께 고통을 주었고 당신을 자주 공격했으며, 여러 가지로 큰 죄악을 저질렀기 때문입니다.

이 모든 일을 생각해 볼 때 저는 조그마한 위안조차도 받을 자격이 없습니다.

그러나 선하시고 자비로운 주님, 당신은 당신의 자비로움을 베푸시는 자들에게 풍성한 선을 보여주시면서 당신의 피조물들이 망하도록 하지는 않을 것입니다.

또한 영광 받기로 예비하신 바 긍휼의 그릇에 대하여 그 영광의 부요함을

알게 하고자 하셨을지라도 무슨 말 하리요. (롬 9:23)

당신은 제가 당신의 은혜를 받을 자격이 없더라도 인간의 생각을 뛰어넘어 당신의 종에게 은혜로운 위로를 해 주시기 바랍니다.
왜냐하면 당신의 위로는 인간의 위로와는 같지 않기 때문입니다.

2. 주님, 제가 무슨 일을 해야만 저에게 하늘의 위안을 주시겠습니까?
제가 뒤돌아 보건데 잘했던 기억은 없고 오히려 타락과 죄의 길로만 있었던 저를 기억합니다. 또한 보다 나은 방향으로 저의 생활을 변화하고자 하는 마음을 주저하였습니다.
이것은 사실이며 저는 부정하지 않겠습니다. 만일 제가 다른 말을 한다면 당신께서는 저에게서 돌아설 것이며 저를 옹호할 사람은 하나도 없을 것입니다.
저의 죄에 대한 대가(代價)는 지옥과 영원한 불구덩이 외에 무엇이 있겠습니까?
제가 진실로 고백하오니 저는 멸시와 조롱을 받아 마땅하며 당신의 신실한 종들 사이에서 저의 이름이 거명되는 것은 맞지 않습니다.
저도 이런 말을 듣는 것이 싫습니다만 진리를 위하여 제 자신의 죄를 낱낱이 드러내어 당신의 자비를 구하는 기도를 진정으로 좀 더 진실하게 하기 위함입니다.

3. 죄를 짓고 혼란으로 가득한 제가 무슨 말씀을 당신께 드리겠습니까?
저는 다만 이 말씀만을 드릴 수 있습니다. “저는 죄인입니다, 주님, 제가 죄를 지었습니다! 자비를 배푸시어 제 죄를 용서하여 주십시오.”

제가 어둠의 땅, 죽음의 그림자로 덮여 있는 그 땅으로 가기 전에 소리 높여 통곡할 수 있도록 잠시만 용서하여 주십시오.

내가 돌아오지 못할 땅 곧 어둡고 죽음의 그늘진 땅으로 가기 전에 그리하옵소서. (욥 10:21)

비참한 죄인들이 그들의 죄를 뉘우치고 그 죄에 대해 겸손해지는 것 이외에 무엇을 더 요구하십니까?

진실한 뉘우침과 마음의 겸손함으로부터 용서의 희망은 태어납니다. 괴롭고 고통스럽던 양심이 화평해지고, 잃었던 은총이 회복될 것입니다. 다가올 하나님의 응징에서 보호받게 되고, 하나님과 회개하는 영혼은 거룩한 키스로 함께 만나게 될 것입니다.

4. 죄에 대한 겸손한 뉘우침은 당신이 좋아하시는 합당한 제사이며, 당신 앞에서는 향불의 연기보다 더 달콤한 향기인 것입니다.

하나님이 구하시는 제사는 상한 심령이라. 하나님이여 상하고 통회하는 마음을 주께서 멸시치 아니하시리이다. (시 51:17)

그것은 또한 당신의 거룩한 발에 부어드리기를 원하는 좋아하시는 향유인 것입니다. 왜냐하면 뉘우치고 상한 심령은 당신이 결코 업신여기거나 멸시하지 아니하십니다.

너는 내 머리에 감람유도 붓지 아니하였으되, 저는 향유를 내 발에 부었느니라. (눅 7:46)

이곳은 원수의 화난 얼굴을 피하는 피난처이요, 다른 곳에서 더럽혀진 얼굴을 씻어 버리고 지우는 곳입니다.

chapter 53

세속적 애정에 대한 죽음

Deadness to Earthly Affections

1. 자녀들아, 나의 은총은 귀하고 소중하며, 어떤 다른 외적인 것과 세상적인 위로와 같이 생각해서는 안 된다.
그러므로 만일 너희가 은총 받기를 원한다면 은총을 받는데 장애가 되는 모든 것을 떨쳐버려야 한다.
너희 자신 만을 위한 은밀한 공간을 찾으라. 혼자 있기를 즐겨하라. 다른 사람들과 대화를 줄이라. 그보다는 너희의 마음을 가다듬고 너희 양심의 순수함을 지켜 하나님께 드리는 경건한 기도에 힘을 쓰라.
온 세상을 아무것도 아닌 것으로 여겨라. 어떤 일보다 하나님 섬기기를 우선하라.
너희가 나를 섬기면서 동시에 순간의 쾌락을 즐길 수 없기 때문이다.
너희는 너희의 친구와 너희를 아는 지인들과의 교제를 멀리하고 세상의 위로에 너무 의존하지 말라.

또 내 이름을 위하여 집이나 형제나 자매나 부모나 자식이나 전토를 버린

자마다 여러 배를 받고 또 영생을 상속하리라. (마 19:29)

그래서 복되신 제자 베드로는 그리스도의 신자들이 이 세상에서 나그네와 이방인으로 살도록 절박하게 권고하셨다.

사랑하는 자들아 나그네와 행인 같은 너희를 권하노니 영혼을 거스려 싸우는 육체의 정욕을 제어하라. (벧전 2:11)

2. 이 세상에서 잠시 있다가 없어질 정에 연연해하지 않는 사람은 죽음의 순간에 얼마나 자신만만하겠는가!
그러나 영적인 마음이 부족한 사람은 모든 것에서 마음이 자유롭다는 것이 무엇을 의미하는지, 또한 세속적인 사람은 내적인 자아의 자유가 무엇인지를 이해하지 못한다.

육에 속한 사람은 하나님의 성령의 일을 받지 아니하나니 저희에게는 미련하게 보임이요, 또 깨닫지도 못하나니 이런 일은 영적으로라야 분별함이니라. (고전 2:14)

그러나 너희가 진실로 영적인 것을 원한다면 너희에게서 멀리 떨어져 있는 사람들뿐 아니라 가까이 있는 사람마저도 멀리해야 한다. 너희 자신보다도 더 두려운 사람은 없기 때문이다.
만일 너희가 너희 자신을 완벽하게 극복하려면, 너희를 짓누르고 있는 것에서 매우 쉽게 빠져 나와야 할 것이다.
완벽한 승리는 자신을 이기는 것이다.

지인자지 자지자명 (知人者知 自知者明)
승인자유력 자승자강 (勝人者有力 自勝自强) 《노자 도덕경》
극기복례 (克己復禮) 《공자》

감성이 이성에게 복종하고, 그들의 이성은 모든 것에 있어서 나에게 종속되는 그런 복종을 유지하는 자들이 진정으로 자신의 정복자요 세상의 주인인 것이다.

3. 만일 너희가 이런 경지에 오르기를 원한다면 너의 자신에게 숨겨진 과도한 편견과 이기심과 세속적인 것들에 대해서 뿌리를 뽑아야하고 용감하게 없애버려야 한다.

   이미 도끼가 나무뿌리에 놓였으니 좋은 열매 맺지 아니하는 나무마다 찍어 불에 던지우리라. (마 3:10)

우리가 반드시 뽑아 없애버려야 하는 모든 사악한 것들은 자기를 지나치게 사랑하는 이기심에서 나온다. 일단 이 악을 이기고 무찌른다면 큰 평화와 고요함이 곧 찾아 올 것이다.

그러나 자신에게 완벽하게 죽지 못하거나 자신을 완벽하게 이기지 못하는 부족한 노력 때문에 그들은 그 상태로 묶여 있어서 그들 자신보다 더 나은 영적인 단계로 끌어올릴 수 없다.

그러나 나와 같이 자유롭게 걷기를 원하는 사람들은 모든 그들이 갖고 있는 악하고 지나친 육정을 죽이고 이기심으로 어떤 피조물에게도 집착해서는 안 된다.

인간의 본성과 은총의 다른 점

The Difference Between Nature and Grace

1. 자녀들아, 타고난 인간의 본성과 은총의 움직임을 주의 깊게 살펴보라. 왜냐하면 그 둘은 완전히 다른 반대 방향으로 작용한다. 그리고 영적으로나 내적으로 깨어있지 않은 사람은 그것을 구별하기 어렵다.
모든 사람들은 진정 선한 것을 갈망한다. 그리고 말이나 행동에 있어 선한 것을 가장한다. 그러므로 선이라는 가면 때문에 많은 사람들이 속고 있다.
인간의 본성은 교활하여 많은 사람들을 함정에 빠뜨리고 속이면서 유혹한다. 그리고 항상 그것 자체를 목표와 목적으로 삼고 있다.
그러나 은총은 아무런 조건 없이 단순하게 찾아오고 악의 모습에서 얼굴을 돌린다. 은총은 기만과 속임의 은신처가 아니라 마지막 피난처이신 하나님을 위한 정결한 모든 것이다.

2. 인간의 본성은 자기 자신을 죽이려 하지도 않고, 속박 받기도 싫어하고,

지기도 싫어하고, 남에게 복종하려 하지도 않을 뿐더러 자기가 승낙한 그 자체에도 복종하기를 싫어한다.

그러나 은총은 감정이나 정욕을 극도로 억제하고, 음탕한 것을 거부하고, 복종하려 하며, 남보다 낮은 곳에 처하려고 하며 그리고 가지고 있는 자유를 이용하는데 애를 쓰려고 하지 않는다. 은총은 훈계를 잘 받아들이고 다른 사람을 지배하려 하지 않고, 하나님의 법도 아래에서 살기를 원하며 항상 그런 곳에서 같이 살기를 원한다. 하나님을 위하여 모든 사람들 아래로 항상 온유하게 무릎을 꿇을 준비가 되어 있다.

인간에 세운 모든 제도를 주를 위하여 순복(順服)하되 혹은 위에 있는 왕에나. (벧전 2:13)

인간의 본성은 자신의 이익을 위해서 힘을 쓰고 다른 사람들을 희생시켜 이길 방법만을 생각한다.

은총은 어떤 이익을 탐하거나 어떤 자기의 유익을 구하는 것이 아니라 많은 사람들의 선을 위한 것이 무엇인지를 생각한다.

나와 같이 모든 일에 모든 사람을 기쁘게 하여 나의 유익을 구치 아니하고 많은 사람의 유익을 구하여 저희로 구원을 얻게 하려 하라. (고전 10:33)

인간의 본성은 명예와 존경을 받으려고 애를 쓴다.

은총은 모든 영광과 명예를 하나님께 돌린다.

여호와의 이름에 합당한 영광을 돌리며 거룩한 옷을 입고 여호와께 경배할찌어다. (시 29:2)

3. 인간의 본성은 수치와 멸시를 두려워한다.

은총은 예수의 이름으로 인하여 비난받고 그것을 참고 견디는 것을 즐거워한다.

인간의 본성은 육체의 휴식과 여가를 선호한다.
은총은 한가하거나 게으를 수 없으며 뭔가 유익한 일을 찾아 즐겁게 나아간다.

그러나 나의 나 된 것은 하나님의 은혜로 된 것이니, 내게 주신 그의 은혜가 헛되지 아니하여 내가 모든 사도보다 더 많이 수고 하였으나 내가 아니요 오직 나와 함께 하신 하나님의 은혜로라. (고전 15:10)

인간의 본성은 호기심을 끌고 예쁘고 아름다운 것을 소유하려고 시도하고 값싸거나 조잡한 것들을 몹시 싫어한다.
은총은 평범하고 보잘것없더라도 그것을 즐겨하고, 투박한 것들을 멸시하지 않으며 낡고 오래된 옷도 거부하시 않는다.
인간의 본성은 잠시 있다가 없어지는 것에 애착을 가지고, 당장의 이익에 기뻐하고, 손해를 보면 괴로워하고 한마디라도 모욕적인 말을 듣지를 못한다.
은총은 오로지 영원한 것을 바라보고, 잠시 있다가 없어지는 것에 집착하지 않으며, 손해를 봐도 불안해하지 않고, 싫은 소리를 해도 격분하지 않는다. 왜냐하면 아무것도 잃어버릴 걱정이 없는 하늘에 보화와 기쁨을 두고 있기 때문이다.

오직 너희를 위하여 보물을 땅에 쌓아두지 말라. 거기는 좀이나 동록이 해하지 못하며 도적이 구멍을 뚫지도 못하고 도적질도 못하느니라. (마 6:20)

4. 인간의 본성은 탐욕스럽고 주기보다는 받으려 하고 개인적이나 사적으

로 소유하려는 것을 좋아한다.

은총은 친절한 마음이고 다른 사람과 함께 나누려 하고 이기적인 이익을 멀리한다. 그리고 적은 것에 만족하고 받는 것보다 주는 것을 더 축복받는 것이라는 것을 알고 있다.

> 범사에 너희에게 모범을 보였노니 곧 이같이 수고하여 약한 사람들을 돕고 또 주 예수의 친히 말씀하신 바 '주는 것이 받는 것보다 복이 있다.' 하심을 기억하여야 할찌니라. (행 20:35)

인간의 본성은 피조물을 사랑하고, 육신을 사랑하고, 허영을 좋아하고, 끊임없이 새로운 것을 찾아 방황한다.

은총은 하나님께로 이끌고, 선으로 인도하고, 피조물을 좇지 아니하게 한다. 세상의 유혹을 피하게 하며, 육신의 욕망을 미워하며, 나돌아 다니는 것을 삼가고, 가능한 한 남의 이목을 받으려 하지 않는다.

인간의 본성은 감정을 즐겁게 해주는 외적인 위로를 받고 싶어 한다.

은총은 하나님 안에서만 위안을 구하고, 모든 보이는 것보다는 최고의 선함 속에서 기쁨을 찾으려 한다.

5. 인간의 본성은 그 자체의 이익과 유익만을 위해서 행동한다. 대가 없는 일은 하지 않고, 자기가 조금만 친절을 베풀었다면 반드시 그에 상응하거나 더 나은 보답을 받고 싶어 한다. 또는 적어도 그 친절에 대한 칭찬이나 호의라도 듣고 싶어 한다. 그런 행위와 은사를 높이 평가 받고 싶어 안달한다.

은총은 잠시 있다 없어지는 것을 찾아다니지 아니하며, 하나님 외에는 그 어떤 보답을 요구하지 않으며, 영원한 것을 얻는데 도움이 되는 것 말고는 그 어떤 세상적인 것을 구하지 않는다.

6. 인간의 본성은 많은 친구들과 친척들 속에서 즐거워하고, 고귀한 혈통이나 가문을 자랑한다. 그리고 권력 앞에서는 알랑거리고, 돈 많은 자들 앞에서 아첨한다. 또한 돈 있고 권력이 있는 것 같은 자들에게도 박수를 친다.

   은총은 원수까지도 사랑하며 친구가 많다고 우쭐대지도 아니하며, 만일 그것이 보다 더 선한 것과 연결되어 있지 않다면 가문이나 혈통을 무시한다.

   은총은 부자보다는 가난한 자에게 호의를 베풀고, 권력자보다는 겸손하고 순진한 자에게 동정을 베풀며, 사기꾼보다는 정직한 자들과 기쁨을 나눈다.

   은총은 선한 자에게 더 큰 은사를 구하도록 항상 권고한다. 많은 선행을 통하여 하나님의 아들과 같이 되어 가는 것을 권고한다.

   사랑을 따라 구하라. 신령한 것을 사모하되 특별히 예언을 하려고 하라. (고전 14:1)

   이러므로 너희가 더욱 힘써 너희 믿음에 덕을, 덕에 지식을. (벧후 1:5)

   인간의 본성은 조금만 불편하고 부족하면 쉽게 원망을 한다.

   은총은 굳건하고 지속적으로 궁핍을 견뎌 낸다.

7. 인간의 본성은 모든 것을 그 자체에게 맡기고 그 자체를 위해서 주장하고 그 자체를 위해서 싸우고 힘을 쓴다.

은총은 모든 것을 근본적으로 만드시고 운행하시는 하나님께 돌린다. 은총은 좋지 않은 일이 있어도 그 자체로 돌리지 않고 오만하게 추측하지도 않는다. 은총은 다른 사람에게 자체의 의견을 강요하거나 주장하지 않는다. 은총은 그 자체에 대한 이해와 파악을 영원한 지혜와 하나님의 판단에 맡긴다.

인간의 본성은 비밀을 알고 싶어 하며 새로운 소식을 듣고 싶어 한다. 본성은 여러 사람들 앞에 나서기를 좋아하고 그 자체의 느끼는 감정으로 많은 것을 입증하려 한다. 본성은 다른 사람의 주목 받기를 좋아하고 칭찬받고 박수 받는 일만을 하려고 한다.
은총은 새로운 것이나 사람을 유혹하는 것을 들으려고 하지 않는다. 왜냐하면 이런 모든 것들은 인간의 오래된 부패에서 나온다는 것을 알기 때문이다. 은총은 이 세상에는 새로운 것은 없고 또 영원한 것도 없다는 것을 안다. 그러므로 은총은 감정을 조절하고, 헛된 자만과 지나친 과장을 일부러 피하고, 칭찬과 환호 받을 만한 일들을 겸손하게 드러내지 않으며, 모든 것에서 유용하고 쓸 만한 과실을 구하여 이런 모든 지식을 통하여 하나님의 영광과 찬양을 가르친다.
은총은 그 자체나 자체가 소유한 것으로 인해 칭찬받도록 하는 것이 아니라 오직 자신의 사랑으로 모든 것을 주시는 하나님이 그 자신의 선물로 보답하기만을 원하는 것이다.

8. **이 은총은 초자연적인 빛이요, 어떤 특별한 하나님의 선물이요, 선택받은 자들의 표적이요, 영원한 구원에 대한 약속이다.** 은총은 사람들을

이 세상에서 들어올려 하늘의 것을 사랑하도록 하고, 육적인 사람들을 영적인 사람들로 만든다.

그러므로 인간적 본성을 억누르고 부정하면 할수록 은총은 더욱 더 크게 부어지게 된다. 매일 매일 새로운 은총을 만나는 내적 자아는 하나님의 형상으로 새롭게 바꾸어지게 되는 것이다.

> 새 사람을 입었으니 이는 자기를 창조하신 자의 형상을 좇아 지식에까지 새롭게 하심을 받는 자니라. (골 3:10)

chapter 55

인간의 본성에 대한 은총의 승리

The Victory of Grace over Nature

1. 주 하나님, 당신의 형상과 모습대로 저를 창조하신 하나님, 저의 구원을 위해 그렇게 위대하고 그리고 필요하다고 저에게 보여주신 은총을 허락하소서. 그리하여 저를 죄악과 영원한 저주로 끊임없이 이끌어 내는 저의 정말로 악한 본성을 이기게 하소서.

제 지체 안에는 제 마음의 법과 다른 죄의 법이 있음을 느낍니다. 그 다른 법이 저를 많은 것에 있어 죄악으로 몰아갑니다. 그러므로 당신의 은총이 저를 도와주지 않으면 그 죄악의 힘을 당해 낼 수 없습니다.

내 지체 속에서 한 다른 법이 내 마음의 법과 싸워 내 지체 속에 있는 죄의 법 아래로 나를 사로잡아 오는 것을 보는 도다. (롬 7:23)

2. 인간의 본성은 지속적으로 어려서부터 악한 뜻을 품기 마련인데 이것을 극복하기 위해서는 저는 당신의 은총이 필요하고 또한 더욱 더 큰 은총이 필요합니다.

내가 다시는 사람으로 인하여 땅을 저주하지 아니하리니 이는 사람의 마음의 계획하는 바가 어려서부터 악함이라. (창 8:21)

왜냐하면 첫 사람 아담으로 말미암아 인간의 본성은 죄로 타락하고 부패하게 되었고 이 죄에 대한 벌의 오점이 인간의 본성의 그 본연의 자체로 전 인류에게 전해지게 되었기 때문입니다. 인간의 본성 자체는 원래 착하고 올바르게 창조되었으나 이제는 인간이 타락한 본성의 연약함과 부패의 상징으로 되었습니다. 왜냐하면 인간의 본성 그 자체는 내버려두면 끊임없이 악하고 천한 것으로 끌려갑니다.

말하자면 **인간의 본성에 남아있는 작은 힘은 재속에 숨어있는 불씨 같은 것입니다.**

이 힘은 캄캄한 어둠에 둘러싸인 우리 인간의 자연적인 이성 그 자체인데 그 남아있는 힘은 악함과 선함, 진실과 거짓을 구별합니다. 비록 그것이 정당한 것을 다 실행할 수 없고, 진리의 모든 빛을 비출 수 없으며, 그것이 가진 모든 영향을 다 누리지는 못하지만 말입니다.

3. 그러므로 나의 하나님, 저는 당신의 계명이 선하고 의로우며 거룩한 것을 알고 있으며, 또한 모든 피해야 할 악과 죄를 책망하신다는 것을 알고 있기에 저의 내적 자체는 당신의 법을 기뻐합니다.

내 속 사람으로는 하나님의 법을 즐거워하며. (롬 7:22)

그러나 저는 죄의 법을 따르는 육신을 가지고 있어 저의 이성보다는 저의 감정에 따라 복종합니다.

그런즉 내 자신이 마음으로는 하나님의 법을 육신으로는 죄의 법을 섬기노라. (롬 7:25)

결과적으로, 선한 마음이 내게 있기에 그것을 시행하려 하지만 저는 그것을 수행하지는 못합니다.

내 속 곧 내 육신에 선한 것이 거하지 아니하는 줄을 아노니 원함은 내게 있으나 선을 행하는 것은 없노라. (롬 7:18)

왜냐하면 저는 자주 많은 좋은 일을 하려고 결심하지만 저의 연약함을 도와줄 은총이 부족하고, 조그마한 장애물만 있어도 뒤로 넘어지고 실패하기 때문입니다.

저는 이것을 극복하는 완벽한 길을 알고 있으며 또한 제가 해야 할 일을 분명하게 알고 있습니다. 그러나 제 자신의 부정적인 마음의 무게에 짓눌려 좀 더 완벽한 삶으로 일어나지 못하고 있습니다.

4. 주님, 제가 선한 것을 시작하고 그것을 계속적으로 진행시키며 그것을 완성하기 위해서는 당신의 은총이 절대적으로 필요합니다.

그 은총 없이는 저는 아무것도 할 수 없지만 당신의 은총이 있다면 저를 강건하게 할 것입니다.

내게 능력 주시는 자 안에서 내가 모든 것을 할 수 있느니라. (빌 4:13)

참된 하늘의 은총이시여! 은총 없이는 우리의 가장 의미 있는 행동도 아무 것도 아니며, 타고난 재능도 아무런 가치가 없습니다.

주님, 당신의 은총이 없다면 예술도, 부유함도, 아름다움도, 능력도, 지혜도, 사람을 감동시키는 힘도 아무런 가치가 없는 것입니다.

타고난 재능은 선한 사람이나 악한 사람이나 누구나에게 주어지지만 당신의 은총이나 하나님의 사랑은 선택된 사람에게 주어지는 특별한 선물입니다. 이 영광스러운 표적을 지닌 사람들은 영원한 생명을 차지할 자격이 주어집니다.

이 은총은 너무나 특별하고 귀한 것이라서 은총 없이는 예언의 은사도, 기적의 은사도, 기도의 은사도, 그리고 그것이 아무리 멋지고 장엄하다 할지라도 아무런 가치가 없는 것입니다.

하나님의 사랑과 은총이 없이는 믿음도, 소망도, 그리고 그 어떤 선행도 당신은 받아들이지 않습니다.

5. 지극히 복된 은총이시여! 심령이 가난한 자를 부하게 하심이요, 많은 재물로 부유한 자를 마음이 겸손하게 하십니다.

저에게 강림하십시오! 오셔서 저에게 당신의 위로를 빨리 채워주십시오. 그래서 제 영혼이 마음의 권태로움과 삭막함에서 벗어나게 해 주십시오.

주님, 저는 당신이 주시는 은총을 간구합니다. 왜냐하면 비록 인간의 본성이 원하는 것을 얻지 못한다 할지라도 당신의 은총만으로도 충분하기 때문입니다.

내게 이르시기를 '내 은혜가 네게 족하도다. 이는 내 능력이 약한 데서 온전하여짐이라.' 하신지라 이러므로 도리어 크게 기뻐함으로 나의 여러 약한 것들에 대하여 자랑하리니 이는 그리스도의 능력으로 내게 머물게 하려 함이라. (고후 12:9)

제가 비록 많은 시련으로 유혹을 받고 또 시련을 받고 있지만 당신의 은총이 저와 함께 있는 한 악을 두려워하지 않을 것입니다.

내가 사망의 음침한 골짜기로 다닐찌라도 해를 두려워하지 않을 것은 주께서 나와 함께하심이라. 주의 지팡이와 막대기가 나를 안위하시나이다.
(시 23:4)

당신의 은총만이 저의 힘이요 충고요 도움입니다.
은총은 모든 원수들보다 강하고, 모든 지혜로운 자보다 현명합니다.

6. 당신의 은총은 진리의 스승이요, 제자들의 선생이요, 마음의 등불이요, 고통 속에 위로입니다. 또한 당신의 은총은 슬픔을 좇아버리고 두려움을 물리치며 헌신을 어루만져주며 눈물을 흐르게 합니다.

은총이 없다면 저는 시들은 나뭇가지요 버려질 운명의 쓸모없는 그루터기에 불과합니다.

주님, 당신의 은총이 항상 앞서가시고 그리고 저는 뒤를 따라 가겠습니다. 당신의 아들 예수 그리스도를 통하여 제가 끊임없이 선한 일을 하게 해 주십시오. 아멘.

예수의 길, 진리 그리고 생명

Christ, the Way, the Truth and the Life

1. 자녀들아, 너희가 너희 자신을 버릴 수 있으면 버릴수록 너희는 나에게 더 가까이 들어 올 수 있을 것이다.

내적인 평화는 외적인 것을 바라지 않는 데서 오는 것처럼 너희의 내적 자아를 버려야 하나님의 마음과 일치하게 된다.

나는 너희가 나의 뜻에 따라 어떤 반항이나 원망 없이 너희 자신을 완벽하게 버리는 것을 배우기를 바란다.

나를 따르라. 내가 길이요 진리요 생명이다.(요14:6)

길이 없으면 다닐 수가 없고, 진리가 없으면 배울 것이 없고, 생명이 없이는 살 수가 없다.

나는 너희가 걸어야만 할 길이요, 믿어야만 할 진리요, 희망을 두어야만 할 생명이다.

나는 의심할 여지가 없는 길이요, 절대 확실한 진리요, 결코 죽지 않는 생명이다.

나는 쭉 뻗은 바른 길이요, 최고의 진리요, 가장 참된 생명이요, 복된 생명이요, 원래부터 있던 생명이다.

만일 너희가 나와 같이 동행한다면 너희는 진리를 알게 될 것이요, 그 진리는 너희를 자유롭게 할 것이요, 영원한 생명을 갖게 될 것이다.

진리를 알찌니 진리가 너희를 자유케 하리라. (요 8:32)

나는 세상의 빛이니 나를 따르는 자는 어두움에 다니지 아니하고 생명의 빛을 얻으리라. (요 8:18)

2. 너희가 만일 생명에 들어가려면 계명을 지켜라

어찌하여 선한 일을 내게 묻느냐? 선한 이는 오직 한 분이시니라. 네가 생명에 들어 가려면 계명들을 지키라. (마 19:17)

너희가 만일 진리를 알고 싶으면 나를 믿으라.

저는 진리의 영이라 세상은 능히 저를 받지 못하나니 이는 저를 보지도 못하고 알지도 못함이라. 그러나 너희는 저를 아나니 저는 너희와 함께 거하심이요 또 너희 속에 계시겠음이라. (요 14:17)

너희가 만일 완전하기를 바라거든 너희가 가진 모든 것을 팔아라.

네가 온전하고자 할찐대 가서 네 소유를 팔아 가난한 자들을 주라. 그리하면 하늘에서 보화가 네게 있으리라. 그리고 와서 나를 좇으라. (마 19:21)

너희가 만일 나의 제자가 되려거든 너희 자신을 부정해라.

아무든지 나를 따라오려거든 자기를 부인하고 자기 십자가를 지고 나를 좇을 것이니라. (마 16:24)

너희가 만일 복된 생명을 누리고 싶으면 현재의 생명을 천히 여겨라. 너희가 만일 하늘의 들림을 받기를 원한다면 이 세상에서 너희 자신을 겸손히 하라.
너희가 만일 나와 함께 다스리기를 원한다면 나와 함께 십자가를 져라.
십자가를 지는 진실한 종들만이 완전한 행복의 길과 참 빛의 길을 찾을 수 있다.

3. 주 예수여! 당신의 길은 좁아 세상 사람들이 다 싫어하나 저는 비록 세상이 저를 멸시하더라도 당신을 따라가려고 하니 은총을 내려주소서. 왜냐하면 종은 그 상전보다 크지 아니하며 제자는 선생보다 높지 않기 때문입니다.

   제자가 그 선생보다 또는 그 종이 상전보다 높지 못하나니. (마 10:24)

당신의 종이 당신의 생활 속에서 훈련이 되게 하여 주십시오. 당신 생활 안에는 저의 구원과 저의 진실된 거룩함이 있기 때문입니다.
당신의 생활 말고 제가 읽고 듣고 하는 것 무엇이나 저에게 새로움이나 즐거움을 채워주지는 못합니다.

4. 자녀들아, 너희가 이 모든 것을 읽어왔고 또 알고 있으니 만일 너희가 이것들을 행한다면 축복을 받을 것이다.

   저는 진리의 영이라 세상은 능히 저를 받지 못하나니 이는 저를 보지도 못하고 알지도 못함이라. 그러나 너희는 저를 아나니 저는 너희와 함께 거하심이라. 또 너희 속에 계시겠음이라. (요 14:17)

나의 계명을 가지고 지키는 이야말로 나를 사랑하는 자이며, 내가 그들을 사랑할 것이다. 또한 그들에게 내 자신을 증명하고 내 아버지 집에서 나와 함께 같이 앉아 있을 것이다.

나의 계명을 가지고 지키는 자라야 나를 사랑하는 자니 나를 사랑하는 자는 내 아버지께 사랑을 받을 것이요 나도 그를 사랑하여 그에게 나를 나타내리라. (요 14:21)
이기는 그에게는 내가 내 보좌에 함께 앉게 하여 주기를 내가 이기고 아버지 보좌에 함께 앉은 것과 같이 하리라. (계 3:21)

주 예수여! 당신께서 말씀하시고 약속하신 것처럼 그대로 되게 하소서.
그리고 저의 운명도 그 만한 가치가 있게 하소서.
제가 당신의 손에서 십자가를 받았으니 저는 그 십자가를 질 것이며 당신이 저에게 지어주신 그 십자가를 지고 죽음에 이를지언정 감당할 것입니다.
진정으로 착하고 좋은 성직자의 삶은 십자가의 삶이지만, 그 십자가가 그들을 낙원으로 인도합니다.
우리는 그런 삶이 시작되었습니다. 우리는 돌이킬 수 없고 포기할 수도 없습니다.

5. 용기를 가지십시오. 형제자매님들이여! 함께 전진합시다! 예수가 함께 하실 것입니다.
예수를 위하여 우리는 십자가를 졌고 예수를 위하여 십자가 위에서 견디어 냅시다.
그는 우리를 도울 것이요 우리의 선장이요, 앞서서 뛰는 자이십니다.

그저 우리는 따라만 가면 됩니다.

보십시오. 우리의 왕께서 앞서나가 우리를 위해 싸우실 것입니다. 용기를 내서 따라갑시다. 공포나 싸움을 두려워하지 맙시다. 전투 중에 죽기를 각오합시다. 십자가에서 도망하여 우리의 영광을 더럽히지 않게 하여주소서.

chapter 57

시련 가운데 침묵함

Calmness Under Trials

1. 자녀들아, 어려울 때 인내하고 겸손한 것이 잘 나갈 때 많은 위안과 헌신하는 것보다 더욱 더 나를 기쁘게 하는 것이다.
너희들은 조금만 너희에 대해 거슬리는 말을 하면 그것을 왜 그리도 못 참는가?
만일 그보다 더한 말을 들었다 하더라도 **너희는 성질을 참아야만 한다.**
그러니 그냥 지나쳐 버리라. 살다보면 이런 일이 처음도 아니고 또한 새로운 것도 아니고 또 마지막도 아니지 않은가?
너희가 가는 길에 어떤 역경이나 반대가 있더라도 너희는 충분히 그것을 헤쳐 나갈 용기가 있다.
너희는 다른 사람들에게 좋은 조언도 하고 또한 용기도 북 돋우어 줄 수 있다. 그러나 예기치 않은 시련이 너희 앞에 다가오면 너희는 조언과 용기를 잃어버린다.
그때 너희는 작은 어려움 속에서 자주 경험해 온 너의 큰 약점을 예의 주시하라.

그러나 어찌 되었든 상관없이 이런 일들은 네가 선한 일을 하기 위해 반복될 것이다.

2. 그런 것들은 너희가 할 수만 있다면 너의 마음속에서 쫓아버리라. 만일 너희 마음을 상하게 했더라도 마음에 오래두지 말고 헝클어진 마음을 잘 정리하시기 바란다.

적어도 너희가 그것을 즐거운 마음으로 참아내지 못하더라도 인내로서 극복하기 바란다.

비록 너희가 그 말을 참아내기가 마음에 내키지 않고 화가 나더라도, **너희 자신을 억제하여 너의 입에서 나가는 부적절한 말을 삼가라.** 그것으로 인해 신앙심이 약한 자들이 걸려 넘어질까 우려가 되기 때문이다.

끓어오르던 격분의 말이 빠르게 누그러질 것이고 너의 내적인 참음의 고통은 은총의 보답으로 달콤해 질 것이다.

내가 존재하는 동안 만일 **너희가 나를 믿고 나에게 도움을 청한다면, 나는 너를 도울 것이요** 전보다 더 큰 위로를 너희에게 줄 것이다.

> 네 눈을 들어 사방을 보라. 그들이 다 모여 내게로 오느니라. 나 여호와가 이르노라. 내가 나의 삶으로 맹세하노니 내가 반드시 그 모든 무리로 장식을 삼아 몸에 차며 띠기를 신부처럼 할 것이라. (사 49:18)

3. 마음을 평온히 하고 너희 자신을 보다 더 큰 인내로 무장하라.

너희가 자주 시련을 당하고 유혹에 넘어가 쓰라린 고통을 당한다 하더라도 모든 것을 잃는 것은 아니다.

너희는 죽어 없어질 인간이지 하나님은 아니다. 너희는 육신을 가진 인간이지 천사가 아니다.
에덴동산의 첫 사람뿐 아니라 하늘에 있는 천사도 사탄의 꼬임으로 넘어지는데 너희가 어찌 항상 강건한 마음의 상태로 머물러 있을 수 있단 말인가?
나는 애통해 하는 사람들을, 자신의 연약함을 아는 사람들을 들어올려 구원하여 하늘의 영광에 이르게 하는 유일한 존재인 것이다.

4. 주님, 저의 입에는 꿀보다 그 어느 것보다 더 달콤한 당신의 말씀에 어찌할 바를 모르겠습니다.

금 곧 많은 정금보다 더 사모할 것이며 꿀과 송이 꿀보다 더 달도다.
(시 19:10)

주의 말씀의 맛이 내게 어찌 그리 단지요. 내 입에 꿀보다 더하니이다.
(시 119:103)

주께서 당신의 거룩한 말씀으로 용기를 주시지 않는다면 제가 이 큰 시련과 근심 속에서 무엇을 할 수 있단 말입니까?
제가 만일 마침내 구원의 항구에 다가갈 수만 있다면, 제가 얼마나 무슨 고통을 겪던지, 얼마나 많은 시련을 당하던지 그것이 무슨 문제가 되겠습니까?
저에게 아름다운 결말을 주십시오. 이 세상에 사는 동안 행복한 여정을 허락하소서.
나의 하나님 저를 언제나 생각하여 주시고, 당신의 나라에 곧장 바로 직행할 수 있게 하여 주소서. 아멘.

chapter 58

하나님의 비밀을 찾아나서는 헛된 시도

The Vanity of Searching into the Secrets of God

1. 자녀들아, 하늘의 것 또는 하나님의 은밀한 심판에 대한 것을 논쟁하지 않도록 주의하라. - 예를 들면 **왜 이 사람은 이렇게 버림받았을까? 저 사람은 왜 저런 커다란 혜택을 받는 것일까? 또 이 사람은 왜 이렇게 고통을 받는 것일까? 왜 저 사람은 저렇게 잘 나가는 것일까?**

이런 것들은 인간들이 왈가왈부할 일이 아니다. 하나님의 심판을 찾아서 논쟁하거나 어떤 인간의 이성의 힘으로 알아낼 수 있는 일이 아니다. 사탄이 너희에게 이런 일들을 제안하거나 호기심이 많은 사람들이 이런 문제를 제기할 때 너희는 예언자의 말씀을 빌려 답하라. "오 주님, 당신께서는 의로우시며 당신의 심판은 옳습니다."

여호아여 주는 의로우시고 주의 판단은 정직하시니이다. (시 119:137)

또 이렇게 말하라. "주님의 법규들은 진실하고 모두가 정의롭도다."

여호와를 경외(敬畏)하는 도는 정결하여 영원까지 이르고 여호와의 규례는

확실하여 다 의로우니. (시 19:9)

나에 대한 심판은 두려워해야 할 것이지 심판의 가부 경중을 따질 일이 아닌 것이다. 그것은 인간의 생각으로 이해될 수 있는 것이 아니다.

어리석고 무식한 변론을 버리라. 이에서 다툼이 나는 줄 앎이라. (딤후 2:23)

2. 더욱이 성인들 가운데 누구의 믿음이 더 거룩하다거나 또는 천국에서 어떤 것이 더 큰 것인지를 논쟁하거나 따지지 말라.

이런 것들은 가끔 비열한 충돌로 이어지고 무익한 말다툼으로 이어진다. 한 사람은 이 성인을 자랑스럽게 치켜세우고 다른 사람은 또 다른 성인을 치켜세워서 질투와 불화를 일으켜서 교만과 헛된 과시욕을 키운다.

그런 일을 알아내고 파헤치는 것은 좋은 결과를 가져오지 않으며 그 성인들에게도 고통스러운 일이다. 나는 불일치 불화의 하나님이 아니고 평화의 하나님이기 때문이다. 이 평화는 자신을 높이는데 있지 않고 진실한 겸손에 있다.

3. 어떤 사람들은 이런 성인들에 대한 열정 때문에 더욱 더 애정을 쏟아내지만 이것은 하나님으로부터 나오는 사랑이 아니라 인간의 욕정에 의한 것이다.

이 모든 성인들을 만든 자가 바로 나 하나님 아닌가? 게다가 나는 그들에게 은총을 내리고 자비를 베풀었다.

나는 그들이 무엇을 했는지 다 알고 있다. 나는 나의 축복의 달콤함을 가지고 그들에 앞서서 갔다.

나는 창세 전부터 나의 사랑한 자들을 알고 있다.

내가 세상에서 그들을 선택하였던 것이지 그들이 나를 선택한 것이 아니었다.

내가 은총으로 그들을 불렀고 내가 자비로 그들을 끌어낸 것이다. 내가 그들을 많은 유혹을 통해 인도하였다.

나는 그들의 마음에 하늘의 놀라운 위로를 부어 주었으며 그들에게 인내를 주어 그들이 인내의 면류관을 쓰게 되었던 것이다.

4. 나는 첫 번째 성인도 알고 있고 마지막 성인도 알고 있다. 나는 그들 모두를 이루 헤아릴 수 없는 사랑으로 품는다.

나는 모든 성인들로부터 찬송을 받아 마땅하다. 나는 모든 것보다 우선하여 축복받아 마땅하다. 나는 그들이 그들 자신의 어떤 선행공적도 없이 미리 성인으로 정하였고 이렇게 하여 영광스러운 찬미를 받게 되었든 그들의 모두로부터 존경 받아 마땅하다.

나의 누군가가 성인들 중에서 가장 지극히 작은 자 하나라도 멸시한다면 그것은 가장 위대한 성인도 공경하지 않는 것이다. 왜냐하면 나는 그 둘 다 모두 내가 만들었기 때문이다.

그리고 성인들 중 그 어떤 성인 하나라도 그 품위가 떨어지면 나의 품위도 떨어지는 것이고 하늘에 있는 모든 성인의 품위도 떨어지는 것이다.

그들은 모두 사랑의 고리로 하나가 되어 있다. 그들의 생각이 하나요, 그들의 뜻도 하나요, 그들은 모두 하나가 되어 서로 사랑한다.

5. 아직도 그들은 자기 자신보다 자신의 그 어떤 공적보다 나를 더욱 사랑

한다.

자아를 뛰어 넘어 그들은 온전히 자아에서 해방되었으며 전적으로 나만을 사랑하게 되었고 내 안에서 그들은 충만한 기쁨으로 안식한다.

그 어느 것도 나에게서 그들을 떼어 놓을 수 없으며 그 어느 것도 그들을 그들의 영광스러운 위치에서 내쫓을 수 없다. 왜냐하면 영원한 진리로 충만해 있어서 그들은 꺼지지 않는 사랑의 불꽃으로 타오르고 있기 때문이다.

그러므로 자신들의 즐거움 밖에 모르는 세속적이고 인간의 본성을 가진 사람들은 성인들에 대해 비판하거나 이렇다 저렇다 하는 토론을 삼가야 한다.

그런 사람들은 영원한 진리의 기쁨을 따르지 않고 상상에 따라 제 멋대로 말을 더하거나 빼기도 한다.

6. 많은 사람들이 무지하다. 특히 조금 밖에 배우지 않은 사람들은 완벽한 영적 사랑을 가진 사람들을 좀처럼 좋아할 수 없다.

그들은 많은 것에서 아직 이런 사람 또는 저런 사람과 가진 인간적 사랑과 우정에 지배를 받고 있다. 그래서 그들은 하늘의 것들이 세상의 사랑의 경험과 일치하리라고 생각한다.

하나님에게만 모든 희망과 믿음두기

Placing All Our Hope and Trust in God Alone

1. **주님 제가 이 세상에서 무엇을 믿고 살아야 하며, 또 하늘에 있는 것 가운데서 내가 가질 수 있는 가장 큰 위로는 무엇입니까?**

나의 주 하나님, 한없이 자비로우신 분이 바로 당신 아닙니까?

당신 없이 저에게 잘 되었던 일이 어디에 있었으며, 당신이 있는데 언제 제가 잘 안 된 일이 있었습니까?

저는 당신 없이 부유한 것보다 당신을 위해 가난한 것이 더 낫습니다.

저는 당신 없는 천국을 소유하기보다는 당신이 함께하는 지상의 나그네를 선택하렵니다. 당신이 있는 곳이 천국이요, 당신이 없으면 죽음이요 지옥입니다.

그러므로 당신이 저의 모든 소망입니다. 그래서 저는 당신을 위해서 숨을 쉬며, 당신을 소리쳐 부르며, 간절히 당신께 기도합니다.

어느 누구도 온전히 신뢰할 사람이 없으며 어느 누구도 제가 필요한 것을 채워 줄 사람이 없습니다. **단 한 분 그분은 나의 하나님 당신 뿐**

입니다.

당신은 저의 희망이요, 당신은 저의 자랑이며, 당신은 저의 위로자이시며 모든 것들 중에서 가장 저를 신뢰하는 분이십니다.

2. **모든 인간은 자기만의 이익을 추구합니다.**

저희가 다 자기 일을 구하고 그리스도 예수의 일을 구하지 아니하되. (빌 2:21)

그러나 당신 주님만은 저의 구원과 영적 성장을 바라시고 모든 것을 선으로 바꾸십니다.

비록 당신께서 저를 여러 가지 유혹과 시련 속에 내놓았지만 이 모두는 저의 유익을 위해 명령하신 것입니다. 왜냐하면 이것이 당신이 사랑하는 사람을 시험하는 무수한 방법 가운데 하나이기 때문입니다.

당신이 저를 시험하실 때에 당신이 하늘의 위로를 채워주실 때와 마찬가지로 저는 당신을 사랑하고 찬양하렵니다.

3. 그러므로 내 주 하나님이시여! 저의 모든 희망과 피난처는 당신이십니다. 저의 시련과 고뇌를 당신께 의탁합니다. 왜냐하면 당신 없이는 그 무엇을 하던 불안하고 약함을 알기 때문입니다.

만일 당신께서 저를 도와주시고 강건하게 하여주시고 위로하시고 가르치시고 지켜주시지 않는다면 많은 친구들이 저에게 도움이 안 됩니다.

강력한 지원자도 도울 수 없습니다.

지혜롭다는 조언자들도 유익한 답변을 줄 수 없습니다.

학자들의 책도 위로를 줄 수 없습니다.

귀한 물건으로도 저를 구원할 수 없습니다.
먼 곳이든 안락한 곳이든 어떤 장소도 저를 안전하게 피난시킬 수 없습니다.

4. 당신이 없으면 평화롭고 행복하게 보이는 모든 것들이 아무것도 아니며, 진실로 아무런 행복도 가져올 수 없습니다.
당신만이 모든 선의 끝이며 인생의 정점이며, 지혜의 가장 깊은 곳입니다. 모든 것들 위에 당신만을 믿는 것은 당신의 종들에게는 가장 강력한 위안입니다.
그러므로 당신께 저의 눈을 들어 당신을 바라봅니다. 나의 하나님 자비의 아버지, 저는 당신을 믿습니다.
당신이 주신 하늘의 축복으로 제 영혼을 축복하시고 거룩하게 하소서. 당신의 거룩한 처소에 머물게 하시고 당신의 영원한 영광의 자리에 앉게 하소서. 그리고 당신의 영광의 자리에는 당신의 권위와 영광을 가리는 것이 하나도 없게 하소서.
당신의 위대한 선함과 무한한 자비에 따라 저를 돌아보아 주시고 사망의 어두운 골짜기로 추방당했던 당신의 가련한 종의 기도를 들어주소서.
이 부패하고 썩은 인생의 많은 위험의 한복판 속에 있는 당신의 가장 작은 영혼을 가진 저를 지켜주시고 보호해 주십시오. 그리고 당신의 은총에 힘입어 평화의 길을 따라서 영원한 빛의 나라로 인도하여 주십시오. **아멘.**

예수 따라가기
The Imitation of Christ

초판 인쇄 2021년 10월 20일
초판 발행 2021년 10월 24일

지 은 이 토마스 아 켐피스
편 역 신리섭
펴 낸 곳 코람데오
등 록 제300-2009-169호
주 소 서울시 종로구 세종대로 23길 54, 1006호
전 화 02)2264-3650, 010-5415-3650
FAX. 02)2264-3652
E-mail soho3650@naver.com

ISBN | 978-89-97456-99-4 03230

값 21,000원